高职高专“十二五”规划教材

商务礼仪实训指导

SHANGWU LIYI SHIXUN ZHIDAO

第二版

罗　元　张兰平　编　　洪　霄　主审

化学工业出版社

·北京·

本教材依据商务礼仪的使用场合和特点，从仪表礼仪训练、姿态礼仪训练、表情礼仪训练、言谈礼仪训练、日常礼仪训练、办公礼仪训练、宴会礼仪训练和综合训练这八方面进行了介绍，整体结构脉络清晰，循序渐进，便于读者从整体上把握礼仪实训内容。每个实训项目均设计了知识训练目标、技能培养目标、素质拓展目标、实训检测、实战练习、自检分析等板块，着力体现出高职高专的教育特色，突出高职高专教材的实用、适用、够用的原则，注重学生礼仪应用能力和综合素质的培养，通过模拟商务活动的各种情景对学生进行强化训练，从而使学生的仪表仪容、言谈举止、商业服务更加规范。同时，为了检测学生的掌握和运用程度，本教材在每个实训项目中还设置了具体的实训方法和详细的实训检测表。

本教材具有很强的实用性和适用性，能够起到很好的实训指导效果，可作为高等院校尤其是高职高专院校经济管理类专业的实训教材，也可作为工商企业等行业服务、营销、管理等从业人员的培训教材。

图书在版编目（CIP）数据

商务礼仪实训指导/罗元，张兰平编. —2版.
北京：化学工业出版社，2011.6（2017.9重印）
高职高专“十二五”规划教材
ISBN 978-7-122-11089-3

Ⅰ.商… Ⅱ.①罗…②张… Ⅲ.商务-礼仪-高等职业教育-教材 Ⅳ.F718

中国版本图书馆CIP数据核字（2011）第070005号

责任编辑：于 卉　　文字编辑：赵爱萍
责任校对：战河红　　装帧设计：王晓宇

出版发行：化学工业出版社（北京市东城区青年湖南街13号 邮政编码100011）
印　　刷：北京云浩印刷有限责任公司
装　　订：三河市瞰发装订厂
710mm×1000mm 1/16 印张13 字数257千字 2017年9月北京第2版第3次印刷

购书咨询：010-64518888（传真：010-64519686） 售后服务：010-64518899
网　　址：http://www.cip.com.cn
凡购买本书，如有缺损质量问题，本社销售中心负责调换。

定　　价：21.00元

前言 FOREWORD

商务礼仪是指在人们商务交往中适用的礼仪规范，是在商务交往中，以一定的、约定俗成的程序、方式来表示尊重对方的过程和手段。学习并正确的运用商务礼仪既是一个人内在修养和素质的外在表现，又是人际交往中适用的一种艺术或交际方式，是人际交往中约定俗成的示人以尊重、友好的习惯做法。从个人的角度来说，掌握一定的商务礼仪有助于提高自身修养、美化形象，并能有效促进社会交往，改善人际关系，净化社会风气。从企业的角度来说，掌握一定的商务礼仪不仅可以塑造企业形象，提高客户满意度和美誉度，并能最终达到提升企业的经济效益和社会效益的目的。

作为商务礼仪实训教材，本书自 2007 年出版以来，受到了国内高职高专院校经济管理类专业广大师生以及企事业单位商务人员的普遍好评，被较多院校采用为相关专业教材，在教学实践和企业培训过程发挥了重要的指导作用，本书也得以多次重印。

迄今为止，本书已出版 5 年有余，随着编者对商务礼仪领域理论研究的日益深入，以及社会培训实践经验的不断累积，发现本书还存在着一些不足之处。因此，在广泛听取读者、专家、同行的意见或建议后，从 2009 年下半年起，着手对本书进行了全面的修订。前后历时一年半，倾注了编者大量的精力和心血，真心希望本书通过此次修订，可以更好地满足广大读者的需要。

本次修订的主要内容是：一、增加或调整了部分实训项目，如增加了商务宴会礼仪训练，将原来的“实训七　仪式礼仪训练”内容并入“实训六　办公礼仪训练”中。二、丰富了每个实训项目的内容，使其结构更完整，脉络更清晰。如增添了大量基础知识训练的内容，使读者在礼仪运用的同时更深刻地理解其原理和依据。此外，在每个实训项目的“实训检测”板块之后新增了“自检分析”板块，在强化基础知识学习和基本技能训练的基础上，加大了案例化教学程度，以期进一步提高读者的分析、思考和礼仪运用能力。三、注入最新的观点、案例与图片示范，将原书一些过时或不明确的内容和图片删除，增加了一些最新实拍图片，更加规范、直观、形象，指导性和可操作性大大提高。

本书在使用、修订过程中得到了多方的大力支持和鼓励，在此要特别感谢为本书提出宝贵修改意见的洪霄、陈炳和、金志芳、蒋晓明、王亚芬、钟元等同志，感谢那些愿意提供个人照片刊登在教材中的学生们。同时，感谢化学工业出版社的大力支持！

虽然编者在本书修订的过程中做了许多努力，但由于水平和时间所限，不足之处在所难免，敬请广大读者、专家、同行多提宝贵意见，以便今后不断完善。

编者

2011 年 3 月

第一版前言

在现代商务活动中，礼仪几乎成了商务成功的一个关键因素，商务礼仪已经成为与每个人都密切相关的一个词语。

伴随着高等教育改革的深入，在倡导全面素质教育的今天，礼仪教育成为素质教育中必不可少的内容。礼仪课程被很多大学列为必修课，并成为学生学习、交往、沟通、求职的向导，引领大学生们成长进步。

本实训教材从商务礼仪的不同角度、不同层面、不同内容进行综合阐述和训练，力求脉络清晰，循序渐进，依据商务礼仪的使用场合和特点进行编排，便于学生从整体上把握礼仪实训内容。在编写体例和形式上也进行了大胆的创新，每章设计了知识训练目标、技能培养目标、素质拓展目标、基础知识训练、实训检测、实战练习等板块，便于强化学生对知识的理解和技能的掌握，并通过大量的图片和典型案例，增强学生的感性认识，引发学生进一步的思考。

同时，本书在内容构建上着力体现高职高专的教育特色，突出“实用、适用、够用”的原则，注重学生礼仪应用能力的培养，着重突出学生听、看、做和练等亲身体验的关键环节，模拟商务活动的各种情景，通过强化训练使学生的仪表仪容、言谈举止、商业服务更加规范。

本书由张兰平、罗元编写，洪霄主审。

本书在编写过程中，参考了礼仪方面的有关书籍文献及相关资料，得到了许多领导和同事的关心和指导，在此谨向有关作者和人员表示衷心的感谢。期待着大家在使用过程中提出宝贵意见！

编者

2006 年 12 月

目录
CONTENTS

实训一　仪表礼仪训练

实训二　姿态礼仪训练

实训三 表情礼仪训练

实训四 言谈礼仪训练

实训七　宴会礼仪训练

实训八　商务礼仪综合训练

参考文献

实训一

仪表礼仪训练

知识训练目标

1. 了解仪表的内涵；熟悉首轮效应。

2. 明确注重仪容仪表、塑造个人形象的意义。

技能培养目标

1. 熟悉着装与整体形象的关系；掌握不同商务场合服装穿着、饰品搭配的基本原则和礼仪规范。

2. 掌握商务场合发型梳理及养护的基本原则和礼仪规范。

3. 了解仪容的保养方法和修饰技巧；熟悉不同商务场合的妆容要求；掌握基本的化妆步骤和技巧。

素质拓展目标

1. 培养注重仪容仪表的礼仪观念和意识，明确仪表修饰对于树立个人形象、养成良好卫生习惯、保持和促进自身生理及心理健康发展的重要意义。

2. 明确个人良好形象应是外在特征和内在素质的有机统一，注重仪表修饰的同时还必须从才识、品德、修养、心态等方面进行全面塑造，做到表里如一、内外兼修。

基础知识

一、仪表的概念

狭义的仪表是指一个人的外貌、外表，广义上是指人的外在特征和内在素质的有机统一。既指由人的容貌、姿态、服饰打扮、言谈举止、卫生习惯等先天和习惯性因素构成的外在特征，也是指人的气质、性格特征、思想修养、道德品质、生活情调、学识才智、审美修养等内在素质的反映。

因此，一个人的仪表美应包括以下三个层次的含义。

（1）仪表美指人的容貌、形体、体态的协调优美　如体格健美匀称，五官端正秀美，身体各部位比例协调，线条优美和谐，这些先天的生理因素，是仪表美的基本条件。

（2）仪表美是指经过修饰打扮以及后天环境的影响形成的美。每个人都可以通过化妆、服饰搭配、形象设计等方式弥补一些缺陷和不足，使自己更加光彩照人、自信从容。

（3）仪表美是淳朴高尚的内心世界和蓬勃向上的生命活力的外在体现，这是仪表美的本质。缺乏美德、情操、才智、品味、修养等内涵的仪表美是肤浅的、表象的、短暂的，不可能产生吸引力。

二、首轮效应（第一印象决定论）

仪表，在人际交往的最初阶段，往往是最能引起对方注意的。心理学实验证明：只需要10秒钟左右的时间，就足以使他人形成对自己的看法，形成第一印象。更为重要的是，他人由此产生的看法与评价，在此后彼此的相互交往中将产生巨大影响，此即首轮（因）效应或第一印象效应（第一印象决定论）。

因此，在商务场合中，必须对自己的初次亮相做好充分的准备，要尽量在交往对象面前充分展示自己的良好形象，并争取获得对方的认可。

三、注重仪表的意义

（1）注重仪表，不仅是个人所好的问题，而且体现出个人的自尊自爱，表现出个人的精神状态、文明程度、文化修养等良好的内在和外在素质。

（2）注重仪表，体现了个人对他人、对社会的尊重。

（3）注重仪表，体现了员工对工作的热爱和对宾客的礼貌。

（4）员工的仪表，直接反映出一个企业的管理水平和服务水平，直接关系到社会公众对其代表组织的评价和取舍。

（5）社会成员的仪表，还反映了一个国家或民族的道德水准、文明程度、文化修养和生活水平等。

四、着装的基本原则

服装是一种无声的语言，如何着装可以从一个侧面真实地传递出一个人的修养、性格、气质、爱好与追求。要使着装后的个人形象富有神韵和魅力，应遵循以下基本原则。

1. 协调性原则

和谐就是一种美，服饰的选择搭配要达到和谐的视觉效果，首先应遵循协调性的原则，即着装时应考虑每个人的职业、年龄、身高、体型、肤色、性格等个性特点，充分了解自身的条件，找到适合自己的着装特点及风格。在国际交流中，着装的和谐性是最高原则。具体来说，商务人员在选择、搭配服饰时应注意以下几个方面的协调性。

（1）着装要与社会角色相协调　着装要满足每个人担当不同社会角色的需要。人们的社会生活是多方面、多层次的，在不同的场合担当不同的社会角色，因此要根据情况选择不同的着装，以满足担当不同社会角色的需要。

（2）着装要注意色彩的搭配

① 色彩的象征意义。不同的色彩有着不同的象征意义，如暖色调——红色：象征热烈、活泼、兴奋、富有激情。黄色：象征明快、鼓舞、希望、富有朝气。橙色：象征开朗、欣喜、活跃。冷色调——黑色：象征沉稳、庄重、冷漠、富有神秘感。蓝色：象征深远、沉静、安详、清爽、自信而幽远。绿色：象征高傲、神秘。中间色——黄绿色：象征安详、活泼、幼嫩。红紫色：象征明艳、夺目。紫色：象征华丽、高贵。过渡色——粉色：象征活泼、年轻、明丽而娇美。白色：象征朴素、高雅、明亮、纯洁。淡绿色：象征生命、鲜嫩、愉快和青春等。

② 服装配色的整体协调性。服装的色彩是着装成功的重要因素。服装配色以“整体协调”为基本准则。全身着装颜色搭配最好不超过三种颜色，而且以一种颜色为主色调，颜色太多则显得乱而无序，不协调。灰、黑、白三种颜色在服装配色中占有重要位置，几乎可以和任何颜色相配并且都很合适。

着装配色和谐的两种比较保险的办法，一是上下装同色，即套装，以饰物点缀。二是同色系配色，即利用同色系中深浅、明暗度不同的颜色搭配，令整体效果显得协调。年轻人着上深下浅的服装，显得活泼、飘逸、富有青春气息。中老年人采用上浅下深的搭配，给人以稳重、沉着之感。

③ 服饰色彩与肤色的协调搭配。服饰色彩的选择、搭配还必须考虑个人的肤色因素。如肤色较黑者，不宜着颜色过深或过浅的服装，而应选择与肤色对比不明显的粉红色、蓝绿色，最忌穿着色泽明亮的黄橙色或色调极暗的褐色、黑紫色等。皮肤偏黄的人，则不宜选用半黄色、土黄色以及灰色的服装，否则会显得精神不振和无精打采。面色比较苍白的人，则不宜穿着绿色的服装，否则会使脸色更显病态。而肤色红润、粉白的人，穿绿色服装效果会很好。白色的衣服搭配任何肤色效果都不错，因为白色的反光会使人显得神采奕奕。

（3）着装要与体型相协调　体型偏丰满的人应尽量选择款式简洁、冷色调、单色系的服装，也可以选择“V”字领、带有直条纹或碎花图案的服装，以达到显“瘦”的效果；而体型较瘦的人应选择色彩鲜明、带有大花图案、方格或横条纹的服装，以产生宽阔、健壮的视觉效果。

（4）着装要与年龄相协调　年纪较轻的人应穿得鲜艳、活泼、随意一些，这样可以体现出富有朝气、蓬勃向上的青春之美；中老年人的着装则以庄重、雅致、整洁为宜，以展现出他们历经世事的成熟、稳重之美。

只有当服饰与个人特点相协调时，才能更好地发挥其效应，塑造出自己的最佳形象和礼仪风貌。

2. 整体性原则

正确的着装，能起到修饰形体、容貌等作用，形成和谐的整体美。服饰的整体美，包括人的形体、内在气质和服饰的款式、色彩、质地、工艺及着装环境等，正确的着装，讲究服饰的系统性，强调整体考虑、精心搭配，服饰美就是从这多种因素的和谐统一中显现出来。着装时要注意服装和饰品的各个部分相互呼应、配合，恪守服饰本身约定俗成的搭配，尽可能地实现整体上的完美与和谐，正如培根所说的："美不在部分而在整体。"

3. 整洁性原则

保持商务场合服饰的整洁性，不仅可以表现出一个人积极向上的精神状态和礼仪修养水平，还体现了其对交往对象的重视程度。服装并非一定要高档华贵，但须保持整洁干净，并熨烫平整，不能有异味、异物、污渍、皱褶、残破等，穿起来就能大方得体，显得精神焕发。例如，西服衬衫应经常清洗熨烫，皮鞋应经常擦拭上油，内衣、袜子也应勤换勤洗，尤其要注意衣领和袖口的干净卫生。

4. "TPO" 原则

20 世纪 60 年代，日本人提出了场合着装的"TPO（Time、Place、Object）"原则，其基本含义就是穿衣打扮要有章法，注重着装的时间、地点及目的，直到今天它仍是各国人士在着装时所遵循的基本规则。

(1) T（time）——时间原则　时间原则要求人们着装应随着时间的变化而变化。一年之中有四季，一天之中有早晚，着装应随之作相应地更换。例如，冬天要穿保暖、御寒的冬装，夏天要穿通气、吸汗、凉爽的夏装。再如，男士出席各类活动有一套质地上乘的深色西装或中山装足矣，而女士的着装则要随一天时间的变化而变换。白天在工作或参加社交活动时，女士一般可着职业正装，以典雅端庄为基本着装格调。而出席晚间宴请、舞会、音乐会等活动时，则需加一些修饰，如更换一双高跟鞋，换一种艳丽的唇彩，戴上有光泽的佩饰或者增添一条漂亮的丝巾等，塑造出优雅大方的魅力形象。

(2) P（Place）——场合原则　场合原则要求商务人员注重着装、配饰与场合、环境的协调性，以获得视觉与心理上的和谐感。例如对于一个刚离开校门参加工作的青年业务人员来说，太清纯、学生味的装扮只会让自己显得幼稚、肤浅，让人怀疑其工作能力；而太前卫的办公室着装只会给人散漫、怪诞、缺乏合作精神之感；职业女性在商务场合着装过于华丽、性感，容易让人产生不良的联想，同时也难免会遭到同性的嫉妒和异性的骚扰。

此外，场合原则还要求商务人员在正式的场合以及参加仪式时，要顾及当地的传统和习惯，顺应各国或地方一般的风俗。

(3) O（Object）——目的性原则　从目的性原则来讲，人们的着装往往体现着其一定的意愿，主要包括以下两个方面。一是做事的目的性。例如若一个人身着款式庄重的服装前去应聘新职、洽谈生意，说明他渴望成功。而在这类场合，若选择款式暴露、性感的服装，则表示其自视甚高，对工作的重视远远不及对其本人的重视。二是希望给他人留下什么印象。是严谨可信，还是随意自然，是敬人自重，还是放肆张扬，是积极乐观，还是颓废消沉等，都可由其着装得知，不同的着装可以突出不同的印象。

温馨小贴士 Tips

• 职业女性在正式场合的着装，以裙装为最佳，各种裤装都是不宜选择的。因为崇尚传统的国际商界人士认为：商务着装讲究男女有别。在正式场合穿裤装的女性，给人以不伦不类之感。

实训内容

一、着装训练

商务人员的服装一般可以分为三类，即正式服装、职业便装和休闲服装。其中，正式服装是指在正规的、隆重的场合穿的服装。男士的正式服装主要有西服套装、中山装、制服及民族服装。女士正式服装主要有西服套裙、旗袍、连衣裙、民族服装。目前职业男士最普遍使用的正式服装是西服套装。

1. 男士西装礼仪

西装是一种国际性服装。一套合体、质地精良的西装，可以使穿着者显得潇洒、精神、风度翩翩，给人以信任感。

人们常说："西装七分在做，三分在穿。"职业男士穿着西装时应注意以下几点。

（1）西装的规范穿着要求　西装的颜色最好选择深蓝色、深灰色、浅灰色或者黑色，款式越经典越好（见图1-1），男性职业装的特点就是要保守。这里需要注意的是，越成功的男性穿的西装越要讲究一些，要注意布料、剪裁和做工，因为质量决定了穿着者的层次。西装穿得好不好决定了穿着者是不是很专业、很敬业、很成功。

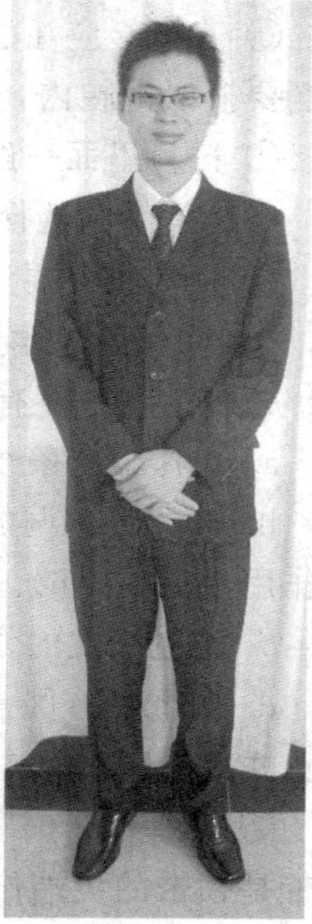

图1-1　男士西装着装规范

男士在穿着西装时，务必拆除衣袖上的商标，西服要熨烫平整，要不卷不挽，西服口袋内应不装或少装东西，同时要注意纽扣的扣法。

一般而言，站立时，特别是在大庭广众之前起身而立，男士西装上衣的纽扣应当系上，以示郑重；就座之后，西装上衣的纽扣则要解开，以防其"扭曲"走样。系西装上衣纽扣时，单排扣上衣与双排扣上衣又有以下区别。

① 单排两颗扣，扣上不扣下。

② 单排三颗扣，扣上面两颗（见图 1-2）或只扣中间一颗（见图 1-3）。

③ 双排扣，则全扣上（见图 1-4）。

图 1-2　单排三颗扣西装扣法 1

图 1-3　单排三颗扣西装扣法 2

图 1-4　双排扣西装扣法

（2）衬衫的规范穿着要求

① 正装衬衫与西服配套，以选择单色无任何图案为宜，白色最佳。

② 衬衫面料一般选择全棉面料，穿着舒服、吸汗、透气性好，但抗皱性较差，需要经常熨烫平整。因此，也可以选择一些大品牌的、质量有保证的免烫衬衫或者含有涤棉成分的衬衫，其面料经过防皱处理，日常穿着、打理比较方便。

③ 着衬衫应注意：衣扣要系上，袖长要适度，袖领口长于西服 1～3 厘米，下摆要掖入裤腰内，衬衫大小要合身。

④ 衬衫里面一般不要穿棉毛衫，天冷时，衬衫外面可加一件 V 领羊毛衫。

（3）领带的选择与佩戴要求

① 领带颜色要注意与西装、衬衫颜色搭配，尤其是领带应该与衬衫统一色系，如暖色的衬衫配暖色的领带，冷色的衬衫配冷色的领带。衬衫上有条纹或格子，领带上就不要有条纹或格子，或仅有含蓄的条纹与格子。

a. 选择带有条纹的领带显得更具专业感，值得信赖（见图 1-5）。

b. 选择暖色调的领带能增加亲和力，对于肤色偏暗的男士还能起修饰肤色的作用（见图 1-6）。

c. 同色暗花的领带适合低调内敛的职业男士（见图 1-7）。

d. 佩戴带有圆点图案的领带会带给人以亲切感，适合正式场合，而且点越小正式度越高（见图 1-8）。

② 选择领带时要注意长度。领带的长度要适中，不能过长或过短。适当的领带是领带的尖端恰好触及皮带扣，不能多也不能少。领带的长度、种类很多，较好的领带往往较长，标准的长度是 55 英寸（1 英寸＝2.54 厘米）或 56 英寸。合适的领带长度完全根据身高以及打领带的方法。

图 1-5　条纹领带

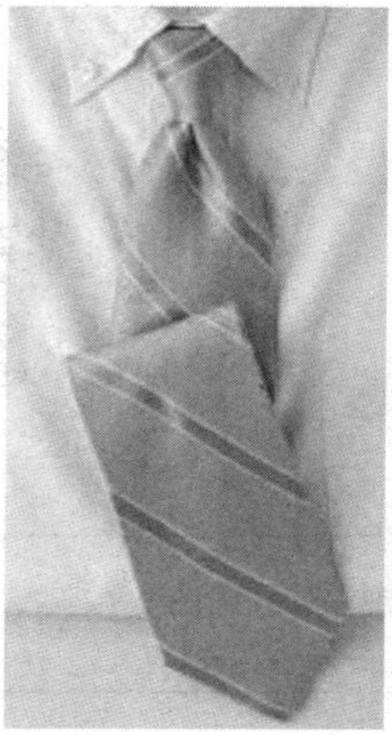
图 1-6　暖色调领带

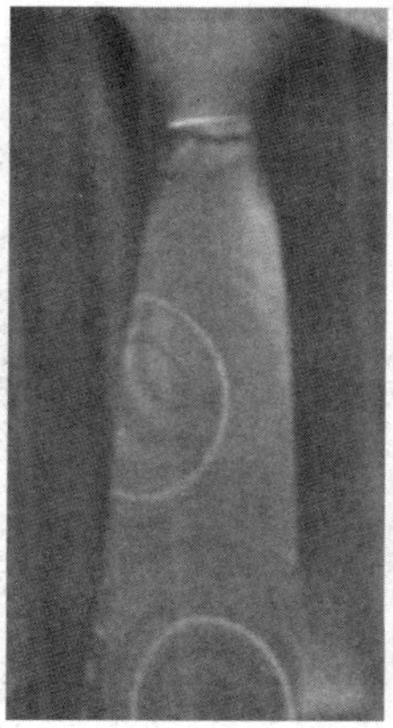
图 1-7　同色暗花领带

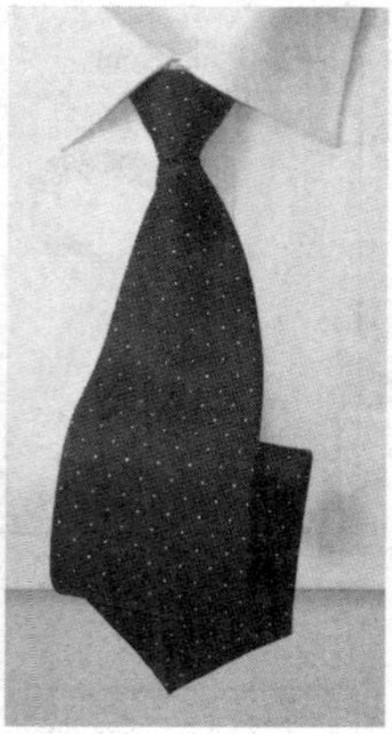
图 1-8　圆点领带

③ 领带的宽度选择也很重要，一般来说，领带的宽度应该与西装翻领的宽度配合和谐。目前，标准的领带宽是指领带末端最宽的地方为 4～4.5 英寸。

对于上半身比较胖的男士，不要选择太窄的领带，否则看起来会更加虎背熊腰；而身材比较单薄的男士则要选相对窄一点的领带，能增加上半身的视觉宽度，增加身材的分量感。

需要特别提醒的是，宽度小于 3 厘米的超细领带，只适合穿去比较时尚的场合、派对，最好不要让它出现在职场，否则会让你看上去缺乏专业感。

图 1-9　领带的规范打法

④ 领带最好的质料是丝质的，虽然颜色光亮，但是不耀眼，使用这种领带几乎不受时间、地点和个人的限制。

⑤ 注意领带的打法：打结要求挺括、端正，外观呈倒三角形（见图 1-9）。

一般来说，常见的领带打法有以下几种。

a. 平结（四手结）　平结（四手结）为男士选用最多的领结之一，是所有领结中最简单易学的，适用于各种款式的浪漫系列衬衫及各种材质的领带（见图 1-10）。

平结打法要诀：领结下方所形成的凹洞要两边均匀且对称。

b. 交叉结　这是对于单色素雅质料且较薄领带适合选用的领结（见图 1-11）。

对于喜欢展现流行感的男士不妨多加使用“交叉结”。

c. 双环结（亚伯特王子结）　双环结（亚伯特王子结）适用于浪漫扣领及尖领系列衬衫，搭配浪漫质料柔软的细款领带。一条质地细致的领带再搭配上双环结能够营造出时尚感，适合年轻的上班族选用（见图 1-12）。

图 1-10 平结打法示意图

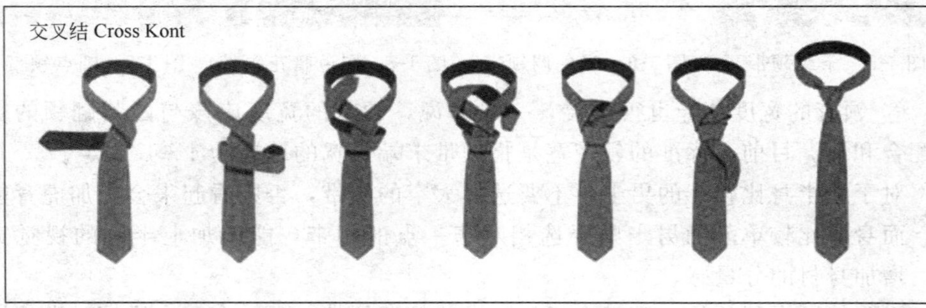

图 1-11 交叉结打法示意图

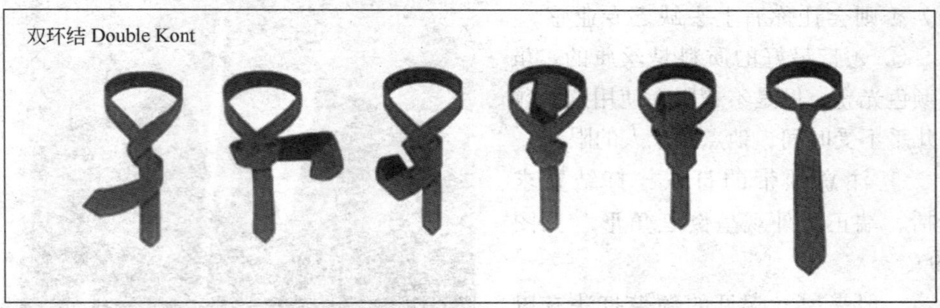

图 1-12 双环结打法示意图

双环结（亚伯特王子结）打法的注意要点：在宽边先预留较长的空间，并在绕第二圈时尽量贴合在一起，双环结完成的特色就是第一圈会稍露出于第二圈之外，注意不要刻意将其盖住。

d. 温莎结 温莎结适用于宽领型的衬衫，该领结应多往横向发展（见图 1-13）。该种领结应避免使用材质过厚的领带，领结也勿打得过大。

e. 双交叉结（半温莎结） 双交叉结（半温莎结）十分优雅及罕见，其打法亦比较复杂，使用细款丝质领带较容易上手。此款结型很容易给人留下高雅且隆重的感觉，最适合搭配在浪漫的尖领及标准式领口系列衬衫，适合正式之活动场合选用，具体打法见图 1-14。

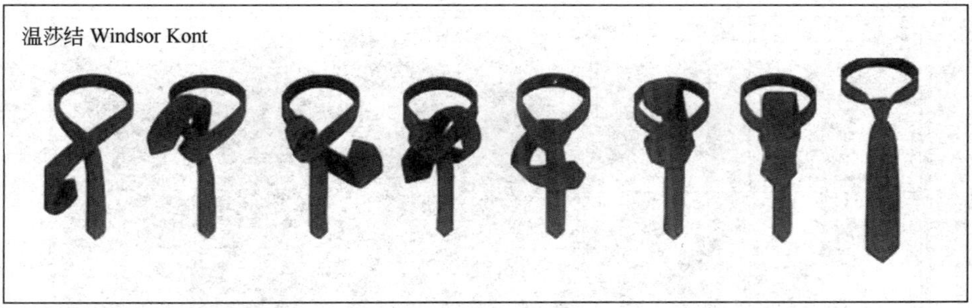

图 1-13　温莎结打法示意图

图 1-14　双交叉结打法示意图

f. 浪漫结　浪漫结是一种完美的结型，故适合用于各种浪漫系列的领口及衬衫。

完成后将领结下方之宽边压以褶皱可缩小其结型，窄边亦可将它往左右移动使其小部分出现于宽边领带旁，具体打法见图 1-15。

g. 简式结（马车夫结）　适用于质料较厚的领带，最适合打在标准式及扣式领口的衬衫。

将其宽边以 180°由上往下翻转，并将折叠处隐藏于后方，待完成后可再调整其领带长度，是最常见的一种结形，具体打法见图 1-16。

⑥ 领带的保养

a. 使用过后，请立即解开领结，并轻轻从结口解下，因为用力拉扯表布及内衬，极易使纤维断裂，并造成永久性的褶皱。

b. 每次戴完，解开结口后，请将领带对折平放或用领带架吊起来，并留意置放处是否平滑，以避免刮伤领带。

c. 开车系上安全带时，勿将领带绑于安全带内，以避免产生皱折。

d. 同一条领带戴完一次，请隔几天再戴，并先将领带置于潮湿温暖的场所或喷少许水，使其褶皱处恢复原状后，再收至干燥处平放或吊立。

e. 沾染污垢时，立即干洗。

f. 处理结口皱纹，请以蒸气熨斗低温烫平，水洗及高温熨烫容易造成变形

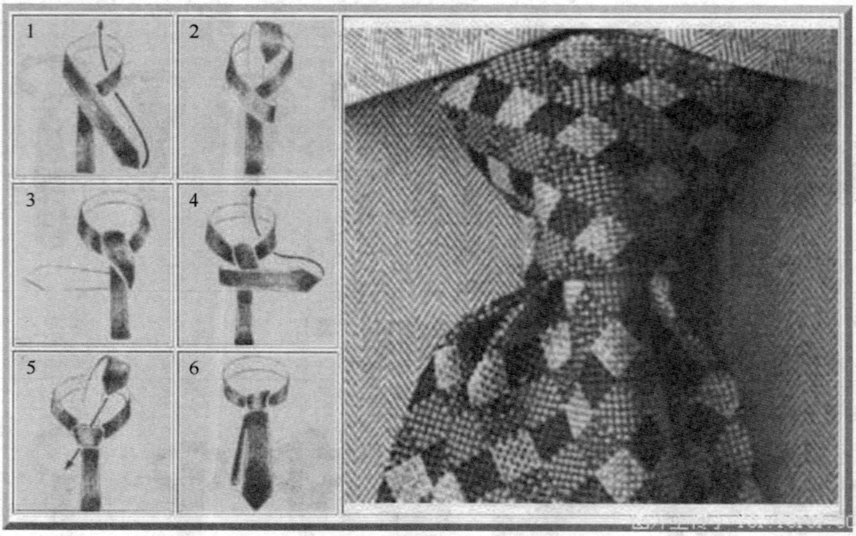

图 1-15　浪漫结打法示意图

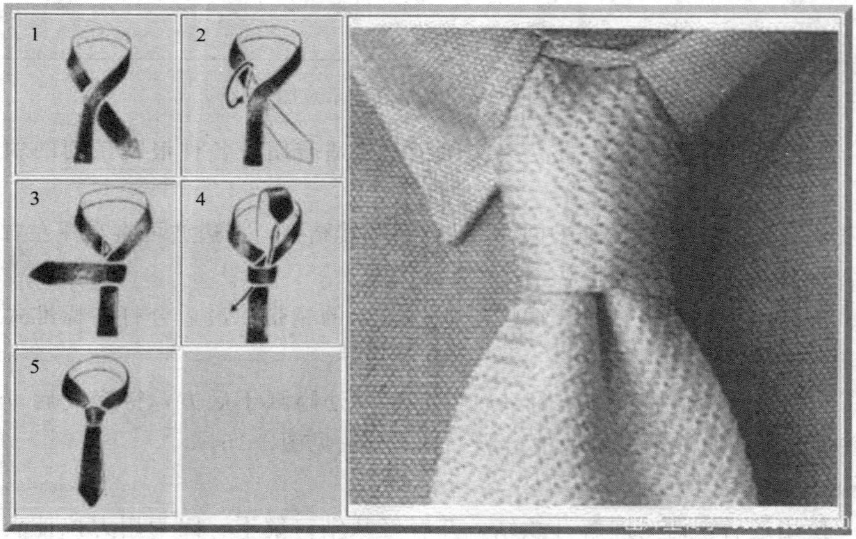

图 1-16　简式结打法示意图

而受损。

（4）鞋袜的规范穿着要求　穿西装一定要穿皮鞋，颜色要与西装相配套，一般是选择黑色或棕色的牛皮鞋为最佳，如果是夏天穿着浅色西装，可以搭配白色的皮鞋。皮鞋要经常上油擦亮，应做到鞋内无味、鞋面无尘、鞋底无泥、鞋垫适宜、尺码恰当。

袜子应选择纯棉或棉毛混纺的质料，最好做到一天一换，颜色要比皮鞋的颜色深一些，如深蓝色、黑色、灰色等，使它在皮鞋与西装之间显示一种过渡，白袜绝不能穿。

（5）西装配饰礼仪

① 公司徽标。公司的徽标一般应随身携带，并且佩戴在西装上衣的左胸上方（见图 1-17）。

图 1-17　徽标佩戴示意图

② 皮带。成熟的、成功的职业男士是不会让自己的腰间挂满细小东西的，在腰间系上一条高雅的腰带，简单而干练，还能在一定程度上代表男人的身份、品味和个性。皮带的选择和搭配主要注意以下三个要点：首先，在皮带的颜色和款式上应选择低调、内敛的。如黑色、栗色或棕色的皮带，配以钢质、金质或银质的皮带扣，既适合各种场合，又可以很好地表现出职业男士的气质。不要轻易尝试式样新奇的和配以巨大皮带扣的皮带。其次，考虑皮带的装饰性，不挂多余物品。再次，皮带的长度应介于第一和第二裤扣之间，宽度一般约为 3 厘米。如果皮带太窄，会失去男性的阳刚之气；而过宽的皮带，则只适合于休闲、牛仔风格的装束。

③ 公文包。男士着西装时，应尽量避免将东西放在西装口袋中，可以将随身携带的皮夹、手机、钥匙、笔记本、笔等物品放置在公文包内。

公文包是职场男性的隐形名片，一款适合自己的公文包是其品位的象征，不论细节怎样变化，其优质的选料、精细做工和大方的设计，都能凸显出男性的阳刚之气和优雅内敛的风貌。

商务男士选择公文包如同对西装的需求一样，应着重强调上乘的品质以及设计的现代感，以质地考究、做工精良为选择标准。款式上应选择简洁大方、趋向传统的方正型、带有坚实手柄的办公包，但是包型尺寸不能太大（见图 1-18）。商务场合，公文包的材质以牛皮、羊皮制品为宜，而且以黑色、棕色、灰色等深

图 1-18　公文包款式选择示意图

图 1-19　公文包与着装搭配示意图

色系最正统，同时，公文包的颜色应与皮鞋、皮带的色彩保持一致，则整体形象更加和谐、完美（见图 1-19）。

④ 名片夹。职业男性还应选择一个比较好的名片夹来存放自己的名片，这样可以确保自己名片的清洁整齐（见图 1-20）。同时，在接受他人名片的时候，也可以有一个妥善的保存工具。一般来说，名片夹最好放在西装上衣的胸口口袋里，千万不能放在长裤口袋里。

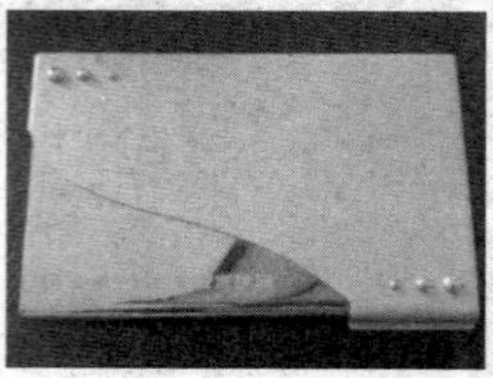

图 1-20　名片夹示意图

2. 女士套裙礼仪

职业女性穿着套裙，会使其精神倍增，神采奕奕，看起来精明、干练、成熟、洒脱、优雅、文静，凸显出女性的气质和知性美。

（1）套裙的规范穿着要求　职业女性在选择套裙时最好选择比较保守、经典的款式，不要过于时尚，重要的是面料要好、做工精细、剪裁合体，特别是能扬长避短的那种。

① 套裙应大小适度。职业女性要穿出套裙的魅力，就必须注意尺寸要适宜。

一般情况下，套裙中的上衣最短可以齐腰，其裙子最长可以达到小腿的中部。过短或过长，都会给人以勉强或者散漫的感觉。

此外，套裙中上衣的袖长以恰好盖住着装者的手腕为宜。

② 套裙应穿着到位。在穿套裙时，必须依照其常规的穿着方法，将其认真穿好，令其处处到位。尤其要注意：上衣的领子要完全翻好，衣袋的盖子要拉出来盖住衣袋；不允许将上衣披在身上，或者搭在身上；裙子要穿得端端正正，中缝、侧缝处必须上下对齐。

③ 套裙穿着应注意场合。职业女士在各种正式的商务交往中，一般应穿着套裙。除此之外，大都没有必要非穿套裙不可。如出席宴会、舞会、音乐会时，可酌情选择与此类场面相协调的礼服或时装。

④ 套裙应与个人特点相协调。即根据自己的年龄、身材、性格、肤色等加以选择。

a. 不同年龄女士选择套裙技巧　年轻一些的职业女性配职业装的时候尽可能线条简单、简洁些，不要有过多的装饰；成年一些的女性则可以选华丽一些的颜色。

b. 不同肤色女士选择套裙技巧　相关内容参见本实训基础知识的“服饰色彩与肤色的协调搭配”。

c. 不同体型女性选择套裙技巧

（a）梨型：这类身材尤以女性居多，身材特点为上身清瘦、臀部和腿部比较丰满。因此，这类女性在选择搭配职业套裙时，总的原则是上松下紧、上身浅亮下身深沉。应注意加强上半身轮廓，可以选择面料较硬、带有双兜、开领、翻领或荷叶边设计的宽松上装，以使自己上半身显得丰满一些，同时，下半身搭配紧身窄裙或修身筒式裙，从而令整体比例达到视觉上的平衡效果。

(b) 苹果型：苹果型身材的女性，身形较为圆润，四肢纤细但腰腹部较胖，状似苹果。因此，针对这类体型的女性，可以选择一些宽松的、质地柔软的、强调腰线、能够遮盖住腰腹部赘肉的上装，同时，重点突出纤细的腿部线条，打造出完美的上短下长的修长体型。

(c) 娇小型：这类身材的女性一般都比较矮小、瘦弱，通过色彩的选择和服饰的巧妙搭配，同样可以拉长身材比例，穿出高挑的效果。娇小型女性宜选择素色、无花纹的套裙，如果带花纹最好选择竖条纹、小方格或碎花图案，以产生拉伸和加宽的视觉效果。面料选择以光滑平整的花呢、凡立丁、细纹纹理的衣料为佳，上装可选择高腰款式，上、下装颜色相同或上浅下深，展现出修长感。

(d) 沙漏型：此类身材的女性一般曲线比较明显，肩膀与臀部较宽，而中间腰肢纤细，又俗称“X”形身材。由于其肩膀和臀部一样宽，容易给人造成很壮实的错觉，但是只要修饰得当，沙漏型身材也完全可以扬长避短，变“S”形身材。首先，沙漏型身材的女性可选择质地较硬的服装面料，以达到二次修身的效果。上装可选择能够体现身材的紧身、V 字低领装，并且下摆长度在腰臀之间，勾勒出良好的胸部和腰部曲线，让肩膀和臀部看起来比较平衡。下半身以卡其布直筒裙为首选，其稍微收紧的下摆也能很好地展示出宽臀女性的曲线美。

(e) 筒型：此类身材的女性给人以“上下一样粗”的感觉，是典型的“H”形身材。或许整体看来并不算胖，但因为腰际赘肉过多，缺乏曲线变化，整体感觉比较直板、臃肿。可以选择用垂坠感较强的上装来掩饰粗腰，裙摆处有细致花纹设计的 A 字裙，也能模糊对腰部的注意力，但下摆不能太宽，最忌的是直筒设计与百褶裙，细褶使视线往两边扩展，更感腰部粗大，在图案的选择上应避免横向设计的图案。

(2) 鞋袜的规范穿着要求

① 职业女性穿着套裙时应搭配黑色的皮鞋或与套裙颜色相近的皮鞋，不要有图案或装饰不宜过多。鞋款类型的选择主要有以下几种。

a. 经典女鞋　具有经典感觉的各款女鞋，深受都市职业女性的青睐，比较确切地对应了女性曲线玲珑的身材，也对应了她们以精巧的饰品和精美的服装构成的那份精致和美丽。此类鞋款，色彩一般以黑、灰等暗色为主，皮革以质地细腻、柔软、光亮的小牛皮为首选，偶尔也可以尝试翻毛皮与鳄鱼皮，跟高一般在 3～5 厘米。

b. 酒杯跟女鞋　此类鞋款鞋头尖尖，后跟纤细、高挑，一般都在 6 厘米以上，外观精致、性感，适合搭配华丽的礼服、旗袍等装束，可以使女性显得婀娜多姿、风姿绰约，于悠然的经典中透出前卫的整洁。

c. 轻盈便鞋　圆头或小方头的便装皮鞋舒适清朗，一般由小牛皮、磨砂皮等质料制成，跟高一般在 3 厘米以下，适合那些既崇尚潮流，又不想失去淑女风范或者在工作中需要长时间站立的职业女性穿着。

d. 厚底女鞋　厚底女鞋看上去又笨又重，但若搭配得当，也可以穿出别具一格的美感来。身材娇小或高大的女性则不宜穿着此类鞋款，否则会破坏娇小女性原来的玲珑、纤巧之美，也会令原本高大的女性更加有高耸入云的感觉。

e. 休闲运动鞋　此类女鞋可以让职业女性在各种休闲场合感受到生活的轻松和舒适。高帮复古球鞋于前卫中透出古典之美，可以与简洁优雅的裙装相配。而橡胶鞋底向前延伸上翘至鞋尖的运动鞋，若与 T 恤、短裙相配，可穿出女性的青春靓丽、自信活泼。

② 袜子可以选择尼龙丝袜或羊毛袜，颜色以单色的肉色或灰色、棕色等深色为主。当职业女性着套裙时，选择肉色丝袜为最佳。各种带有花纹、网眼、镂空图案或颜色艳丽的丝袜不能出入正式商务场合，容易给人造成肤浅、卖弄的不良感觉。此外，女性穿着套裙必须搭配高筒袜或连裤袜，即袜口要高于裙摆的下端，不可暴露在外，露出一截腿来，破坏整体美感。也不能够将九分裤、健美裤等当成袜子穿。

穿着鞋袜还应当注意大小适宜，完好无损，无皱、无脱丝。职业女性应养成随身携带一双丝袜的好习惯，以防外出时丝袜不慎发生破损，及时更换。

(3) 饰品的选择与搭配　饰品虽然属于细节部分，但是，往往细节更能体现出个人的品味。职业女士在穿着套裙时，适当地搭配一些饰品，如首饰、丝巾、领花、胸针等可以起到很好的美化效果。

女性职业装的饰品搭配切记不要多，一两件是精巧的装饰和点缀，而多于三件则庸俗不堪。饰品起的只是点缀作用，用于调节着装，使之与自己所要展现的气质更为合拍。

① 首饰的佩戴。职业女士首饰佩戴原则：以少为宜，合乎身份。

在工作场合，女性可以不佩戴任何首饰。如果要佩戴的话，则至多不应当超过三种，每种也不宜多于两件。

就项链的选择而言，价格并不是主要的因素，不管是什么样的款式，与年龄、肤色、服装的搭配协调才是主要的。一般来说，年龄较大的女性以选择质地上乘、工艺精细的金、白金的项链为好；而年轻的女性应选用质地佳、颜色好、款式新的项链为佳，如骨制、珍珠制项链等。

就耳环的选择而言，贴耳式的耳钉会令职业女性更加优雅精致，不要佩戴繁冗复杂、过长、过重或设计夸张的耳环。耳环与肤色的配合也不容忽视。肤色较白的人，可选用颜色鲜艳一些的耳环。若肤色为古铜色，则可选用颜色较淡的耳环。如果肤色较黑，选戴银色耳环效果最佳。若肤色较黄，以古铜色或银色的耳环为好。

戒指的选择应与指形相搭配：手指短小，应选用镶有单粒宝石的戒指。如橄榄形、梨形和椭圆形的戒指，指环不宜过宽，这样才能使手指看来较为修长。手指纤细，宜配宽阔的戒指，如长方形的单粒宝石，会使手指显得更加纤细圆润。手指丰满且指甲较长，可选取圆形、梨形及心形的宝石戒指，也可选用大胆创新的几何图形。同时，戒指也应与体型、肤色相搭配：身体苗条、皮肤细腻的女性，宜戴嵌有深色宝石、戒指圈较窄的戒指；身材偏胖、皮肤偏暗的女性，宜戴嵌有透明度好的浅色宝石、戒指圈较宽的戒指。

此外，手镯、手链、脚链等有可能过度张扬女人味的饰品在工作场合最好不戴。试想商务女性穿着一身职业气息浓厚的套裙，手上戴着手镯，出入写字楼，很有点不伦不类的感觉。

② 丝巾的打法与搭配。丝巾装饰，成为众多职业女性的“文化眼”。女人爱丝巾，就如同爱香水般自然。因为一条丝巾，不但能够衬托出女性的秀美，而且还能够把各自独有的气质“点亮”。每条丝巾、每种打法都表达着女人不同的情怀。原本很普通的丝巾，经过手工、机织、印染之后，在丝面表现出各种各样的图案，反而不像一条用来佩戴的丝巾，而是一件精美别致的艺术品了。

伊丽莎白·泰勒说过：“不系丝巾的女人是最没有前途的女人。”奥黛莉·赫本说：“当我戴上丝巾的时候，我从没有那样明确地感受到我是一个女人，美丽的女人。”这两句话很好地说明了丝巾配饰的重要性。

丝巾的领带结、围巾结、风琴结、牛仔结、花朵结、蝴蝶结、明扣或暗扣等，使精良、轻松、大方的服饰风范增添了深深的文化底蕴，显示出从容、知性、多情的个性和风采。这里给职业女性介绍几款常用的丝巾基本打法，适合在不同的场合使用。

a. 巴黎结（见图 1-21） 巴黎结打法最简单易学，此结简单中透露出精明、干练。

首先，利用重复对折的方法将丝巾折出领带型，绕在颈上打个活结；然后将上端遮盖住结眼，并将丝巾调整至适当位置，具体打法见图 1-22。

图 1-21 巴黎结效果图

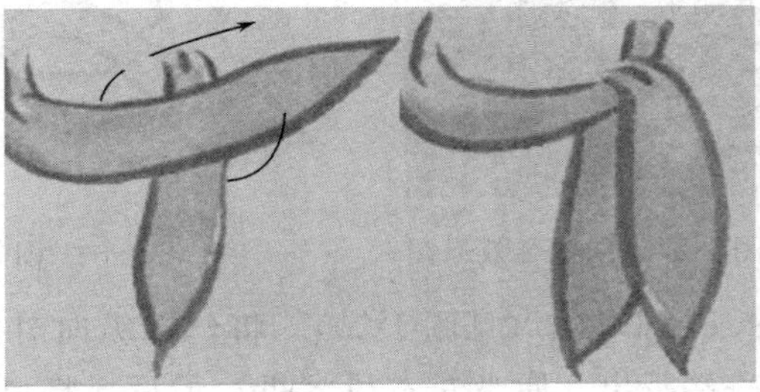

图 1-22 巴黎结打法示意图

b. 领带结（见图 1-23） 将丝巾对折再对折成领带型，然后将较长的 a 端绕过较短的 b 端，穿过丝巾内侧向上拉出；再穿过结眼向下拉出，并调整成领带型，具体打法见图 1-24。此款打法搭配衬衫、套装，具有简单的中性美感。

c. 西班牙结（见图 1-25） 西班牙结打法，非常适合于营造利落干练的职场女性风格。

首先，将丝巾对折成三角形，并且三角形垂悬面在前方，然后，将两端绕至颈后打结固定，最后调整正面的折纹层次即可，具体打法见图 1-26。

图 1-23 领带结效果图

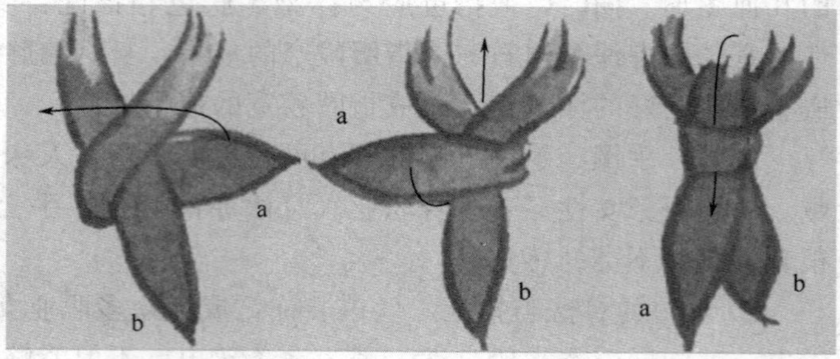

图 1-24 领带结打法示意图

图 1-25 西班牙结效果图

图 1-26 西班牙结打法示意图

d. 围巾结（见图 1-27） “围巾式”的系法很有人气，简简单单的结只要整理漂亮就好。首先，将丝巾折成棒状，再将两端重叠对折；然后将之绕于颈上，将两端从间隙中穿过；最后，再将其中一端绕穿过间隙即可，具体打法见图 1-28。

图 1-27 围巾结效果图

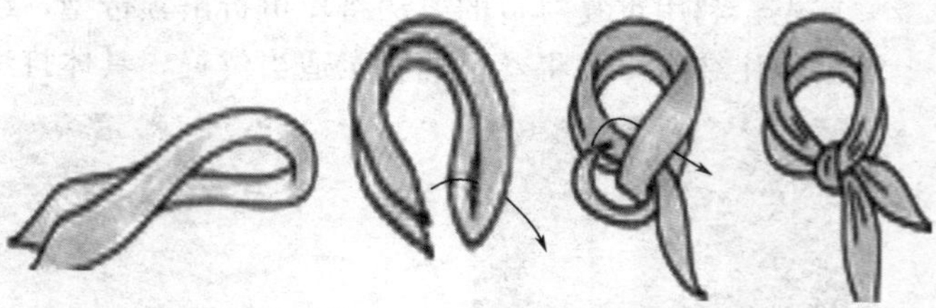

图 1-28 围巾结打法示意图

e. 风琴结（见图 1-29） 将丝巾纵向对折，在一端 10 厘米处松松打结；将另一端折出 3 厘米左右风琴折；最后，将风琴折穿入结眼中，并拉紧打结的一端，具体打法见图 1-30。

f. 牛仔结（见图 1-31） 青春帅气的结法，简洁利落，展示出职业女性的俏丽气息。

首先，将丝巾对折再对折成三角形，将三角形垂悬面放在前面；然后，将丝巾绕在颈上，并将两端在颈后绕一个圈；最后，回到前面打一个结即可，具体打法见图 1-32。

g. 花朵结（见图 1-33） 将丝巾用小结系绑的方式，呈现出一朵栩栩如生的花朵样式，为职业女性平添几分柔美与优雅。

图 1-29　风琴结效果图

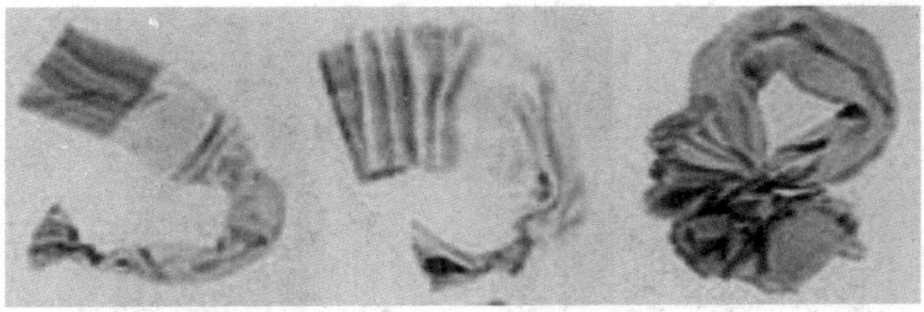

图 1-30　风琴结打法示意图

图 1-31　牛仔结效果图

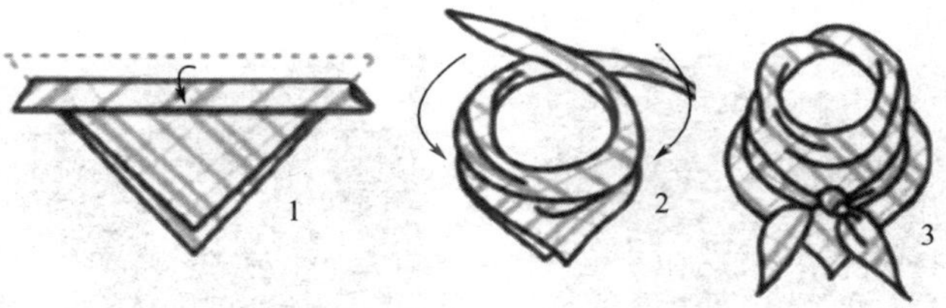

图 1-32　牛仔结打法示意图

首先，将丝巾两个对角系一个小结；然后，将丝巾的另外两端分别对应地穿过结眼，向两边拉；最后，整理成花朵的样式即可，具体打法见图 1-34。

图 1-33　花朵结效果图

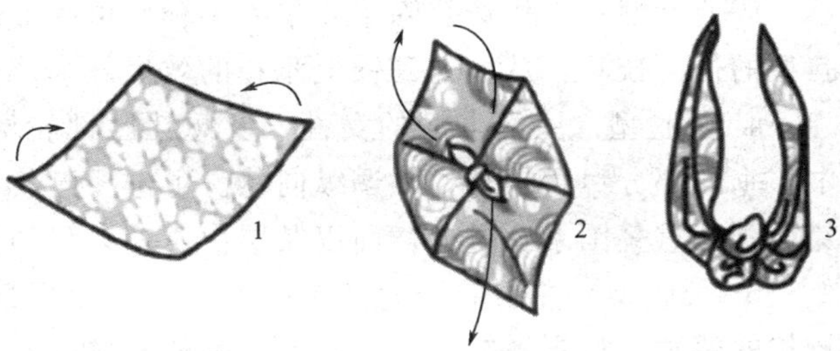

图 1-34　花朵结打法示意图

h. 蝴蝶结（见图 1-35）　蝴蝶结也是职业女性非常钟爱的一种领花打法，一身简洁干练、经典保守的职业套裙，搭配上颜色鲜艳、美观大方的蝴蝶结，立即在稳重中透露出生机和活力。蝴蝶结的具体步骤如下。

（a）将丝带或丝巾的两端上下交叉（见图 1-36）。

（b）将上面的一端绕过下方的一端，从内侧拉出来，打一个活结（见图 1-37）。

（c）将下方的丝带折叠成蝴蝶结的一边，放置在右侧（见图 1-38）。

（d）再将上面的一端向下绕，并折叠成蝴蝶结的另一边，两边交叉打结（见图 1-39）。

（e）将成形后的蝴蝶结拉紧、整理（见图 1-40），一个漂亮的蝴蝶结就完成了（见图 1-41）。

图 1-35　蝴蝶结效果图

图 1-36　蝴蝶结打法步骤 1

图 1-37　蝴蝶结打法步骤 2

图 1-38　蝴蝶结打法步骤 3

图 1-39　蝴蝶结打法步骤 4

图 1-40　蝴蝶结打法步骤 5

图 1-41　蝴蝶结打法步骤 6

职业女性在工作场合除了要掌握多种丝巾配饰的打法之外，还应注意领花与脸型的搭配技巧，从而达到锦上添花的效果。

a. 圆脸型　脸部丰润的女性，要想让脸部轮廓看起来显瘦，关键是要将丝巾下垂的部分尽量拉长，强调纵向感。可选择巴黎结、领带结、围巾结等，应避免在颈部重叠围系、过分横向以及层次质感太强的花朵结。

b. 长脸型　左右展开的横向系法能展现出领部朦胧的飘逸感，并减弱脸部较长的感觉，如蝴蝶结、花朵结等。另外，丝巾不宜围得过紧，尽量让丝巾自然地下垂，渲染出朦胧的感觉。

c. 倒三角脸型　从额头到下颌，脸的宽度渐渐变窄的倒三角形脸的女性，容易给人一种严厉的印象和面部单调的感觉。可以利用丝巾让颈部充满层次感，来一个华贵的系结款式，会有很好的效果，如风琴结、牛仔结等。同时，要注意减少丝巾围绕的次数，牛仔结下垂的三角部分要尽可能自然展开，避免围系得太紧，系风琴结时则要注重花结的横向层次感。

d. 四方脸型　两颊较宽，额头、下颌宽度和脸的长度基本相同的四方脸的女性，容易给人缺乏温柔的感觉。搭配丝巾时则应尽量做到颈部周围干净利索，并在胸前打出些层次感强的花结，再配以线条简洁的上装，演绎出高贵的气质。可以选择巴黎结、长巾玫瑰花结等。

③ 胸针的选择与搭配。胸针也是职业女性不可或缺的配饰，无论是艳丽的花朵襟针或是闪烁的彩石胸针，只要花点心思配上简洁服饰，就足以令人一见难忘。

粉红色花胸针，其形态或娇艳欲滴或清丽脱俗，代表着不同气质的妩媚。襟花扣在线条明朗的毛绒大衣或柔软的针织毛衣上，女性的温婉娇媚油然而生。镶彩石蝴蝶型胸针，闪亮的银白、娇俏的粉红及柔和的天蓝拼合成缤纷璀璨的光华，跃动于蝴蝶的一双翅膀上，充满活泼动感，配衬净色上衣，或为黑色连衣裙作点缀，备显高贵大方。镶红色及透明钻石襟针，瑰丽浪漫的玫瑰红、晶莹剔透的透明构成典雅的贵族气质，其简约的设计，衬托出清秀的脱俗气质。

佩戴胸针应因季节、服装的不同而变化，佩戴位置应在第一、第二粒纽扣之间的平行位置上。

④ 皮包的选择与搭配。皮包是每一位职业女性在各种场合中都不可缺少的饰物，它既有装饰价值，又有实用价值。职业女性搭配套裙一般可选择以下几种皮包。

a. 肩挂式皮包（见图 1-42） 肩挂式皮包轻盈、便捷，为大多数职业女性首选款式。

b. 平拿式皮包（见图 1-43） 平拿式皮包豪华、时尚，使用这种皮包能够充分体现出女性的职业、身份、社会地位及审美情趣。

c. 平提式皮包（见图 1-44） 这种皮包一般适合外出使用，比较休闲。

同时，还应注意皮包的款式、颜色要与服装相配。

图 1-42 肩挂式皮包

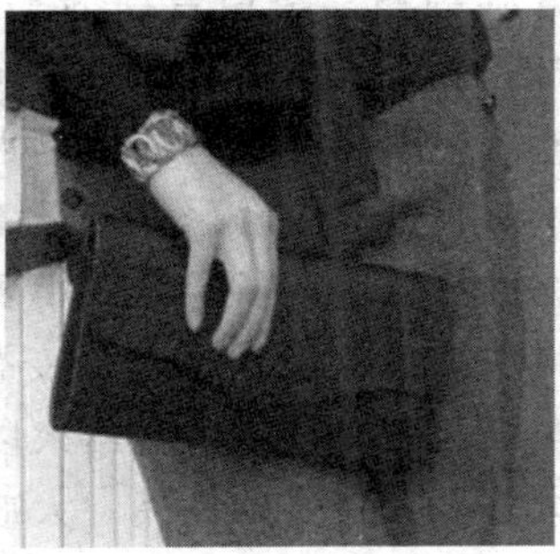

图 1-43 平拿式皮包

图 1-44 平提式皮包

温馨小贴士 Tips

- 跟时装一样，饰品也具有季节性。
- 不要将饰品戴在自己的短处，如耳部轮廓不好看者不要佩戴夸张的耳饰。
- 饰品不但要与自己的脸型、气质相配合，还要与体型相配。

3. 不同行业人员着装礼仪

(1) 行政行业 行政行业人员包括政府机关、银行、金融、证券等机构的工作人员，此外，企业中的行政人员也属于此类范畴。这种职业注定了其个人形象代表着部门的形象，因此，反映职业本身的信任度是此类工作人员着装的首要任务。服装应以中性为主，体现出从业人员的庄重和亲和力，款式要简洁、颜色以单色为宜，太过花哨的服装会影响到其他人的情绪、判断力和办公效率。男士一般着白色或浅色暗格衬衫，加深色西裤，女士一般可选择浅色套裙，搭配质量较好的肩挂式皮包。

（2）企业及公关行业　目前，社会上很多企业都非常重视企业文化，对员工的精神面貌、外在形象要求较高。因为企业员工的形象反映了企业的管理水平和实力，起到了增强组织内部凝聚力和对外宣传的作用。因此，作为企业的“蓝领”、“白领”们也必须十分注重自身形象，着职业套装上岗，穿着规范、整洁、美观，尤其应注重服装的质地和制作工艺，搭配得体。

公关行业包括商贸、保险、房地产、服务业、咨询业等，这些是对公关意识要求很强的行业，这些行业的工作人员与企业员工有相似之处，但是因为他们与客户之间的互动和交流较多，因此，对于着装的一些细节方面的要求则更加严格，其着装应着力体现雅致、干练和职业化，突出着装的质感和品味。一般来说，以灰色、黑色或深蓝色等色系的服装为主，既保守、稳重，也不失经典，女士还可以适当搭配一些相对明亮的饰品来提亮整体效果。

（3）营销行业　营销人员的着装应以大方、稳重、得体为主，切忌过分随意和花哨。美国著名时装设计师约翰莫洛伊曾经为工商企业界人士写过一本名为《成功的衣着》的书，其中有专门一部分是针对推销员的衣着问题的。他指出，尽管不同行业的推销员可能需要不同的衣着，但是大体上来说，推销员的衣着应以稳重大方、整齐清爽、干净利落而且合乎企业形象或商品形象为基本原则。具体来说，主要有以下一些标准：营销人员着装大小要合身，式样要中庸，颜色不宜太过鲜艳夺目，以素色为主，还要根据季节的变化进行更换，如夏天穿淡色、冬天穿深色，若夏天穿黑西服，打黑领带，会给人以压迫感，而冬天穿白色短外套也不合时宜。不要佩戴太多、太夸张的饰品，大戒指、手镯、脚链等都是绝对禁忌。可以说，成功的穿着、良好的个人形象是推销员走向成功之路的第一步。

（4）服务行业　服务行业人员一般都有统一的工作装，如餐饮、娱乐、通信、宾馆酒店、车站、商场超市等行业。规范统一的着装，可以体现其训练有素、水平专业、服务到位，给人以亲切感和信赖感。服务人员在穿着职业制服时，应注意成套穿着，保持工作装的干净、挺括，搭配皮鞋，注意鞋袜、内衣的协调搭配，并按照要求佩戴公司徽标，女士应盘发或挽发，化职业淡妆。

（5）技术行业　技术行业包括计算机、网络、建筑和企业工程师等，其行业特点是技术性。这些人员的个人智慧和团队合作精神尤为重要，因此，着装大多以体现个人的特性为主，随意、轻松、自由是这个行业工作人员着装的最大原则，女性可以通过佩戴一些夸张、夺目的饰品来强调其个性，为单调、机械的工作带来持久的激情。

（6）媒介、广告业　这类行业对从业人员的着装要求不是十分严格，随意性较大。因此，工作人员着装可以很本色，尽可以张扬自己的个性和创造力，着装的色彩搭配、款式、饰品佩戴等方面都没有严格要求，可以很正式也可以很自由，如果能够结合自己的职业或岗位特点着装则更好。

4. 职业着装禁忌

职业着装六禁忌：过分杂乱、过分鲜艳、过分暴露、过分透视、过分怪异、过分紧身。

(1) 禁忌过分杂乱　生活中存在这样一些人，虽然穿了一身很高档的套装或套裙，看上去的确是穿着正式的职业装，可是给人的感觉却非常别扭。主要原因就在于他（她）的穿着过分杂乱，不够协调。比如说男士穿西装配布鞋、运动鞋，也有个别女士穿很高档的套裙，却光脚穿露脚趾的凉鞋，这些都不合职业场合着装规范。

(2) 禁忌过分鲜艳　制服也好，套装也好，需要遵守三色原则，就是全身颜色不多于三种，不能过分鲜艳。图案也要注意，重要场合套装或制服尽量要没有图案，或者是规范的几何图案，比如领带，条纹的、格子的、带点的都可以，但是不能过分花哨，过分花哨一看就不够稳重。

(3) 禁忌过分暴露　无论男士或女士在职业场合着装都要注意不能过分暴露——不暴露胸部，不暴露肩部，不暴露腰部，不暴露背部，不暴露脚趾，不暴露脚跟。

(4) 禁忌过分透视　重要场合注意，内衣不能让人透过外衣看到，什么颜色的，什么款式的，是长的还是短的，有没有图案，这都是非常不礼貌的。

(5) 禁忌过分怪异　商务人员不是时装模特，不能过分追求新奇古怪，招摇过市。

(6) 禁忌过分紧身　衣服过于紧身，甚至显现出内衣、内裤的轮廓既不雅观也不庄重。

二、发型训练

常言道“远看头，近看脚”，头发位于人体的“制高点”，往往最先吸引人的注意力，在一个人的整体形象中扮演了极其重要的作用，是一个人形象的重心。发型美，能给商务人士增添气质，装饰形象，使人们精神上的表现更加愉悦。这是由头发的不同造型所带来的外在形象，这种形象能够给人们带来新的品味感觉，焕发新的精神面貌。

因此，注重仪表修饰，头发不可忽略。

1. 男士头发的规范要求

职业男性应注重头发的清洁卫生，每天清洗头发，保证头发无异味、无异物；要经常修剪头发，保证头发长度适宜，前不及眉，旁不遮耳，后不及衣领（见图 1-45）；尤其不能留长发、大鬓角或剃光头；不染彩色发；也不留络腮胡子或小胡子，养成每天刮胡须的好习惯。

2. 女士头发的规范要求

对于女性来说，太长的头发是非职业化的信息，工作场合女士不宜梳披肩发，头发不可挡盖眼睛，不留怪异的新潮发型；头发过肩的工作时要扎起，宜拢在脑后，或束或挽或盘，以深色的发夹网罩为好（见图 1-46）。

图 1-45　男士职业发型规范

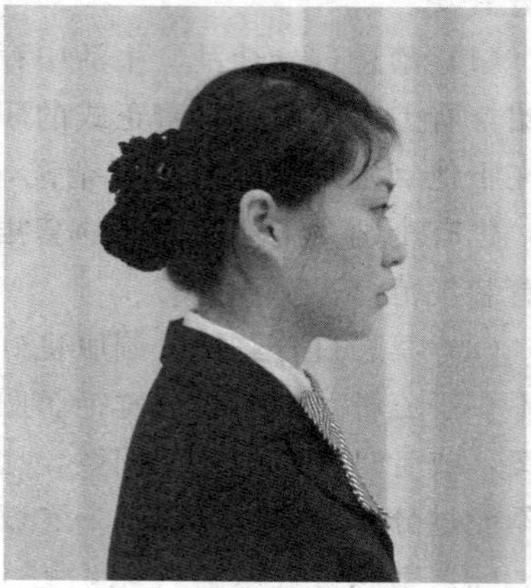

图 1-46　女士盘发效果图

身为职业女性梳一个精神的盘发发型，在原来的着装基础上，越发显得干练且有魅力。女士常见盘发技巧与步骤如下。

（1）先将头发拢在脑后，扎成一个马尾（见图 1-47）。

（2）将头发卷紧，向左绕，绕到发尾部分（见图 1-48）。

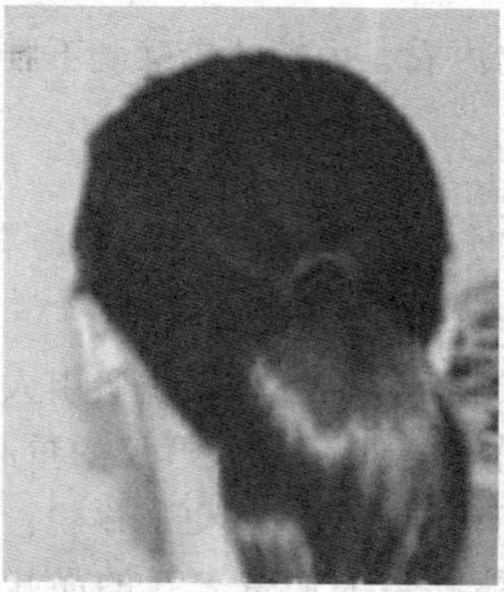

图 1-47　女士盘发步骤 1

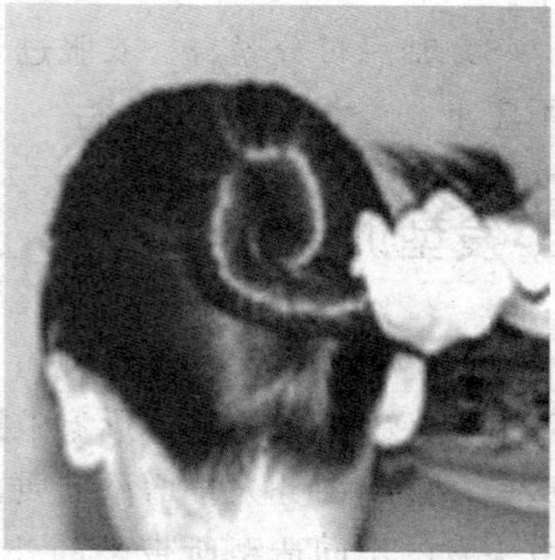

图 1-48　女士盘发步骤 2

（3）将绕紧的头发顺着逆时针方向绕成一个圈，用皮筋固定（见图 1-49）。

（4）戴上发卡或发网，一个干净利落的盘发就完成了（见图 1-50）。

3. 发型的选择及护理

发型的选择要符合自己的职业和身份，符合自己的内在气质和风度，更要符合自己的年龄、身材和脸型等个性特点，显示出和谐之美。

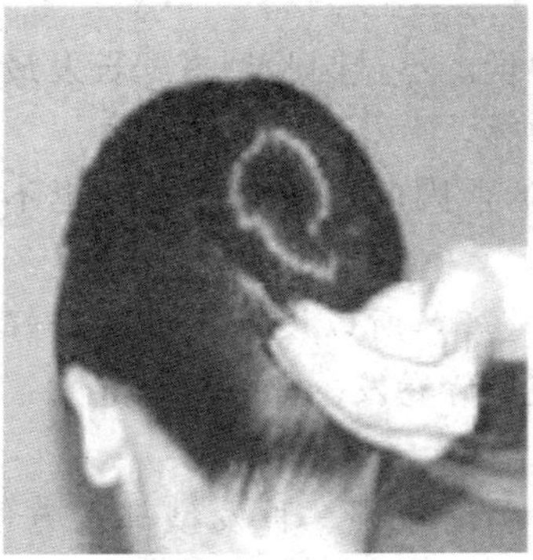
图 1-49　女士盘发步骤 3

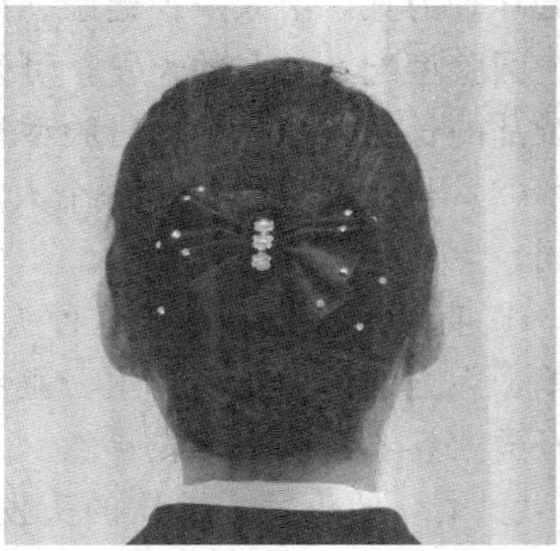
图 1-50　女士盘发步骤 4

（1）与脸型相协调　发型与脸型就像一对双生子，在头部小小的范围内占据了重要的地位，搭配的时候忽略了哪个元素美丽都要大打折扣。

人的脸形大致分为四种类型，每一种都有美中不足的地方，一些人常常为自己脸型的缺陷而苦恼。其实，只要凭借梳理得当的发型，无论什么脸型都能打造出完美的效果。

① 长脸型。这是一种比较好打理的脸型，无论是长直发或者烫发都可以起到很好的效果。长直发可以使人显得理性、智慧；简单的烫发使人显得甜美、可爱。

在头发的修剪上，长脸型的人适合有层次感的修剪方式。理发时将头发剪得有层次感，让侧面两颊的头发稍留厚一点，长脸型的缺陷就一扫而光了。留刘海也是不错的改善长脸的方式，直刘海尤其适合。

② 四方脸型。四方脸又被称为“国字脸”，一般在男人中比较常见，但也有一些女性长着一张国字脸，这种脸型的特点是头顶显得比较平，而脸颊比较宽，如果用发型配合，最好是选择将头顶拉起的发型，使整个脸部有个纵向的提升效果。对于四方脸的人来说，把头顶拉起的发型最忌讳分缝，也不宜染色，最好保持黑发。

③ 倒三角脸型。这种脸型最忌讳的就是留刘海，刘海非但不可以遮盖前额的窄小，反而充分暴露了前额的缺点。

这种脸型以额前向上背梳的发型最为理想。将靠近两颊的头发打去少许，然后烫卷，梳至耳后，发梢不宜超过肩头。发型的梳理上这种脸型是比较随意的，任何发型都能得到很好的效果。

④ 圆脸型。这是几种脸型中最可爱的一种，像婴儿一样可爱的脸庞总是博得很多人的喜爱，无论是短发还是长发和这种脸型搭配都可以得到非常完美的效果。

短短的头发配上可爱的圆脸，好像漫画中可爱的蘑菇头。也可以将头发梳理成顺直的短发，将前发稍留低些，使人的视线集中一点，两侧面的头发以可以看得见耳垂为宜，给人一种健康、活泼的印象。

圆脸型配上卷曲的长发，可爱的洋娃娃造型即现。不过圆脸型搭配长发最忌讳杂乱的长发，那样会使得脸型显得过胖，有臃肿感。

（2）与发质相协调　每个人的发质是不一样的，因此，适合的发型也不尽相同。

① 直硬的头发。由于这种头发很容易修剪得整齐，所以设计发型时最好以简单、大方的修剪技巧为主，避免做复杂的发型或烫碎卷发。如果要烫卷发，也最好烫大卷，看起来比较自然。

② 柔软的头发。柔软的头发比较容易梳理，无论梳哪一种发型都很方便，适合多种发型。但是柔软的头发一般都比较服帖，定型效果不十分理想，所以梳理俏丽、清新的短发最适宜。

③ 服帖的头发。这种发质的特点是头发不多不少，非常服帖，只要修剪巧妙，就能使发根的线条以极美的形态表现出来，如长发、卷发等，要注意的是可以将发根打薄，使颈部若隐若现，更能给人清新明媚的感觉。

④ 自然的卷发。自然卷曲的头发可以利用其自然性梳理出多种漂亮的发型，如果将这种头发剪短、打薄，则卷曲度就不够明显，只有留长发才更能展示其自然的卷曲美。

⑤ 细少的头发。这种发质通常缺乏质感，也比较适宜留长发，并且以束发、盘发最佳，不仅容易梳理，而且能够持久保持发型。

（3）与体型相协调　发型的梳理与体型的搭配也很重要，会对整体效果产生很大的影响。例如，脖颈粗短的人适合高而短的发型，以拉长颈部线条；脖颈细长的人则适合齐肩发或发尾外翻、烫卷的发型；体型瘦高的人适宜留长发；体型矮胖的人则适宜有层次的中、短发。

（4）与年龄相协调　发型是一个人文化修养、社会地位、精神状态的集中反映。一般来说，年龄较大的人适宜盘发、短发或烫大卷发，给人以成熟、稳重、亲切的印象；而年纪轻的人则适合选择比较青春、活泼的长发、卷发、碎发、马尾等发型。

（5）头发的清洁护理

① 勤洗头发。从医学和美学的角度讲，健康毛发的前提就是清洁，如同保养脸部皮肤的基础在于洗脸一样。根据每个人的发质，一般应做到每周洗头4～7次。大量科学研究证明，勤洗头发不仅不会使头皮屑增多，反而会促进头皮部分的血液循环，令头发富有光泽和弹性，有利于头发的生长和延长寿命。

清洁的头发对塑造发型也很有帮助，看上去蓬松、自然，富有动感，而不及时清洗的头发会因为油腻而显得厚重、暗淡，缺乏生气。

洗头发也要讲究方法，不宜用过烫或过冷的水洗头，洗搓头发时也不要用力过猛，以免刺激头发。

② 合理使用洗护用品。年纪比较轻的人适合选用脱脂类的洗发剂，年龄较

大的人士适宜使用不会导致皮脂过分降低的洗发剂；干性和中性的头发应选用含碱量较少的洗发剂，油腻较重的头发可用去油型的洗发剂。护发用品能使头发富有弹性和光泽，可以根据头发的不同情况采用相应的品牌、类型。

③ 合理饮食、作息。酗酒、暴饮暴食、偏食厚味等不良饮食习惯都不利于头发的生长和养护，用脑过度、精神紧张或生活作息不规律也会加快头发变白和脱落的过程，导致早衰。因此，饮食清淡多样，保持精神愉快，合理使用大脑，劳逸结合，加强锻炼，注意采取防病措施等，都是保持头发健美的关键因素。

温馨小贴士 Tips

• 要使头发保持柔软、亮泽，可先用洗发剂洗发，在用清水清洗时，在水中加少许醋，然后再清洗干净。

• 男士发型护理窍门：发油既可固定发型，又能滋润头发，使头发保持亮泽；发乳可使头发松软、润滑，滋润头发；发蜡可使松乱的头发易于梳理而服帖，保持原有发型，并能增加光泽，特别适合于干性发质者使用；护发水具有刺激头发、促进血液循环和杀菌的作用，并能防止头发过早脱落。

三、职业淡妆训练

俗话说“三分人才，七分打扮”。美容化妆，就是通过丰富的化妆品和工具，采用合乎规则的步骤和技巧，对脸部、五官及其他部位，进行预想的描画、渲染和整理，以强调和突出个人所具有的自然美，遮盖和弥补面部存在的缺陷和不足，达到美容的目的。

1. 化妆的种类

化妆种类很多，如宴会妆、舞会妆、演出妆、工作妆、休闲妆等，它们在浓淡程度和化妆品选用、化妆技法方面都存在着一定的差异，因此，商务人员应根据不同的场合、目的、要求，选择不同的化妆方法。

（1）宴会妆　宴会一般在华丽的灯光下举行。灯光下的化妆，妆面要比日光下明亮。粉底的颜色要选择比平时亮一级的。

上下眼睑从眼角至瞳仁处抹入珍珠系银色眼影，以增加眼睛的明亮感。眼睑中央至眼角处用灰色眼影定眼形。上眼睑眼影向眉梢方向晕开。眼线、眉线、睫毛膏要化得清晰，眼线可以在眼尾处适当上挑、延长。最后，在眼下及额至鼻梁的“T”字区涂以亮色，也可以在鼻翼两侧适当涂抹棕色鼻影，以增强立体效果。用茶红色系的胭脂，沿颧骨略宽阔地晕染。口红也适宜用茶红色系，并加涂光泽唇膏。

珍珠系眼影在灯光下格外明艳，灰调眼影和黑色眼线、睫毛膏能使眼睛轮廓显得清晰、秀美，加长的眼线能够增加眼睛的妩媚和灵动。这些妆容中的细节运用可以令女性看起来明艳照人，成为社交场合的焦点（见图 1-51）。

（2）舞会妆 舞会多在晚上举行，灯光比较幽暗，可以化得浓艳一些，追求妩媚动人的妆效。

粉底的选用上较白天明亮一些，眼睑及鼻翼两侧部分晕染棕色，在上眼睑和下眼睑尾处画黑眼线，采用珍珠系眼影和光泽唇膏，还可以大胆使用化妆金粉，用法是在画眼线之后，沿眼线涂抹一点光泽油膏，再用海绵刷轻蘸金粉抹上去。这种涂法也可用于眉的化妆，使眉也熠熠生辉。胭脂可选用玫瑰红，涂位可高一些，从眼角下眼睑处一直抹到鬓角及耳垂处（见图 1-52）。

图 1-51 宴会妆效果图

图 1-52 舞会妆效果图

（3）聚会妆 与亲友相会或出席一般的社交场合，化妆要大方得体（见图 1-53）。

图 1-53 聚会妆效果图

这种化妆的关键在于塑造立体感，可用深浅不同的两种粉底化出自然的立体效果，以体现沉稳、高雅的格调。底妆不能太厚、太明，可用粉底乳液，再用化妆粉定妆柔化，两颊和嘴唇用茶红色薄染，眼睛周围用棕色和灰色眼影，眼线也用灰色，避免用黑色，以防显得生硬、突兀。珍珠系列和明澄的蓝、紫眼影一般也不宜采用。

（4）工作妆 工作妆又称职业妆。工作时，适当的化淡妆，是一种礼貌的行为和自信的表现，展示尊敬人的良好的个人素质；是出席正式场合的礼仪要求，尤其是正式社交、公关活动；能够展现组织的管理水平，是组织管理完善的表现。此种妆容讲究的是清新、淡雅、自然和精致。可以薄薄地涂抹一层粉底，颜色不能太明亮，跟肤色相协调就好，否则在光线强烈的白天看起来就会比较虚假。眼影、眼线要慎用，可以选择一些灰色、咖啡色等色系，眉毛用灰色、棕色系比较自然，眼线不宜加长、上挑，唇彩颜色要选用接近自己嘴唇自然色的淡色系（见图 1-54）。

2. 工作淡妆的基本原则

工作淡妆不等同于简单的化妆，不是随心所欲的涂抹，因其自然、优雅的妆容要求，使得化工作淡妆更要仔细、精致，要达到“妆成有却无”的境地，可以说是一种艺术，是有一定的规律和原则可循的，只要掌握好这些基本原则，就会给人以美好的印象。

图 1-54　工作淡汝效果图

（1）自然　工作场合适当的化妆是为了表示尊重、礼貌，不是为了展示自己的美貌和异性魅力，因此，要掌握化妆的度，切忌浓妆重彩、五颜六色，要真实、自然，淡雅、清新，能够经得起他人近距离的接触。

（2）美化　化妆的目的是遮盖自己的缺陷和不足、突出自己最美丽的部分，使其更加美丽动人。因此，化妆前应对自己的脸型、五官、肤色等个性特点了如指掌，寻求五官中最突出、迷人的部分，如眼睛、嘴唇、鼻子或脸颊等，通过化妆工具和化妆技法的巧妙运用，使五官协调、生动起来。

（3）协调　脸部化妆应注意妆底、眼影、腮红、唇彩等各部分的色彩搭配，同时，还应当与自己的发型、服饰、职业、身份、年龄等条件相协调，塑造完美的整体效果。

（4）避人　化妆是个人的私事，只能在无人的情况下进行，检查、维护妆容的全部工作应在“幕后”完成，如洗手间、无人的角落等。当众拿着镜子、口红等工具进行涂涂抹抹，不仅会让对方难堪、反感，是对他人的不礼貌，也是对自己的一种不尊重。

3. 男士职业妆容的修饰

在现代社会，男人重视仪容修饰是一种有修养、积极向上的生活态度。

对于职场男性来说，清洁是王道。男士职业妆容主要以干净、整洁为主，以反映男子自然具有的肤色、五官轮廓和气度为佳。主要注意以下几个方面。

（1）面部清洁护理　由于激素的影响，男女的肤质有着巨大的差别。男性皮肤一般比较粗糙，这是由于男性的皮脂层较肥厚，油脂分泌旺盛，毛孔亦较粗大，黑头粉刺自然会比较多。男性真皮层中的弹性纤维比女性多40%，所以皱纹一旦出现，便会又深又明显。另外由于皮脂层厚，皮肤的吸收力较弱。

男性妆容修饰的基础是面部清洁，要选择正确的洁面产品和清洗方法才能事半功倍。首先要根据肤质特点选用不同的洁面产品。例如，干性皮肤不宜选择碱性较强的产品，以免抑制皮脂和汗液的分泌；油性皮肤的男性占大多数，宜选择用后感觉清爽的洁面用品，均衡油脂的分泌，收紧毛孔。

具体清洗步骤为：先用温水或热毛巾湿面，使毛孔张开，然后将洁面产品搓出泡沫，涂在脸上由内向外打圈，让泡沫充分发挥清洁作用，仔细而轻柔地按摩脸部、鼻翼、额头，容易生粉刺的地方更要仔细地重点清洗，然后用清水洗净，不要留下洁面品的残沫。

（2）毛发清洁护理　帅气利落的发型、健康亮泽的发色、根根分明、带有清新香味的头发是职场男士为形象加分的又一大利器。男性头发一般较短，便于天天清洗，专家已经研究证明，每天清洗头发可以保证头皮不被油脂堵塞，从而促进头发的正常生长，还可以防止脱发等问题。洗发产品的选择同样很重要，油性头发的男士可以选择专业控油型的洗发水或护发品；头发比较干枯、毛糙的男士可以选用滋润型、防脱型的洗、护发用品。

洗发的方式也很重要，不要乱搓乱抓，不当的洗发方式是加重脱发的主因，常洗不等于洗得干净，确定清洁才是重点。洗头时，先取适量洗发用品，在手心揉搓起泡，不能直接倒在头上，否则会对头皮产生刺激，长期如此会损伤发根，难以修复，然后再用指腹轻轻按摩头皮，直到所有头发都清洗到位。在寒冷的冬天或夜晚，洗完头发之后，尽可能小心地把头发吹干，因为头发在潮湿的情况下最脆弱、最容易受损。

此外，职业男性也不宜蓄胡须，为了打造年轻、整洁、容光焕发的形象，应养成每天刮胡须、定期剪鼻毛的良好习惯。切忌胡子拉碴地出现在工作场合。

图 1-55　男士手部清洁护理

（3）手部清洁护理（见图 1-55）　职业男性也要注重手部的清洁卫生，不留长指甲，哪怕是一个小拇指，都跟男性阳刚、帅气的整体气质不协调，要做到勤洗手、勤修剪指甲，指甲长度不应超过手指指尖，保持指甲清洁卫生，指甲缝中不能留有污垢；洗完手后也可以适当用些护肤品进行护理。

4. 女士职业淡妆的化妆技巧及步骤

（1）清洁面部　女士职业淡妆一定要清清爽爽，皮肤清洁很关键。

在涂敷粉底之前，必须将面部皮肤的不洁之物除去，才能开始化妆。一般选用洗面奶、清洁霜之类的油质皮肤清洁剂洗面。它的优点是，既能除去面部油污，使面部洁净，又能保护皮肤，免除肥皂等碱性物质对皮肤的不良刺激。

洁面后，用爽肤水轻按面部和颈部，直至完全吸收，给皮肤补充充足的水分。年龄稍长的职业女性可以选择紧肤水，可以起到收缩毛孔、紧致肌肤、消除细纹的作用。

接下来，涂抹日霜、乳液或防晒隔离霜，给肌肤补充营养，并隔离空气中的粉尘、污垢、尾气以及紫外线的照射，增强化妆品效能，使妆容持久、均匀、细柔，色泽也不易改变。特别是夏季，使用润肤液可使皮肤呈现天然的日晒色，有利于保护皮肤。

（2）打粉底　使用粉底的目的是遮盖皮肤的瑕疵、统一皮肤色调。并根据自己的脸型施以粉底，突出面部的优点，修饰不足，主要方法和运用技巧如下。

① 双色粉底。由于人的脸部本身就存在色差，所以一般应选用比肤色浅一号的粉底用于“T”形区，正常肤色的粉底用于两颊，能够使肤色看起来均匀、自然，同时营造出立体感。皮肤偏黄、暗淡的女性适宜用淡紫色系的粉底；皮肤白皙的女性适用淡绿色系的粉底。

② 分区遮瑕。选用遮瑕膏时，如痘痘、雀斑、黑头、色素等用正常肤色的遮瑕膏即可，而黑眼圈则先用肉粉色的遮瑕膏调色，再用肤色遮瑕膏拍匀。涂抹时要注意手法，一定要轻轻拍打、按压，力量不要太大，尤其是眼部周围，要用无名指指腹轻柔抹匀（见图1-56）。粉底应少量、多次地涂抹，尽量薄而匀，营造透明感。

③ 散粉定妆。上完粉底后一定要用散粉或粉饼定妆，它能够有效吸油，以避免花妆，粉的颗粒越细妆效则越自然。防脱妆的关键在于鼻部、唇部和眼部周围，这些部位要小心定妆。最后，用粉刷将多余的定妆粉拂去，动作要轻柔，以免破坏妆面。

（3）描画眼睛　描画眼睛包括对眼影、眼线和睫毛的处理。眼睛是脸部的核心部分，也是化妆的重点（见图1-57）。

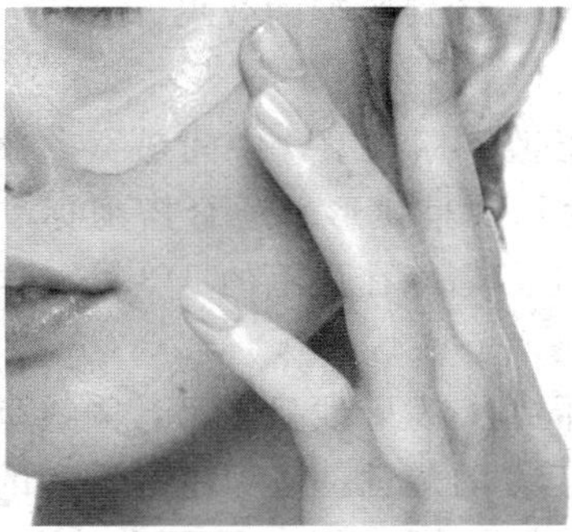

图1-56　粉底涂抹方法

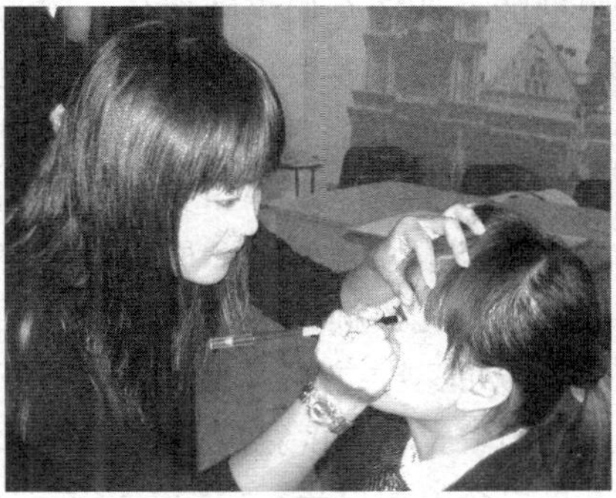

图1-57　眼部是化妆的重点

① 简洁眼影。选同色系的深浅两种色号的色彩，由眼角开始轻轻地涂上浅色的眼影，较大范围地涂在眼睑上，重点放在眼尾。例如：用浅棕色涂满整个眼窝，随后用深棕色在眼睑的地方再晕染一层，注意两者不要有明显断层，要相互融合。在下眼睑的外三分之一也要扫上眼影。

在颜色选择上，单眼皮的女性比较适合冷色系眼影；肤色偏黄的女性应避免选用紫色、黄绿色、暗蓝色等含黄色的眼影；肤色暗淡的女性应避免选用有混浊感的颜色，否则会使得肤色更加暗沉。

② 无影眼线。选用棕色或灰色的眼线笔在上下睫毛根部画上眼线，比黑色看起来更为自然。画上眼线时，眼睛向下看，用一只手向上轻推眼睑部位，露出睫毛根部，用眼线笔由内向外描画；画下眼线时，眼睛向上看，由外向内描画，注意下眼线不要画满，最后用棉签把眼线晕开，使妆容更为自然、无痕。

③ 纤黑睫毛。先用睫毛夹卷翘睫毛，再用睫毛刷由睫毛根部向末梢涂抹，

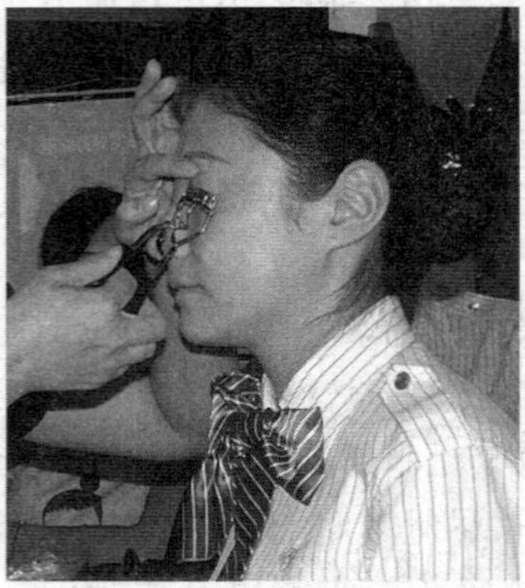

图 1-58 夹睫毛的手法示范

注意“Z”字形涂抹，能够有效避免粘连，根根分明的睫毛仿佛没有涂过睫毛膏一样。黑黑的睫毛膏是最能提亮眼睛的方法，但建议不要“浓密”，而要“纤长”。此外，夹睫毛的手法也很有讲究，应从睫毛根部开始夹第一次，使睫毛夹与眼睑的弧度完全吻合，夹紧睫毛大约 5 秒钟松开，再夹睫毛的中间部分，同样约 5 秒钟松开，最后一定要记住卷夹睫毛的尖端部分，2～3 秒，这样才能形成自然弯曲的完美弧度（见图 1-58）。

（4）修饰眉毛　眉妆多用眉笔和眉粉来描画。眉笔和眉粉都可以用来修正眉形，眉笔的轮廓感更强，眉粉的效果更加自然。如果自身的眉形较好，化淡妆时只要用眉粉稍加描画就可以了，但是如果眉形不是很好，就一定要用眉笔，然后用刷子晕开。

颜色方面，一般选用深棕色、浅棕色、灰色和黑色。棕色和灰色画后比较自然，黑色立体感强。挑选时要根据脸型来选择，圆脸型的女性适合偏淡的颜色，长脸型的女性适合偏深的颜色，因为长而浓的眉毛有缩短脸型的效果。

眉形的修饰要根据个人脸型而定。

① 长脸型。此种脸型又称作长椭圆型、鹅蛋型、标准型，中间最宽，额头部位宽窄适中，下颌部柔美细致，相对较窄，发际线呈弧形。适合搭配标准眉形，眉头与内眼角垂直，眉头眉尾在一条水平线上，眉峰在眉毛的 2/3 处，这种眉形最能烘托出椭圆形脸的优美（见图 1-59）。

② 方脸型。方形脸上、中、下三个区域大致同宽，发际线呈水平，额线呈方形，额角较宽，长度宽度大致相等，给人硬朗、正直的感觉。搭配高挑柔和的眉形，可以令脸型拉长，缓和方形过于刚硬的线条，感觉柔和一些（见图1-60）。

图 1-59 椭圆脸眉形搭配示意图

图 1-60 方脸眉形搭配示意图

③ 倒三角脸型。也称心形脸，上面部分最宽，下面部分最窄，发际线通常呈水平线。下颌既窄又尖，长度略大于宽度。此种脸型适合搭配水平、稍短的眉形，可令过于尖窄的脸下部显得丰润，并令脸型略微宽些（见图 1-61）。

④ 圆脸型。圆脸型中间最宽，逐渐向额头上面和下巴过渡，上下两区大致

相等，发际线呈圆形，额部较小，同方型脸一样，长宽大约相等，给人感觉圆润、亲切、可爱。适合搭配高挑上扬的眉形，眉头眉尾不在一条水平线上，眉尾高于眉头，可以从视觉上拉长较短的脸型，并可令圆柔的脸部曲线感觉亲近一些（见图 1-62）。

图 1-61　倒三角脸眉形搭配示意图

图 1-62　圆脸眉形搭配示意图

（5）刷腮红　腮红除了可以改善肤色，增加面部肌肤的红润感，制造出粉嫩透明的妆容效果之外，还可以根据不同的脸型选择不同的刷法，以修饰面部线条，增强脸部的立体感和达到瘦脸的效果。

① 位置的选择。刷腮红应沿着颧骨向太阳穴方向斜向上扫，长型腮红可以突出职业女性的个性；圆型腮红，并且刷在颧骨前半段，则给人青春、可爱、有活力之感。

② 颜色的选择。每种色系都会因为偏粉或偏橘棕而有不同的妆感。

粉色系列的腮红比较醒目，让肤色更亮，给人温柔可爱的印象。更适合皮肤白皙的女性，不仅可以使肤色显得红润，还会使整个脸型有自然的立体效果。一般扫在颧骨稍下的部位。

橘色系腮红看上去活泼健康，比粉色腮红效果更自然。但是应搭配淡雅、清新的眼部和整体妆容。橘色腮红不适合肤色较暗的女性，否则会使肤色显得更暗。可以在颧骨部位呈圆形涂抹橘色系列的腮红，突出脸部的棱角。

棕色系腮红给人以成熟的感觉，能改变面部轮廓，强调立体效果。适用于任何肤色，包括脸上有斑的女性。一般来说，应该从脸颊向颧骨处呈细长状涂抹，不要超过眼尾。

③ 刷具的选择

a. 扇状刷（尖圆刷）　是最常见的腮红刷，刷毛形状呈圆尖形，最容易吃色，颜色明显，却能有晕染、柔和的效果。

b. 匀脸刷（圆形刷）　用在看起来像腮红但质地像蜜粉的珠光亮粉，借珠光让脸型提拉、光泽，吃粉量少，大面积甚至全脸涂上也不过量。

c. 斜角刷（梯形刷）　比较有线条感，能刷出明显区块。通常用在需要特别强调的区域，如：下颌、鼻梁或是眼尾外。

（6）涂口红　唇部是整个妆容的点睛之笔，能够使人一下子亮起来。

① 唇膏的选择和使用。唇妆用品中唇膏的种类很多，有滋润的、超薄的、持久的等。职业女性应根据自己的需要有重点的加以选择，颜色要与眼妆相协调。

滋润型唇膏不仅滋润效果好，还容易上色；超薄型唇膏妆效最自然，可以达到唇彩的效果；持久型唇膏颜色持久，而且颜色不易渗到唇线之外，有的还可以耐高温。

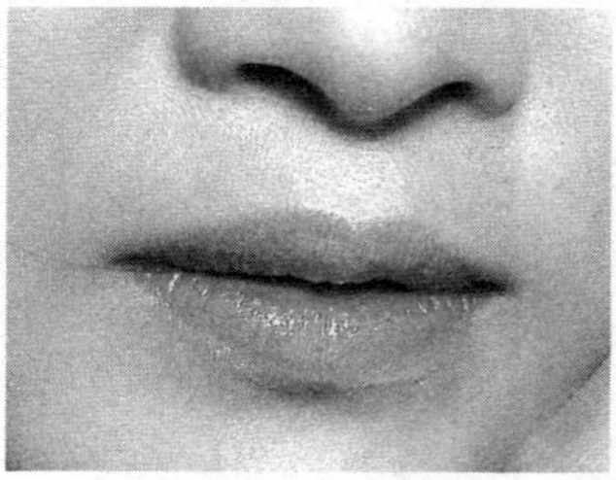

图 1-63　唇妆效果图

唇色较深的女性宜选择颜色偏重的唇膏；脸色偏黄的女性宜选择颜色鲜艳有滋润效果的唇膏（见图 1-63）。

唇膏也可以配合唇线使用，唇线颜色要与唇膏接近，但略深一些。

② 唇彩、唇蜜的选择和使用。唇蜜适合休闲时使用，滋润效果比较好，但透气性差，容易脱妆。更适合在白天使用，晚间可以用来在唇膏上补妆用。

唇彩涂后效果比唇蜜薄，颜色更淡，但清爽，透气性好。

在颜色的选择上，紫色系列的口红适合肤质较好、肤色较亮的女性，显得干净清透，给人充满活力的感觉；棕色系列的口红适合肤色较暗的女性，给人稳重、高雅的感觉；红色系列的口红适合各种肤色，给人成熟、高贵、艳丽的感觉；橘色系列的口红适合皮肤白皙的女性使用，给人感觉健康、充满活力，更适合休闲时使用；粉色系的口红也适合皮肤白皙细腻的女性使用，并且夏季使用效果较好，给人以妩媚、艳丽之感。

总之，高明的化妆，既要显出漂亮的仪表，又要几乎不露人工痕迹，美丽淡雅。

四、仪表与良好的卫生习惯

1. 注意公共场合的良好卫生习惯

① 不当众梳洗：特别忌梳理头发、修指甲和化妆等，清理耳朵、眼睛、鼻子、牙齿。最好带面巾纸擦汗、眼、鼻，且不乱丢，整理好、放好。

② 避免从身体发出异响、异味。打喷嚏、咳嗽，应转头避人，用手绢捂口鼻，并在面对时，回头应先向人轻声说：对不起。打嗝，应小声说：请原谅。打呵欠，无论用什么方式，都是失礼。出声，动作夸张，更失礼。放气，应避人。

③ 不用手抓挠身体的任何部位。最好不摸手、抠弄手指、碰双膝、敲打桌椅、抠鼻、抠耳、剔牙等。

④ 禁止吸烟。公共场合，应自觉禁烟。若地方允许，应注意标识，且考虑是否会影响他人。不乱吹烟，烟灰要弹入烟灰缸内，注意防火。

⑤ 不当众整理自己。忌穿脱随意、拉领带、松腰带、拉裤腿、松鞋放风等。

2. 定期检查仪容

保持良好的仪容还应经常检查牙缝里是否有嵌异物；妆容是否走样；口气是否清新；香水、剃须水是否适量；肩上有无头皮屑；拉链是否拉好；衬裙、袜口是否露出；丝袜是否跳线；衣服是否弄脏等。

3. 注意指甲的修饰

指甲应定期修剪，不宜太长，保持干净。职业女性应格外注意，精心修饰的指甲或指甲过长，可能会分散他人的注意力，降低你的职业可信度。

指甲修剪的步骤如下。

① 成型。修挫。

② 着色。清洗→脱膜剂擦除甲皮→指甲霜→刷向指尖。宜匀、光滑，色彩要浅（工作时）。

总之，塑造良好的职业形象，展示个人气质和风度之美，离不开仪容仪表美。

实训方法

1. 示范或播放相关录像，让学生整体感知穿着技巧和化妆步骤，并形成印象。如组织观看专业化妆师毛戈平的《现代美容化妆技法》录像，学习他的“日妆”及“晚妆”的化妆技法。

2. 教师采用分步讲解、示范的方法打领带，学生跟随反复练习。同时对比学生打领带的三种以上不同方法，及时点评。

3. 备齐化妆品的种类，对学生进行实际操作示范，并指导学生进行自我化职业淡妆的练习。鼓励学生大胆化妆，并让学生相互化妆以熟悉化妆步骤并对比指导。

4. 让学生根据自身特点选择、搭配服装，如肤色、身材、性格、个人气质等。

5. 组织开展服饰表演活动，培养学生的审美情趣。

实训检测

<table>
<tr><th>考核项目</th><th colspan="2">考核内容</th><th>分值</th><th>自评分（20%）</th><th>小组评分（30%）</th><th>教师评分（50%）</th><th>实得分</th></tr>
<tr><td rowspan="5">服饰</td><td rowspan="4">着装</td><td>西装的规范着装展示（男士）</td><td rowspan="2">20</td><td></td><td></td><td></td><td></td></tr>
<tr><td>套裙的规范着装展示（女士）</td><td></td><td></td><td></td><td></td></tr>
<tr><td>领带的基本打法（任选 3 种）</td><td>15</td><td></td><td></td><td></td><td></td></tr>
<tr><td>根据自身特点选择搭配服装</td><td>15</td><td></td><td></td><td></td><td></td></tr>
<tr><td colspan="2">饰品与服装的搭配</td><td>10</td><td></td><td></td><td></td><td></td></tr>
<tr><td rowspan="3">妆容</td><td colspan="2">职业妆容展示（男士）</td><td rowspan="2">20</td><td rowspan="2"></td><td rowspan="2"></td><td rowspan="2"></td><td rowspan="2"></td></tr>
<tr><td colspan="2">职业淡妆的基本步骤和方法（女士）</td></tr>
<tr><td colspan="2">妆容与服饰的搭配</td><td>20</td><td></td><td></td><td></td><td></td></tr>
<tr><td colspan="3">合计</td><td colspan="5"></td></tr>
</table>

实战练习

节目主持礼仪

角色　主持人两名（一男一女）

男嘉宾　一号——工程师

二号——外科医生

三号——公司总裁

女嘉宾　一号——电台主持人

二号——外企秘书

三号——公司董事长

女主持人：礼仪并非只体现在某些重大场合，如宾馆礼仪、社交礼仪，在日常生活中，注重礼节礼仪尤为重要。

男主持人：你的坐姿，你的站姿，你的衣着，无数双群众的眼睛盯着你呢！

合：我们选择了“娱乐节目”来体现礼节，体现日常礼仪。

女主持人：下面有请嘉宾出场！（背景音乐响起）

女主持人：第一位出场的是一号男嘉宾，他来自澳大利亚，是一位工程师。大家欢迎！

男主持人：一号女嘉宾是电台的主持人，有请！

女主持人：接下来是二号男嘉宾，他是来自美国的外科医生，欢迎您！

男主持人：这位是二号女嘉宾，她是来自外企的秘书。

女主持人：最后一位男嘉宾是公司的总裁。

男主持人：最后出场的是三号女嘉宾，是一位公司董事长。大家欢迎！

女主持人：下面我们进行第一个环节——心理测试，咱们女士优先吧。

男主持人：各位女嘉宾请听题，如果你即将前往皇宫参加王子的选妃舞会，你会穿什么颜色的衣服？A. 白色　B. 红色　C. 蓝色　D. 黑色。

女主持人：一号女嘉宾选择的是白色，白色代表早婚型，大约25岁就会步入婚姻的殿堂。希望你早日有自己理想的伴侣哦！

一号女嘉宾：我已经25岁了，怎么还没实现呢？

女主持人：也许就在你走出这个节目之后吧！

一号女嘉宾：谢谢主持人的吉言吧！

男主持人：二号女嘉宾选择的是红色，请问你为什么选择红色呢？

二号女嘉宾：因为红色比较热情大方，我喜欢红色。

男主持人：让我告诉你红色代表什么意思吧！红色代表的属于闪电结婚型，不管年龄如何，只要喜欢就可以。希望你能早日找到自己喜欢的伴侣。

二号女嘉宾：谢谢主持人！

女主持人：三号女嘉宾选择的是黑色。黑色属于晚婚型，有机会嫁入豪门成为有钱人。

三号女嘉宾：我本身就很有钱啊！也不在乎啦！

女主持人：有钱加有钱不是更好吗？（转身对着男嘉宾）我想各位男嘉宾一定迫不及待地想知道你们的题目吧。请听题：请伸出你的双手，选一个你最喜欢的手指。只能选一根哦！

男主持人：好，一号男嘉宾选择的是小指，小指代表小孩，说明你是一位很有爱心的人。

一号男嘉宾：是啊！我很喜欢小孩子。

女主持人：二号男嘉宾选择的是拇指。拇指代表父母，可见你是一位很有孝心的人，因为在你心中父母有着很重要的地位，是吗？

二号男嘉宾：那当然啦！我永远感谢父母。

男主持人：三号男嘉宾选择的是无名指，代表工作，你是一位非常敬业的人吧？

三号男嘉宾：是啊！我喜欢工作，但我也不是工作狂。我对工作是极其敬业和负责的。

女主持人：进行下个环节——男女嘉宾互问。先请女嘉宾提问。

一号女嘉宾：请问二号男嘉宾，为什么你老在那儿抖脚呢？平时你也有这种习惯吗？

二号男嘉宾：没有没有！我只是看到这么多漂亮小姐，有点紧张，平时我行为很端庄的，很注意形象的，实在不好意思！

一号男嘉宾：请问三号女嘉宾，作为公司董事长，你对职员的仪表有什么要求？

三号女嘉宾：我们公司要求每位公司成员都穿公司统一发的职业套装，不允许男职员留长发，留胡子，女职工留长发的应该把长发盘起来，我们要求每位职工仪表整洁，给客户最好的服务。

二号女嘉宾：请问三号男嘉宾，在你们公司对秘书的着装有什么要求？

三号男嘉宾：最重要的是得体大方，有气质，衣着不能太过随便，也不要太时尚，要有职业女性的味道。不知我的回答你是否满意？

二号女嘉宾：很好，谢谢！

女主持人：经过嘉宾互问我想大家也更了解了，接下来是才艺表演。先由一号男嘉宾邀请一位女嘉宾表演一个节目。有请！来点音乐！

（一号男嘉宾走到一号女嘉宾前："小姐，能请您跳支舞吗？"一号女嘉宾应邀站起来，他们跳了一段优美的三步舞。谢幕后，男嘉宾送女嘉宾入座）

男主持人：欣赏过了优美的舞姿，接下来由二号男嘉宾选择一位女嘉宾来一次表演。

（二号男嘉宾走到三号女嘉宾前："小姐，陪我走一段路，好吗？"在西城男孩的歌声中，他们表演了规范的走姿。男嘉宾送女嘉宾入座）

女主持人：哇，真的走的好般配哦！接下来由最后一组嘉宾上场！

（三号男嘉宾邀请二号女嘉宾跳了一支四步舞，同样，谢幕后，男嘉宾送女嘉宾入座）

女主持人：大家都表演了丰富的节目，相信各位嘉宾互相之间肯定有了更深的了解。最后请大家互送名片，以便今后联系。

（男女嘉宾各交换了名片）

（背景音乐响起）

合：各位嘉宾，各位观众，今天的娱乐节目就到此结束了。

女主持人：我们希望大家在这个节目中能获得一些关于礼仪方面的常识，以便在以后的日常生活中加以规范。

男主持人：塑造自身良好的社交形象，努力成为一个受欢迎的人！

合：谢谢各位嘉宾的参与和各位观众的收看！再见！

自检分析

案例： 请另谋高位

一次某公司招聘文秘人员，由于待遇优厚，应者如云。中文系毕业的小颖同学前往面试，她的背景材料可能是最棒的：大学四年中，在各类刊物上发表了3万字的作品，内容有小说、诗歌、散文、评论、政论等，还为六家公司策划过周年庆典，英语表达也极为流利，书法也堪称佳作。小颖五官端正，面容姣好，身材高挑、匀称。面试时，招聘者拿着她的材料等她进来。只见小颖穿着紧身高腰上装，雪纺迷你裙，暴露在外的十个脚趾头涂满了红色的指甲油，鲜艳欲滴。她轻盈地走到一位考官面前，不请自坐，随后跷起了二郎腿，笑眯眯地等着问话。孰料，三位招聘者互相交换了一下眼色，主考官说："李小姐，请下去等通知吧。"她喜形于色，说声："好！"后便起身出门。

分析：

（1）小颖同学的应聘为什么会失败？

（2）如何理解"服饰美的最高境界是外在美和内在美的统一"这句话？

实训二

姿态礼仪训练

知识训练目标

1. 了解姿态的含义、功能和姿态塑造的意义。

2. 掌握各种姿态礼仪的基本要求。

技能培养目标

1. 熟悉商务场合各种站姿、坐姿、走姿、蹲姿、手势等姿态的规范要求。

2. 掌握常用的各种站姿、坐姿、走姿、蹲姿、手势等姿态的礼仪规范，并能够根据不同场合灵活运用。

3. 明确各种姿态的注意事项及禁忌。

素质拓展目标

1. 纠正日常不良行为习惯，举手投足做到彬彬有礼、落落大方。

2. 塑造个人形象，进一步提升个人的职业素养和气质品味。

基础知识

一、姿态的含义

姿态又称体态、仪态，泛指人的身体所呈现出来的样子，包括站立、行走、坐、蹲、手势等形体动作，是人体的一种无声语言。

二、 姿态的礼仪功能

“从体态知觉人的内心世界，把握人的本来面目，往往具有相当的准确性和可靠性。”——达·芬奇。

人的体态具有表达简洁、生动、真实、形象、自然的功能，比语言更能让对方感受到尊重，也可以直接反映一个人的品德、学识、能力和其他方面的修养程度。

图 2-1　姿态礼仪

三、姿态塑造的意义

从中国传统的审美角度来看，人们推崇姿态的美高于容貌之美。在现代社会，礼仪已经上升到商务人员的“第二张脸”。试想一下，一个穿着得体、妆面精致的女士如果言行举止粗俗，那么她的形象仍然是非常失败的。因此，商务人员必须时刻注意自己的站姿、走姿、坐姿和手势等仪态，以体现良好的素质和教养，从而促进人际关系的和谐以及事业的发展。

四、姿态礼仪训练的基本要求

总的来说，商务人员的仪态举止应端庄稳重，落落大方，自然优美（见图 2-1）。

实训内容

一、站姿训练

站姿是人体的最基本的姿态，也是其他姿态的起点和基础。良好的站姿能够衬托出商务人员的美好气质和风度。

1. 站姿的基本要求

正确的站姿，从整体上给人以笔直、挺拔、向上的感觉。其基本要求为：

（1）头要正、脖颈挺直；

（2）两肩平齐，并且稍微用力向下沉，人体有向上的感觉；

（3）挺胸、收腹、立腰、提髋、收臀；

（4）两腿靠拢，膝盖伸直，小腿往后发力，重心在两脚之间；

（5）脚尖展开，或双脚与肩同宽，双臂自然下垂；

（6）精神饱满，表情自然。

2. 常见的几种站姿

（1）肃立　肃立站姿的基本动作要领为：头正、脖颈挺直、双目平视、嘴唇微闭、下颌微吸、面容平和自然，两肩放松、稍向下沉，自然呼吸，躯干挺直，做到收腹、立腰、挺胸、提臀；双臂自然下垂于身体两侧，手指并拢、自然弯曲，中指贴拢裤缝；双膝并拢，两腿直立，脚跟靠紧，脚掌分开呈“V”字形，角度呈 45°～60°（见图 2-2）。

这种站姿一般适用于隆重集会的场合，如升旗、庆典、剪彩、颁奖等仪式。

（2）直立

① 男士直立站姿。两脚平行分开，两脚之间距离不超过肩宽，以 20 厘米为宜，两手手指自然并拢，右手搭在左手上，轻贴在腹部，双目平视，面带微笑（见图 2-3）；或两脚跟相靠，脚尖展开呈 60°～70°，两手叠放在背后，双目平视，面带微笑（见图 2-4），其余要求与肃立相同。

这种站姿从外观上看有如挺拔的青松，显得刚毅端庄，精神饱满。

图 2-2　肃立站姿

图 2-3　男士直立站姿 1

图 2-4　男士直立站姿 2

② 女士直立站姿。两脚并拢或两脚尖略展开，呈右丁字步，即右脚在前，将右脚跟前于左脚内侧；两手四指并拢，大拇指分开，双手虎口交叉，右手叠放在左手上，轻贴在腹前；身体直立，挺胸收腹，身体重心可放在两脚上，也可放在一脚上，通过重心移动减轻疲劳，其余与肃立相同（见图 2-5）。

此种站姿适用于商业服务，表示对客人的尊重与欢迎。

直立时，两脚展开的角度呈 90°，右脚向前将脚跟靠于左脚内侧中间位置，成右丁字步，左手背后，右手下垂，身体直立，重心置于两脚，双目平视，面带微笑（见图 2-6）；或两脚展开的角度呈 90°，左脚向前，脚跟靠于右脚内侧中间位置，成左丁字步，右手背后，左手下垂，身体直立，重心置于两脚，双目平视，面带微笑（见图 2-7），其余要求与肃立相同。此种站姿适用于给客人指示

图 2-5　女士直立站姿

方向，或解决疑难问题，提供其他服务。

3. 站姿训练中需要注意的问题

（1）是否有歪头、斜眼、缩脖、耸肩、塌腰、挺腹、屈腿的现象；

（2）是否有叉腰、两手抱胸或插入衣袋的现象；

（3）是否有身体倚靠物体站立的现象；

（4）是否有身体歪斜、晃动或脚抖动的现象；

（5）是否面无表情，精神委靡；

（6）是否身体僵硬，重心下沉等。

二、坐姿训练

坐姿是指人们就座时和坐定之后的一系列动作和姿势。坐姿也是人的举止行为的主要内容之一，是身体的一种静态造型。在商务人员的工作过程中，无论是伏案学习、参加会议，还是会客交谈、娱乐休息，都离不开坐。坐，作为一种举止，有着美与丑、优雅与粗俗之分。优美的坐姿让人觉得安详、舒适、端正、舒展大方。

图 2-6　男士直立站姿 3

图 2-7　男士直立站姿 4

总的来说，坐姿应给人文雅、稳重、自然、大方的美感（见图 2-8）。

图 2-8 坐姿训练

1. 坐姿的具体要求

（1）入座的基本要求

① 入座轻稳。入座时，动作要轻盈和缓，自然从容，不能猛地坐下发出响声。

② 背对座椅。入座时，走到座位前转身后，右脚向后退半步，然后轻稳坐下，再把右脚与左脚并齐。这样的入座方式不至于背对对方，显得更加礼貌和尊敬。

如是女士入座时，应先背对着自己的座椅站立，右脚后撤，用右脚确认椅子的位置，再整理裙边，挺胸、双膝自然并拢，双腿自然弯曲，双肩自然平正放松，两臂自然弯曲，双手自然放在双腿上或椅子、沙发扶手上，掌心向下。

③ 注意先后。应在别人之后入座。出于礼貌，和客人一起入座或同时入座时，要分清尊卑，先请对方入座，自己不要抢先入座。

④ 左侧入座。从座位左侧入座。如果条件允许，在就座时最好从座椅的左侧接近它。这样做，是一种礼貌，而且也容易就座。

向周围的人致意。在就座时，如果附近坐着熟人，应该主动跟对方打招呼。即使不认识，也应该先点点头。在公共场合，要想坐在别人身旁，还必须征得对方的允许。还要放轻动作，不要使座椅乱响。

（2）入座后要注意：臀部坐在椅子二分之一或者三分之二处，两手分别放在膝上（女士双手可叠放在左膝或右膝上），双目平视，下颌微收，面带微笑（见图 2-9）。

图 2-9　入座规范要求

(3) 离座的基本要求

① 自然稳当。离座时首先将右脚向后收半步，然后起立，应依靠小腿的力量将身体支起，而不是用双手撑着腿或桌椅、扶手等站起，要保持上身的直立状态，起立后右脚与左脚并齐，注意座椅不要发出声响，整个过程要自然稳当。

② 提前示意。离开座椅时，身边如果有人在座，应该用语言或动作向对方先示意，随后再站起身来。

③ 注意先后。离座也应注意先后。和别人同时离座，要注意起身的先后次序。地位低于对方时，应该稍后离座。地位高于对方时，可以首先离座。双方身份相似时，可以同时起身离座。

④ 从左离开。和左侧入座一样，离座时“左出”也是一种礼节。

2. 女士常见的坐姿训练

(1) 正坐式　要求双腿并拢，上身挺直、坐下，两脚尖并拢略向前伸，两手叠放在双腿上，略靠近大腿根部。要求上身和大腿、大腿和小腿都应当形成直角，小腿垂直于地面，双膝、双脚包括两脚的脚跟都要完全并拢（见图 2-10)。入座时，若是女士着裙装，应用手先将裙摆稍稍拢一下，然后坐下。

(2) 曲直式　要求上身挺直，大腿靠紧后，向前伸出一条小腿，并将另一条腿屈后，两脚脚掌着地，双脚前后要保持在一条直线上，双手叠放在大腿靠近身体处（见图 2-11)。

(3) 交叉式　要求上身挺直，坐正，大腿、小腿都要靠紧，双腿在脚踝处交叉，双手叠放在大腿根部靠近身体的地方，这种坐姿比较简单、舒适（见图 2-12)。

(4) 侧斜式　当女士坐在较低的位置或椅子上时，双腿垂直放置的话，膝盖可能会高过腰线，很不雅观。这时最好采用双腿斜放式。要求上身挺直，坐正，双腿并拢，两脚相靠，同时将两腿斜放在身体的左侧或者右侧，小腿与地面倾斜角度约为 45°，这样的话，就座者的身体就会呈现优美的“S”形（见图 2-13)。当坐沙发时，这种坐姿最实用。

(5) 正身重叠式　要求上身挺直，坐正，将双腿一上一下交叠在一起，交叠后的两腿间没有缝隙，犹如一条直线。双脚斜放在身体的左或右一侧，斜放后的腿部与地面成 45°，双手叠放支撑在叠放在上面的腿上，特别要注意的是将上面的小腿用力向内收，脚尖向下，指向地面（见图 2-14)。

3. 男士常见的坐姿训练

(1) 正坐式　上身挺直、坐正、双腿自然弯曲，小腿垂直于地面并略微分

图 2-10　女士正坐式坐姿

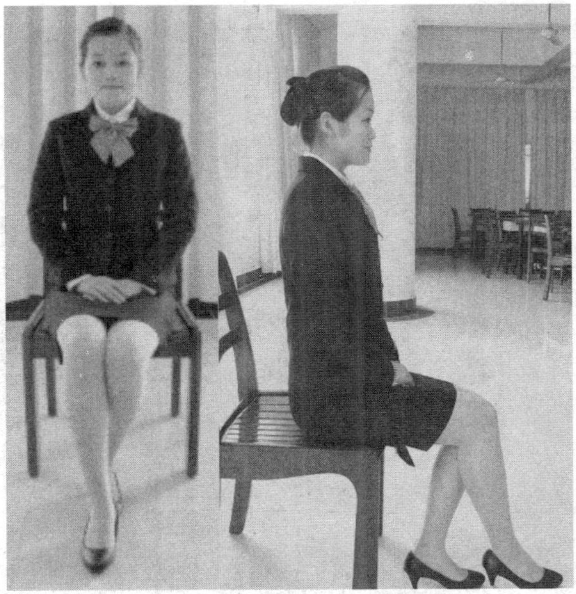

图 2-11　女士曲直式坐姿

图 2-12　女士交叉式坐姿

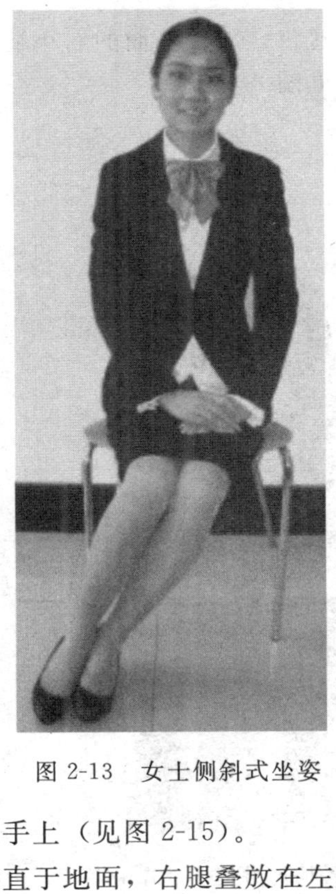

图 2-13　女士侧斜式坐姿

开，双手自然弯曲，分放在两膝上或椅子的扶手上（见图 2-15）。

（2）重叠式　上身挺直、坐正，左小腿垂直于地面，右腿叠放在左腿上，同

图 2-14　女士正身重叠式坐姿

时，要注意将叠放在上面的右小腿向里收，脚尖稍向下，双手放在扶手上或放在大腿上（见图 2-16）。

图 2-15　男士正坐式坐姿

图 2-16　男士重叠式坐姿

4. 坐姿训练中需要注意的问题

（1）是否有躺靠在椅背上或陷在沙发里的现象；

（2）是否有两膝分开、两脚呈内八字、脚跟朝外的现象；

（3）是否有两腿抖动或甩来甩去的现象；

（4）是否有前俯后仰、把脚架在椅子或沙发扶手、茶几上的现象；

（5）是否将脚伸得太远、脚跷得太高，脚尖对着别人等。

三、走姿训练

走姿是人们在行进过程中所采取的姿态，是站姿的延续动作，是在站姿基础上展示出的动态美。在行走过程中，每个人都是一个流动的造型体，优雅、稳健、敏捷的走姿，会给人以美的感受，产生较强的感染力，反映出积极向上的精神状态。

走姿要求的“行如风”，是指人在行走时，如风行水上，有一种轻快、自然的美。

行走时，男女有一定区别，女性应注意轻盈快捷，快抬脚、迈小步、轻落地，展示出温柔、娇巧的阴柔之美。而男性的走姿则应雄健有力，走平行线，展示其刚健、英武的阳刚之美。

1. 走姿的基本要求

（1）规范的走姿首先要以端正的站姿为基础，起步时身子稍向前倾，重心落在前脚掌，膝盖伸直，挺胸抬头，面带微笑，目视前方（见图 2-17）。

（2）双肩保持平稳，以肩关节为轴，双臂前后自然摆动，向前摆动幅度为30°～35°为宜，向后摆动幅度为15°左右，手臂外开不超过30°，双手自然弯曲，离开身体不超过一个拳头的距离。

（3）行走过程中，上身要直，头正、挺胸、收腹、立腰、提臀，脊背和腰部行走中身体的重心要随着移动的脚步不断向前过渡，而不要将重心停留在后脚，并注意在前脚着地和后脚离地时要伸直膝部。

（4）注意步位　脚尖略开，起步时，身体微向前倾，脚跟先接触地面，依靠后腿将身体重心送到前脚掌，使身体前移，两脚内侧落地时，行走的线迹应是一条直线（见图 2-18）。

（5）步幅适当　一般是前脚的脚跟与后脚的脚尖相距为脚长，跨步时，两脚之间相距约一只脚到一只半脚，步伐稳健，步履自然，要有节奏感。

此外，步幅的大小还应与着装相协调。例如，男士穿西服时要注意保持身体挺拔，后背平正，走路的步幅可略大些，手臂自然放松、伸直摆动，手势要简捷、大方，步态要求舒展、矫健。

女士穿裙装时步幅不宜太大，两脚内侧要落到一条直线上，脚尖略向外开，两手臂自然摆动，幅度也不宜过大，髋部可随着脚步和身体的重心移动而稍左右

图 2-17　走姿基本要求

图 2-18　步位训练

摆动，体现出柔和、含蓄、典雅的风格。

女士穿高跟鞋时，由于鞋跟较高，身体重心自然前移，为了保持身体平衡，必须挺胸、收腹、提臀，膝盖绷直，全身有挺拔向上的感觉。行走时步幅不宜过大，膝盖不要过弯，两腿并拢，两脚内侧落到一条线，脚尖略向外开，足迹形成柳叶状，俗称“柳叶步”。

（6）保持一定的速度　速度过快容易给人以浮躁、慌张的印象；过慢则显得没有生气和活力。一般情况下，男士每分钟行走 108～118 步，女士每分钟行走 118～120 步。

2. 常见的走姿训练

（1）标准走姿　标准走姿的基本要求是：上身正直不动，两肩平稳不摇，两臂摆动自然，两腿直而不僵，步幅适中均匀，两脚落地一线，走路轻盈（见图 2-19）。

需要注意的问题是：避免走路时前俯、后仰或脚尖向外、向内呈“外八字”、“内八字”的走步，步子太小或双手反背。

（2）平行步　平行步走姿的注意要点是收腹、两眼平视前方、下颌微收、两臂前后摆动，两手离支撑腿的距离为 15～20 厘米，肘关节微屈。

此步态要领是昂首、挺胸、收腹，上体正直，两眼前视，双臂自然摆动，步态轻盈、稳健（见图 2-20）。

训练初期在地上画好直线，练习者以立正姿势站好，出左脚时，脚跟着地，落于离直线 5 厘米处，迅速过渡到脚尖，脚尖稍向外，右脚动作同左脚，注意立

图 2-19 “标准步”走姿训练

图 2-20 “平行步”走姿训练

腰、挺胸、展肩。

(3)“一字步”走姿　在商务活动以及服务工作中，女士常见的走姿是“一字步”。“一字步”走姿的要领是：行走时两脚内侧在一条直线上，两膝内侧相碰，收腰提臀、挺胸收腹，肩外展，头正颈直、微收下颌（见图 2-21）。

图 2-21 “一字步”走姿训练

此步态犹如模特儿的走姿，给人以强化其肢体的美感，较大幅度的两手摆动干净利落，具有鲜明节奏感的脚步，给人以充满朝气、体态轻盈之感。

训练初期，可以在地面上画好几根直线，练习者踩直线，以立正姿势站好，出左脚时，稍前送左胯，出右脚时，稍前送右胯，两脚踩在一条直线上。两臂自然摆动，前摆后摆距离相等，手半握拳，立腰，挺胸，收腹，沉肩，肩后展，两眼平视前方，头正，微收下颌，注意左右送髋时上体保持平稳，不可左右摇摆。

(4) 变向走姿　变向走姿是指在行走中，需转身改变方向时，采用合理的方法，体现出规范和优美的步态。

① 后退步。与人告别时，应当先后退两三步，再转身离去，退步时脚轻擦地面，步幅要小，先转身后转头。

② 引导步。引导步是用于走在前边给宾客带路的步态。引导时要尽可能走在宾客左侧前方，整个身体侧向宾客方

向，保持两步的距离，遇到上下楼梯、拐弯、进门时，要伸出左手示意，并提示请客人上下楼、转弯、进门等。

③ 前行转身步。在前行中要拐弯时，要在距所转方向远侧的一脚落地后，立即以该脚掌为轴，转过全身，然后迈出另一脚。即向左拐，要右脚在前时转身，向右拐，要左脚在前时转身。具体动作步骤如下。

a. 走姿定格　行走、定格（假设定格时，左脚在前、右脚在后）。

b. 后脚往前跨一步，转身　右脚（后脚）向前略跨一步，并行往左边转。这一步不要跨太大，转身后才能维持优雅站姿。两脚相差约半步。

c. 从前脚跨出第一步　转身后，左脚依旧在前。如需行走，则依旧由前脚（左脚）向前迈步。

总之，走姿千姿百态，没有固定模式，或矫健轻盈，或精神抖擞，或庄重优雅。只要与社交、工作场合相协调，并展现自己的个性，就是一种美。

3. 走姿训练中需要注意的问题

（1）是否有“内八字”或“外八字”的现象；

（2）是否有弯腰驼背、歪肩晃臀、头部前伸的现象；

（3）是否有左顾右盼、边走路边指指点点的现象；

（4）走路时是否有膝盖弯曲、重心向后或脚蹭地面、上下颤动的现象；

（5）走路时是否有大步流星或小碎步的现象等。

四、蹲姿训练

在商务场合中，蹲姿没有站姿、走姿、坐姿那样频繁，因而往往被人所忽视。但是，有些时候和场合，商务人员不得不蹲下身去系鞋带、清洁卫生、捡掉落在地上的东西，或者从低处取物、拎东西等，如果很随便地上身前俯，弯腰撅臀的话，是十分不雅观、不礼貌的行为。

因此，对于讲究举止仪态的商务人士，一定要注意自己的蹲姿，捡东西或系鞋带时尽量表现得得体美观、优雅大方。

此外，欧美国家的人普遍认为“蹲”这个动作是不雅观的，所以只有在非常必要的时候才蹲下来做某件事情。

1. 蹲姿的基本要求

（1）下蹲拾物时，应自然、得体、大方，不遮遮掩掩。

首先要走到靠近所取物品的旁边，轻缓地蹲下屈膝去拿，不要低头，也不能弓背，要慢慢地把腰部低下。若用右手捡东西，可以先走到东西的左边，右脚向后退半步后再蹲下来。动作姿态要优雅、大方。

（2）下蹲时，应使头、胸、膝关节在一个角度上，保持优美蹲姿。

下蹲时应保持上身挺直，下半身向下蹲屈，上身仅有一个稍向前倾的角度，头、胸、膝关节应保持在一条直线上，避免弯腰、弓背的姿势。

（3）下蹲时，要用两腿合力支撑身体，避免摔倒。

下蹲时，应一脚在前，一脚在后，两腿同时向下蹲，前脚全着地，小腿基本垂直于地面，后腿脚跟提起，脚掌着地，用两腿合力支撑身体，臀部向下，掌握好身体的重心，以防摔倒。

（4）男士下蹲时，两腿间可留有适当的缝隙；而女士无论采用哪种蹲姿，都要将双腿并紧，臀部向下，尤其是穿着旗袍或短裙时需更加留意，以免尴尬。此外，女士如果是穿着低领衫或大领口的衣服，蹲下时还必须用一只手捂住衣领，以防走光。

2. 常见的蹲姿训练

常见的优雅蹲姿，一般可采取以下几种方法。

（1）高低式　高低式蹲姿的基本特征是双膝一高一低。

具体动作过程及要领为：在下蹲时，左脚在前，右脚稍后，两腿靠紧向下蹲。左脚完全着地，小腿基本上垂直于地面，右脚脚跟提起，脚掌着地，臀部向下，上身稍向前倾，基本上以右腿支撑身体。右膝内侧可以靠在左小腿内侧，形成左膝高右膝低的姿态（见图 2-22）。男士采用高低式蹲姿时两腿不用靠紧，可以留有一定的距离（见图 2-23）。

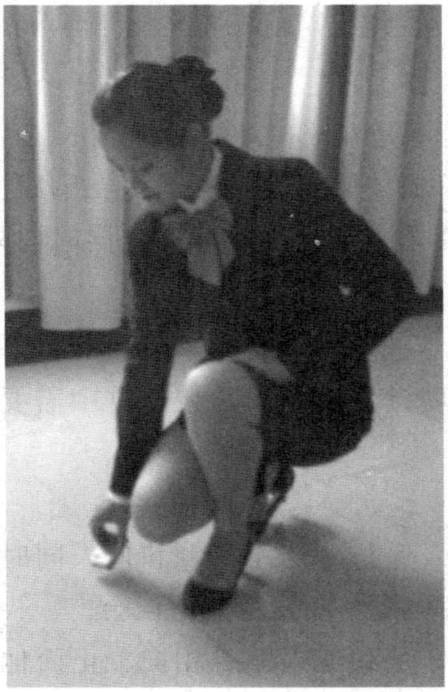

图 2-22　女士高低式蹲姿

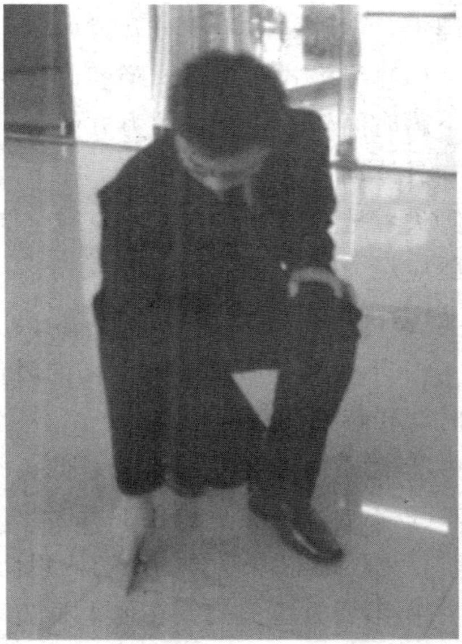

图 2-23　男士高低式蹲姿

这种高低式蹲姿男女适用、学习方便、容易掌握，因此被大多数职业人士所普遍采用。

（2）交叉式　交叉式蹲姿，通常适用于女士，特别是穿短裙的女士采用。其优点就在于造型优美、典雅。基本特征是双腿交叉。

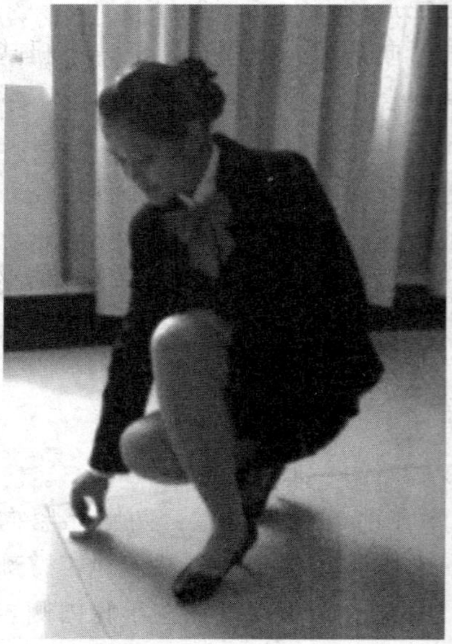

图 2-24 女士交叉式蹲姿

具体动作过程及要领为：走到要捡的物品附近位置，两腿前后交叉蹲下，即在下蹲时，右脚在前，左脚在后，右小腿垂直于地面，全脚着地，左脚脚跟抬起，脚掌着地，上身略向前倾，臀部朝下。蹲下后，右腿在上、左腿在下，二者交叉重叠，左膝由后下方伸向右侧，从右膝下方伸出，两腿合力支撑身体（见图2-24）。

（3）半蹲式　半蹲式蹲姿，一般适用于行走时临时采用。它的正式程度不及前两种蹲姿，但在需要应急时也可以采用。基本特征是身体半立半蹲。

具体动作过程及要领为：下蹲时，两腿呈左前右后姿态，但不重叠；上身稍许弯下，但不要和腿部构成直角或锐角；臀部务必向下，而不是撅起；双膝略为弯曲，角度一般为钝角；身体的重心应放在左腿上；两腿之间不要分开过大。

（4）半跪式　半跪式蹲姿，又叫做单跪式蹲姿。它也是一种非正式蹲姿，多在下蹲时间较长或为了用力方便时采用。基本特征是双腿一蹲一跪。

具体动作过程及要领为：在下蹲后，改为一腿单膝点地，臀部坐在脚跟上，以脚尖着地。另外一条腿，应当全脚着地，小腿垂直于地面。双膝应同时向外，双腿应尽力靠拢。

3. 蹲姿训练中需要注意的问题

① 不要突然下蹲。蹲下来的时候，不要速度过快。尤其是在行进中需要下蹲时，要特别注意这一点。

② 蹲下时不要双腿叉开、低头撅臀。

③ 不要离人太近。在下蹲时，应和身边的人保持一定距离。和他人同时下蹲时，更不能忽略双方的距离，以防彼此“迎头相撞”或发生其他误会。

④ 不要方位失当。在他人身边下蹲时，最好是和他人侧身相向。正面他人或者背对他人下蹲，都是不礼貌的。

⑤ 不要毫无遮掩。在大庭广众面前，尤其是身着裙装的女士，一定要避免下蹲毫无遮掩的情况，特别是要防止胸部走光和露出腰部或内衣。

⑥ 不要蹲在凳子或椅子上。有些人有蹲在凳子或椅子上的生活习惯，但是在公共场合这种行为是不能被接受的。

⑦ 不要蹲着休息。有些人站立时间久了或站累了会蹲下来休息，在工作场

合最好不要这样做，可能会引起不必要的误会。

五、手势训练

手，是人体态语言中最重要的传播媒介，俗话说："心有所思，手有所指。"手的魅力并不亚于眼睛，甚至可以说手就是人的第二双眼睛，当人们在紧张、兴奋、焦急的时候，手都会有意无意地表现着。

手势，作为仪态的重要组成部分，是商务人员在工作、交往过程中不可缺少的肢体动作，是极富有表现力的一种"体态语言"（见图 2-25）。它主要通过手和手指的活动来传递信息，它作为信息的传递方式不仅远远早于书面语言，甚至早于有声语言。

图 2-25　手势礼仪

商业人员正确、恰当地掌握和运用各种手势，可以增强感情的表达，提高工作效率和服务效果，为职业形象增辉。

1. 手势的不同含义

在不同国家、不同地区、不同民族，由于文化习俗的不同，手势的含义也有很多差别，甚至同一手势表达的含义也不尽相同。所以，要想发挥手势语的交际作用，就要了解、熟悉交际对象和环境的文化特征，不同文化背景下手势的不同含义。手势的运用只有合乎规范，才不至于无事生非。

例：伸出拇指向上，在欧、美等国家表示好、赞同；中国表示称赞；日本表示老爷子。拇指向下，大多表示反对。食指上指，中国表示数字 1，欧美代表打招呼，法国代表提问，而澳大利亚则表示给我一杯啤酒。

温馨小贴士 Tips

- 不同手势所代表的含义

- 鼓掌——赞成或高兴
- 摇手——否定或拒绝
- 挠头——迷惑或不信
- 挥手——招呼或道别
- 轻拍肩膀——鼓励、恭喜或安慰
- 手指交叉——思考或犹豫不决
- 双手背后——不欣赏、不同意、防御或攻击

2. 手势的规范要求

(1) 五指伸直并拢，注意将拇指并严，腕关节伸直，做任何手势动作时，手掌都不宜上翘或前后弯曲，保证手掌与前臂成一条直线，动作落落大方、力度适中（见图 2-26）。男性可用平行手势。

(2) 掌心向上　一般而言，掌心向上的手势有诚恳、尊重他人的含义，掌心向下的手势意味着不够坦率、缺乏诚意等，有时也是权威性的，如对女士行礼、开会时领导要求“安静”等。因此，在介绍某人、为某人引路指示方向、请人做某事时，应该掌心斜向上方，手掌与地面成 45°，身体稍前倾，肩下压，手应位于头和腰之间的水平线上。运用手势时，一定要目视来宾，面带微笑，体现出对宾客的尊重（见图 2-27）。

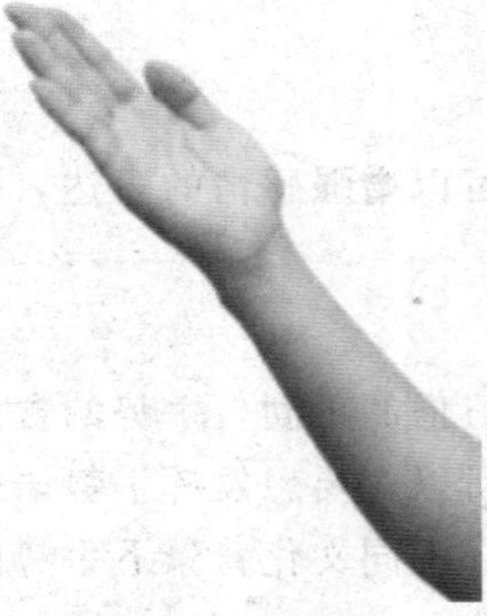

图 2-26　手势的规范要求 1

图 2-27　手势的规范要求 2

(3) 手势动作幅度大小适度　手势的上界一般不应超过对方的视线，下界不低于自己的胸区，左右摆的范围不要太宽，应在人的胸前或右方进行。一般场合，手势动作幅度不宜过大，次数不宜过多，不宜重复。

3. 手势的基本形式

（1）横摆式　在商业服务中，表示“请”的意思时，经常采用手臂横摆式。

以右手为例，具体动作要求如下：五指并拢伸直，掌心向心，手掌平面与地面呈 45°；肘关节微屈为 140°左右，腕关节要低于肘关节。做动作时，右手从腹前抬起，至上腹部处，然后以肘关节为轴向右摆动，摆到身体右侧稍前的地方停住。注意不要将手臂摆到体侧或体后，同时身体和头部微微由左向右倾斜，视线也随之移动；双脚并拢或成右丁字步，左臂自然垂放或放在身前，目视客人，面带微笑（见图 2-28）。

（2）直臂式　当指示方向时，可采用横摆式，也可采用直臂式。

以右手为例，具体动作要求如下：五指并拢伸直，屈肘由身前向右斜前方抬起，抬到约与肩同高时，再向要指示的方向伸出前臂，身体微向右倾。与横摆式不同的是手臂高度与肩基本同高，肘关节伸直（见图 2-29）。

图 2-28　横摆式手势

图 2-29　直臂式手势

（3）曲臂式　当工作人员一只手扶着门把手或电梯门，或一手拿着东西，同时又要做出“请”或指示方向的手势时，可采用曲臂式手势。

以右手为例，具体动作要求如下：五指伸直并拢，从身体的右侧前方，由下向上抬起，抬至上臂离开身体 105°的高度时，以肘关节为轴，手臂由体侧向体前的左侧摆动，摆到距身体 20 厘米处停住，掌心向上，手指尖指向左方，头部随着客人的移动从右转向左方（见图 2-30）。

图 2-30　曲臂式手势

图 2-31　双臂横摆式手势

（4）双臂横摆式　在庆典活动来宾较多，向众多来宾表示“请”或指示方向时，可采用双臂横摆式。

具体动作要求如下：两手五指分别伸直并拢，掌心向上，从腹前抬起至上腹部处，双手上下重叠，同时向身体两侧摆，摆至身体的侧前方，肘关节略微弯曲，上身稍向前倾，面带微笑，头微点，向客人致意。如果来宾站在某一侧，也可将两手臂向同一侧摆动（见图 2-31）。

4. “三位”手势训练

（1）高位手势　高位—头—5 米以外。

（2）中位手势　中位—肩—2～5 米。

（3）低位手势　低位—腰—1 米左右。

5. 常见的“三位”手势运用

（1）请进　用中位手势。迎客时，站在一旁，先鞠躬问候，再抬手到身体的右前方。微笑友好地目视来宾，直到客人走过，再放下手臂。

（2）引导　用中位手势。在客人的左前方 2～3 步前引路，尽量让客人走在路的中央，并且要与客人步伐保持一致，注意客人的反应，适当地做些介绍。如果要指引方向，先用语言回答来宾询问的内容，并用手势指出方向的位置，尽可能带他到适当的地方，再做手势，眼睛应同时兼顾到手指的方向和来宾，直到来宾表示清楚了，再把手臂放下。

（3）请坐　采用低位手势。接待来宾入座时，一只手由体前抬起，从上向下摆动到距身体45°处，使手臂向下形成一条斜线，表示请入座（见图2-32）。

图2-32　低位手势运用

（4）请往高处看：采用高位手势。

（5）里边请：采用中位手势。

6. 手势运用中需要注意的问题

在服务场合及商务交往中，应注意避免以下手势。

（1）手势过多——装腔作势、缺乏涵养之感。

（2）反复摆弄手指或手在桌上乱写乱画、玩饰物等——无聊、不耐烦之感。

（3）抓头发、搔头皮、掏耳朵、抠鼻子、剔牙齿等——不卫生、缺乏教养之感。

（4）交谈时谈到自己，不要用手指自己的鼻尖，应将手掌按在胸口上，以示斯文礼貌和自信；谈到别人时，切忌用手指指点。

（5）忌双手抱头——骄傲自大、爱理不理之感。

（6）手插口袋——无所事事、偷懒之感。

（7）装饰过多或翘兰花指等——不够端庄、矫揉造作之感。

实训方法

1. 多采用示范讲解练习，并分解动作，如分解坐姿入座的几个步骤。

2. 背靠背站立：两人一组，要求两人后脚跟、小腿、臀、双肩、脑后枕部相互紧贴（见图 2-33）。

3. 顶书训练：让学生在头顶上平放一本书，保持书的平衡，以检测是否做到头正、颈直。也可以在两膝部位夹一张白纸，以检测是否做到两腿并拢、伸直（见图 2-34）。

图 2-33　背靠背训练

图 2-34　顶书夹纸训练

4. 背靠墙练习：要求脚后跟、小腿、双肩、脑后枕部均紧贴着墙，张开两臂与肩成一条直线，感受扩肩的感觉。

5. 为了达到规范、完美的站姿，建议配合形体训练及科学的健身运动。

6. 把杆训练，练习小踢脚、拉肩、下腰。

7. 变换不同的站姿、坐姿，并通过深呼吸练习帮助提气、立腰。

8. 训练走直线，这是走姿训练的主要内容。训练时在地面上绷直一条较长的颜色鲜艳的带子，行走时双脚内侧要求落到带子上。

9. 训练停顿、拐弯、侧行、侧后退步。在走姿训练时可进行摄像，然后播放录像，使学生了解自己的步态，再在教师指导下加以纠正。经过反复训练达到端正、轻盈、稳健、灵敏的标准。

10. 站姿、坐姿训练每次不少于 15～20 分钟，并配以适当的音乐进行，减少训练的疲劳感。

11. 手势训练可运用情景训练法，组织学生扮演引导者，根据大家的不同需求运用恰当的手势。

12. 采取统一练习、分组练习和个别练习的多种方法，并及时纠正或点评，也可采取同学之间互评、分组竞赛的方式来改善和充实单调的练习。

实训检测

考核项目	考核内容		分值	自评分（20%）	小组评分（30%）	教师评分（50%）	实得分
站姿	1. 身体各部位的正确姿态	头部、颈部、面部	2				
		两肩、胸部	2				
		腰部、臀部	2				
		手位	2				
		两脚	2				
	2. 不同站姿的展示	肃立	5				
		直立	5				
	3. 靠墙顶书训练效果（持续 3 分钟）		3				
坐姿	1. 坐姿基本动作要领的展示		5				
	2. 脚的摆放方式（至少 2 种）		10				
	3. 入座后姿态的整体保持效果		2				
	4. 入座前、后的其他要求		2				
走姿	1. 身体姿态		2				
	2. 跨步的均匀度		2				
	3. 手位摆动的情况		2				
	4. 根据音乐情景变换步态		2				
	5. 身体与手、脚的协调配合		3				
	6. 动态美感		3				
蹲姿	1. 蹲姿基本动作要领的展示		2				
	2. 不同蹲姿的展示	高低式	5				
		交叉式	5				
		半蹲式	2				
		半跪式	2				
	3. 蹲姿与情境的协调配合		3				
手势	1. 常见的几种引导手势演示	横摆式	5				
		直臂式	5				
		曲臂式	5				
		双臂横摆式	5				
	2. 手势与身体、表情的协调配合		5				
合　计							

实战练习

假日大酒店招聘会

演员表

假日大酒店人事部经理：黄小姐

场景一之应聘者：严××

场景二之应聘者：蒋××

场景三之应聘者：胡××

地点　人事部经理办公室

（旁白）由于旅游旺季的即将到来，假日大酒店决定面向社会招聘一批酒店从业人员，为了能够招到一批优秀的从业人员，人事部经理黄小姐安排了一场特殊的面试……

场景一

（旁白）第一位来应聘的是一位身着T恤、牛仔裤，性格较活泼的女生。

（敲门，三下之后……）

黄：请进（看着严××走到面前，不语）

严：您好，我是严××，哦，对了，这是我的个人简历。（走到经理面前双手递上，并退回原地）我先自我介绍一下吧！（经理示意"请"）本人毕业于常州工程职业技术学院企业管理专业，现已过了英语三级，我的个性比较外向，开朗，善与人沟通，我对餐饮部这方面的知识掌握的比较全面，并且实习单位对我的评价也较好，因此，我想应聘餐饮部有关的岗位。

黄：您先请坐吧！（手势示意）

严：好的，谢谢！（走到椅子前坐下，跷起二郎腿）

黄：（抬头看了一下严××的坐姿，并停留了一会儿）

严：（意识到了经理的目光，并矫正了自己的坐姿）

黄：我能问您几个问题吗？

严：可以啊。

黄：您认为对客人最有亲和力的是什么呢？

严：我认为应该是微笑吧。

黄：您可以示范一下吗？

严：当然可以啊。（微笑）

黄：很好，还是蛮专业的……假设现在有一对情侣来到我们酒店餐厅用餐，您该如何安排他们的座位呢？

严：我觉得靠窗的座位比较适合他们吧。

黄：（起身走到严××身边，严××立即起身）现在请您把我当作客人，我来你们餐厅用餐，该怎么接待我。

（经理走到门口，扮起了客人的角色）

严：小姐，欢迎光临我们餐厅，（微笑，鞠躬）请问您有预订吗？

黄：没有，还有座位吗？

严：是的，小姐，座位还有，请问就您一位吗？

黄：是的。

严：小姐，请这边走，（用手示意，引路）这边靠窗的座位您觉得满意吗？

黄：可以欣赏这个城市的风景也不错嘛。

严：您觉得满意就好，这是菜单，请过目。（双手递给黄小姐，黄小姐双手接下）

黄：可以，就这样吧！您的表现不错，现在您可以先回去等我们的通知了。

严：那请问我在何时能接到您的通知？

黄：我们会在半个月内与您联系的。

严：好的，再见。（握手，告别）

黄：再见。

（严××退出办公室）

场景二

（旁白）第二位来应聘的是一位很文雅的女孩，这是一个没有任何工作经验的应聘者，经理为了考验她，声称不在，假装自己是经理的秘书，于是……

（蒋××敲门）

黄：请进。

蒋：（走到椅子边）您好！我叫蒋××，有幸来你们酒店应聘。

黄：请坐，真不好意思，我们经理临时有事不在，恐怕您要多等一会儿了。

蒋：好的，没关系的。

黄：哦！我是他的助手，您可以把简历先交给我。

蒋：麻烦您了。

黄：不客气，（把简历放在桌上）看您的样子好像刚从学校毕业吧！

蒋：对啊。

黄：今天来应聘的人蛮多的嘛。

蒋：但是需要人的岗位也挺多的啊。

黄：是啊，有没有想过加入我们酒店哪个部门呢？

蒋：我也不是很清楚，我刚毕业，又没有这方面的经验，不过我很自信，而且我的适应能力也很强，我对我自己做的事情都要求做得最好。

黄：那我们酒店对新进人员是都有一个培训期的，有自信还是好的（起身，一边为蒋××倒水一边说），我觉得您的自身条件不错，我估计前台接待挺适合您的，但这个岗位对外语的要求还是挺严格的。（双手递水给蒋××，蒋××起身接下）

蒋：谢谢，（放到一边茶几上）我主修两门外语，而且通过了等级考试，平时也都挺注意口语练习的。

黄：那太好了。（黄小姐起身）我们经理估计还要好一会儿才能回来。我拿一本我们酒店的简介给您看看，让您了解一下我们酒店。

蒋：谢谢！

黄：（递简介的时候故意把茶几上的茶碰倒，茶水流到了蒋××的长裙上）啊！真对不起！看我多粗心。

蒋：（起身擦裙）哦！没事没事！您也不是故意的，衣服干了就没事了。

黄：我是故意的。

蒋：啊！（很吃惊）

黄：哈哈哈，其实我就是经理，您可以先回去了，如果有需要我们会通知您的，再见！

蒋：再见！（握手道别）

场景三

（旁白）第 *N* 位来应聘的是一位身着套装，看上去十分精明能干，有丰富工作经验的人……

（胡××敲门，每次敲三下）

黄：请进！

胡：（走进门时，身边的扫把倒在地上，蹲下身扶好扫把，走向经理，并双手把简历递给经理）这是我的简历。

黄：（双手接过）请坐！

胡：谢谢。（走到椅子正前方，坐下时用左手扶一下裙子，坐姿正确）

黄：您以前在五星大厦工作过三年吧？

胡：是的，我们的酒店是私人经营的，因为经济不景气而破产了，而我一个在您酒店工作的朋友告诉我，你们酒店因为旅游旺季的到来而要招聘人员，而你们酒店是常州口碑最好的一家，并且员工的待遇很好，而且对有能力的人一定会提拔的。所以我想成为你们酒店的一员。

黄：今天的应聘人有很多，您觉得您的优势在哪里？

胡：最主要的是我的工作经验较丰富，我在以前的酒店什么部门都做过一段时间，能很好地处理各种问题，虽然我的外语书写能力不是很强，但我的口语是很强的。

黄：那，如果我是 VIP 客人，我忽然到你们饭店应如何接待，我们来试试，我从门边走过来，您接待。

（经理先走到门边，胡××站在门边过来一点，经理走到胡××身边时，胡××微笑地说："您好！欢迎到我们酒店，您是黄小姐吧！"）

黄：对啊！您怎么知道？

胡：（做出手势，请客人这边走）您是我们这里的常客，我当然能认出您了，我们酒店还存有您的档案。

黄：（经理跟着胡向前走）是嘛！

胡：（把客人带到前厅）请先在前台登记（在经理登记好后，胡××站在经理的右侧前方，做出请的手势）我现在带您去您的房间，请。（片刻后，指一下房间）这是您的房间。

（胡××向经理拿了钥匙，先敲门，后开门，请经理先进，胡××再进，并介绍客房）

黄：就这样吧！您对接待很有经验，也很清楚操作步骤。

胡：是的。

黄：若我们是老朋友，您见到我会如何？

胡：好好地聊。如果对方是女的就握住手指，若是男的就全握。

黄：好的，我知道了，请您等我们的电话。

胡：好的，希望您能给我这个机会。（站起来，向门走去，打开门，轻轻地关上）

（旁白）在众多的应聘者中，人事部经理最后决定录用严××、蒋××、胡××等，严××是个个性外向的女生，善于与客人沟通，于是经理决定把她安排在餐厅接待。蒋××有着较为扎实的外语听话能力，处事较为细心，自身修养较高，便于前台接待。胡××有着丰富的工作经验，处理事件井井有条，比较适合管理层的工作。

自检分析

案例： 错误的数数法

2010年7月的一天，导游小钟精神饱满地奔赴某国际大酒店，开始当天的旅游接待工作。小钟笑容可掬地站在车门旁边迎候游客们上车，接着小钟按惯例开始清点人数，“1个、2个、3个、4个…”小钟一边用手指点着游客，口里一边轻轻地念着。点完人数后，他很高兴，今天游客们都很准时，没有迟到的。旅游车准时出发了，可是接下来在旅游过程中，小钟发现尽管他旅游方面的专业知识非常丰富，服务也很热情周到，但是游客们就是有点不对劲，情绪不高，对他的提议也不积极响应。这让小钟百思不得其解。旅程结束后，小钟赶紧去找经验老到的导游进行请教，这才明白问题所在，茅塞顿开。

分析：

1. 小钟令游客们不开心的问题出在什么地方？
2. 如果当天负责接待的是你的话，你将如何做避免这样的情况发生？

实训三

表情礼仪训练

知识训练目标

1. 了解表情的含义、功能和构成要素。
2. 熟悉目光及微笑的内涵。
3. 掌握表情礼仪的基本要求。

技能培养目标

1. 熟悉微笑及眼神的礼仪规范要求。
2. 掌握“三度”微笑的技巧及运用。
3. 掌握眼神运用的具体要求。
4. 能够根据不同商务场合的需要熟练运用多种表情。

素质拓展目标

1. 培养学生谦恭、友好、宽容的心态，正所谓相由心生，一个人的修养、气质和心态都会在表情上有所体现。

2. 培养学生有意识地改变不良习惯，加强自身修养，以适当的表情、神态，准确地表达内心的感受和态度，从而增强人际交往与沟通能力。

基础知识

一、表情的含义

表情是指人的面部情感，是人们心理活动的外在表现，商务人员在表情方面应具备较强的自我约束力和控制力。

二、表情的礼仪功能

现代心理学家认为，情感的表达是人们保持正常交往的纽带，它主要是通过言语、声音、表情方面来完成，并总结了一个公式：感情表达＝言语（7%）＋声音（38%）＋表情（55%）。可见表情在人与人的交往与沟通中占有相当重要的位置。

三、表情的构成要素

目光和笑容是面部表情的核心构成部分（见图 3-1），恰当地运用目光和笑容会给对方留下美好的印象，有助于完成工作，打开仕途之门。

1. 目光

眼睛被人们称为心灵的窗户，这是因为心灵深处的奥秘都会自觉不自觉地从眼神中流露出来，其表现力极为丰富、微妙。印度诗人泰戈尔说："一旦学会了眼睛的语言，表情的变化将是无穷无尽的。"这说明，眼睛语言的表现力是极强的，是其他举止无法比拟的。一双炯炯有神的眼睛，给人以感情充沛、生机勃发的感觉；目光呆滞麻木，则使人产生疲惫厌倦的感觉。

图 3-1　表情的构成

在商务场合的各项工作接触中，目光的交流总是处于最重要的地位。信息的交流要以目光的交流为起点。交流过程中，双方要不断地应用目光表达自己的意愿和情感，还要适当观察对方的目光，探测"虚实"。交流结束时，也要用目光作一个圆满的结尾。

因此，在各种商务场合、人际交往中，正确地运用目光，把握好自己的内心感情，目光才会很好地发挥作用。

2. 微笑

微笑是人类最富魅力、最有价值的体态语言，被称为"人际交往的通行证"，在人类各种文化中的含义是基本相同的，是真正的"世界语"，能超越文化而传播。

微笑既是一种人际交往的技巧，也是一种礼节。它表现着友好、愉快、欢喜等情感，几乎在所有的商业服务中都提供"微笑服务"，微笑成了评价服务质量的重要标志。例如：著名美国的希尔顿集团的董事长在谈及企业成功秘诀时，自豪地说："是靠微笑的影响力"，因此，他经常问下属的一句话便是"今天，你对顾客微笑了没有？"。

其实，不仅仅是服务行业的工作人员需要高度重视微笑的运用，每一个人都应该学会微笑、善于微笑、喜爱微笑。微笑，也许是人类表情中最简单的一个，但却是人类表情中最有力量的一个，微笑可以构建和平，微笑可以化解矛盾，微笑可以净化心灵，微笑可以激励斗志，微笑可以创造种种奇迹，其力量不可忽视。

为什么小小的微笑在人际交往中有如此大的力量？原因在于这微笑背后所传达的信息："你很受欢迎，我欣赏你，你使我快乐，我很高兴认识你……"它表达的是宽容、是接纳，能够迅速缩短彼此之间的距离，使人与人之间心心相通。喜欢微笑着面对他人的人，往往更容易走入对方的心底。所以有人说微笑是成功者的先锋。

一位诗人曾经说过："我最喜欢的花是开在别人脸上的那一朵。"一位商人如此赞叹："微笑不用花钱，却永远价值连城。"

对我们每一个人来说，微笑轻而易举，却能照亮所有看到它的人，微笑像穿过乌云的太阳，带给人们温暖和甜蜜。让我们尽情地展露我们的微笑吧，带着微笑面对我们的生活和工作，面对我们周围的每一个人。

具体来说，微笑主要有以下几个方面的作用。

① 是自信的象征。一个人只要充分尊重、重视自己，必然重视强化自我形象。

② 是道德修养的充分体现。懂礼貌、尊重别人，为表热情，常把微笑当作礼物，慷慨地奉献给别人。

③ 是和睦相处的反映。见面时，微笑是问候语；客人来临时，微笑是欢迎曲；接待客人时，微笑是热情与尊重；送别时，微笑是告别词；不小心出了错，微笑便成为了道歉语。

④ 是心理健康的标志。一个心理健康的人，定能将美好的情操、愉快的心境、善良的心地变成微笑。

实训内容

一、笑容训练

1. 笑容训练的具体要求

商务人员在工作中应表现出笑容可掬的神态：略带笑容，不显著、不出声，热情、亲切、和蔼，是内心喜悦的自然流露，而非傻笑、抿笑、奸笑、大笑、狂笑等。

根据人际关系学家的观点，笑可以分为三种，第一种哈哈大笑。哈哈大笑时，嘴巴张得较大，上牙和下牙均露出，并发出"哈哈"之声。第二种是轻笑。轻笑时嘴巴略微张开，一般下牙不露出，并发出轻微的声音。第三种是微笑。微笑时，嘴巴不张开，上、下牙齿均不露出，也不发出声音，是一种笑不露齿的笑，仅仅是脸部肌肉的美丽运动，这也是微笑的具体要求。

正确的笑容应真诚、适度、合乎适宜，具体要求如下。

(1) 真诚　笑容应发自内心，做到表里如一，显示出亲切（见图 3-2）。

(2) 适度　虽然微笑在人际交往和工作职场中是最有吸引力、最有价值的面部表情，但并不是随心所欲、不加节制的。

(3) 合乎适宜 笑容应注意区分场合与对象，如果别人正遭受重大打击或参加一些庄重、肃穆的场合时都不宜笑。

2. “三度”微笑及其运用

图 3-2 笑容的具体要求

微笑具有一定的艺术性和技巧性，商务人员除了养成科学的微笑表达理念、具备良好的心情之外，还应该掌握并熟练地运用各种微笑技巧，如“微笑口型”（即微闭双唇，口中发出轻轻的“Cheers”或“茄子”之声）、长久保持微笑、适当笑出声来、及时收敛等，以下重点介绍常见的“三度”微笑方法及运用技巧。

(1) “一度”微笑 “一度”微笑是非常含蓄、细微、温和的一种笑容，虽然不易察觉但是能够感受得到，就像春天里的太阳让人感觉身心舒畅。基本动作要领是：面部表情放松，嘴角略微上扬，整个脸部只牵动嘴角肌，其他部位不发生变化。这种浅浅的微笑一般适合于跟客人初次见面，开始交谈前采用（见图 3-3）。

(2) “二度”微笑 “二度”微笑比“一度”微笑的幅度稍微大一些，特点是眼睛带笑，嘴巴含笑。基本动作要领是：嘴角轻轻上扬，此时，嘴角肌和颧骨肌同时运动，适用于交谈愉快地进行当中，是一种会心的微笑（见图 3-4）。

(3) “三度”微笑 “三度”微笑是当今很多服务行业对工作人员的规范要求，笑容就像夏天似火的骄阳，分外的热情灿烂。基本动作要领是：咧开嘴巴露齿微笑，以露出“六至八颗牙齿”为宜，此时，脸部嘴角肌、颧骨肌与其他笑肌同时运动，适用于迎送宾客、生意成功之时（见图 3-5）。

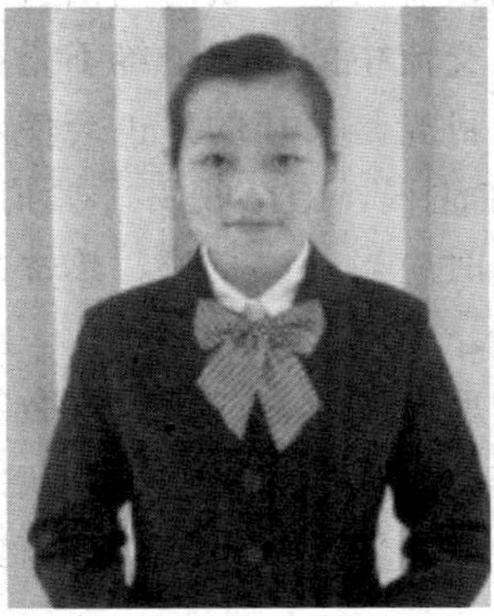

图 3-3 “一度”微笑

图 3-4 “二度”微笑

图 3-5 “三度”微笑

为了吸引顾客，作为全球零售老大的沃尔玛，有一个非常有名的“三米微笑”原则，要求员工做到“当顾客走到距离你三米范围内时，你要温和地看着顾客的眼睛向他打招呼，同时露出八颗牙齿微笑”。

最后，微笑还必须要和眼睛、体态、语言结合起来，否则就是皮笑肉不笑，给别人虚假的感觉。商务人员可以根据不同场合、对象以及具体情况选择不同的微笑方式，让微笑始终洋溢在脸上。

3. 笑容训练中需要注意的问题

（1）忌夸张的捧腹狂笑、表情僵硬的傻笑、不怀好意的阴笑等。

（2）忌不分场合，见人就笑，一些庄严、悲伤、尴尬的场合不宜笑。

（3）忌缺乏真诚的、强颜欢笑。

（4）忌一笑即收、突如其来的笑，让人摸不着头脑。

（5）忌仅为情绪左右的笑，自己高兴就笑，不高兴就拉长脸，给人阴晴不定、难以捉摸的感觉。

二、眼神训练

眼睛是心灵之窗，眼神能准确地表达人们的喜、怒、哀、乐等一切感情，商务人员应学会正确地运用目光，为客户创造轻松、愉快、亲切的环境与气氛，消除陌生感，缩短距离，确立良好的合作关系。

1. 不同场合运用不同的目光

（1）见面时的目光运用要求　无论是对于初次见面还是非常熟悉的人，也不论是偶然遇见还是事先约好，见面时，首先要眼睛大睁，以闪烁光芒的目光正视对方片刻，面带微笑，显示出喜悦、热情的心情。

对初次见面的人，还应微微点下头，行一注目礼，表示出尊敬和礼貌。

（2）交谈时的目光运用要求　在交谈时，商务人员应当不断地通过各种目光与对方交流，调节交谈的气氛。

交谈中，应始终保持目光的接触，这是表示对话题很感兴趣。长时间回避对方目光而左顾右盼，是不感兴趣的表示。但应当注意，交流中的注视，绝不是把瞳孔的焦距收缩，紧紧地盯住对方的眼睛，这种逼视的目光是失礼的，也会使对方感到尴尬。交谈时正确的目光应当是自始至终地都在注视，但注视并非紧盯。瞳孔的焦距要呈散射状态，用目光笼罩对方的面部，同时应当辅以真挚、热忱的面部表情。

交谈中，随着话题、内容的变换，作出及时恰当的反应，或喜或惊，或微笑或沉思，用目光流露出会意的万千情意，使整个交谈融洽、和谐、生动、有趣。

（3）道别时的目光运用要求　交谈和会见结束时，目光要抬起，表示谈话的结束。

道别时，仍用目光注视着对方的眼睛，面部表现出惜别的深情。目送对方离开时，要待对方走出几米之外或者离开自己的视线范围后，再收回目送的眼光，转身离开。

（4）学会阅读目光语言　在掌握并正确运用自己目光语言的同时，还应当学会“阅读”对方目光语言的方法。从对方的目光变化中，分析他的内心活动和意向。

例如，随着交谈内容的变化，对方的目光和表情一直和谐、统一，表示对方很感兴趣，思想专注，谈兴正浓；而当对方的目光长时间地中止接触，或游移不定，表示对交谈不感兴趣，交谈应当很快结束。

目光语言是千变万化的，但都是内心情感的流露。学会阅读分析目光语言，对于正确处理商务工作和社交活动有着重要意义。

2. 眼神运用的具体要求

（1）正视对方的眼部，向对方行注目礼　商务人员在客户接待、拜访、洽谈、签约、服务等工作场合，无论是问话答话、递接物品、收找钱款，都必须以热情柔和的目光正视客户的眼部，向其行注目礼，使之感到亲切温暖。

（2）视线要与对方保持相应的高度　在目光运用中，正视、平视的视线更能引起人的好感，显得礼貌和诚恳，应避免俯视、斜视。俯视会使对方感到傲慢不恭，斜视易被误解为轻佻。比如站着的服务人员和坐着的客户说话，应稍微弯下身子，以求拉平视线；侧面有人问话，应先侧过脸去正视来客再答话。

（3）运用目光向来客致意　当距离较远或人声嘈杂，言辞不易传达时，服务人员应用亲切的目光表示致意，不致使来客感到受冷落。

（4）眼神的组成部分的运用　眼神主要由视线接触的时间长短、视线接触的方向以及瞳孔的变化三方面组成。

① 视线接触的时间。据心理学家研究表明，人们视线相互接触的时间，通常占交往时间的30%～60%。时长超过60%，表示彼此对对方的兴趣大于交谈的内容，特殊情况下，表示对尊长者的尊敬；时长低于30%表示对对方本人或交谈的话题没什么兴趣，有时也是疲倦、乏力的表现。

视线接触时，一般连续注视对方的时间最好在3秒钟以内。在许多文化背景中，长时间的凝视、直视、侧面斜视或上下打量对方，都是失礼的行为。

② 视线接触的方向。可分为视线接触三区。

a. 上三角区（眼角至额头），处于仰视角度，常用于学生对老师，下级对上级的场合，表示敬畏、尊敬、期待、服从等。

b. 中三角区（眼角以上面部），处于平视、正视的角度，表示理性、坦诚、平等、自信等。

c. 下三角区（前胸），属于隐私区、亲密区，不能够乱盯。视线向下，处于俯视角度，表示爱护、宽容。

③ 瞳孔的变化。瞳孔的变化即视觉接触时瞳孔的放大或缩小。

美国心理学家赫斯经过长期研究得出如下结论：瞳孔的收缩与放大，既与光线刺激的强弱有关，也与心理活动机制有关，而且瞳孔的变化是无法自觉地和有意识地加以控制的。

不能死盯着对方，也不要躲躲闪闪、飘忽不定或眉来眼去，更应避免瞪眼、斜视、鄙视、白眼、窃视等不礼貌的眼神。

3. 多种眼神的训练

（1）柔和、亲切的眼神。

（2）困惑、烦恼的眼神。

（3）激动、兴奋的眼神。

（4）高兴、快乐的眼神。

4. 眼神训练中需要注意的问题

（1）忌眼睛向下俯视对方或用眼角侧目看人。

（2）忌交谈时眼神飘忽不定，不看对方。

（3）忌长时间直视、盯着对方。

（4）忌咄咄逼人、上下打量、审视对方。

（5）对自己不喜欢的人或物，忌用轻蔑、鄙视的眼神。

（6）忌左顾右盼，东张西望。

（7）忌看人时频繁地眨眼，挤眉弄眼。

实训方法

1. 微笑训练以教师传授要领后学生个人对着镜子自我训练为主，学生对着镜子来调整和纠正“三度”微笑。

2. 多想想微笑的好处，回忆美好的往事，发自内心的微笑。

3. 发“一”、“七”、“茄子”、“威士忌”等音，练习嘴角肌的运动，使嘴角露出微笑。

4. 把手指放在嘴角并向脸的上方轻轻上提，使脸部充满笑意。

5. 含筷子训练：训练时每个人嘴巴微张含住一根筷子，以寻找自己面部的最佳微笑状态。

6. 同学之间通过打招呼、讲笑语来练习微笑，并相互纠正。

7. 情景熏陶法：通过美妙的音乐创造良好的环境氛围，引导学生会心的微笑。

8. 在眼神训练中，同样可采用面对镜子完成各种眼神练习的方法。

9. 手张开举在眼前，手掌向上提并随之展开，随着手掌的上提、打开，使眼睛一下子睁大有神。

10. 同学之间相互检测对方眼神是否运用恰当。

11. 在综合训练时，在教师监督下学会正确运用表情，注意微笑与眼神协调的整体效果。不当之处由教师现场指出、修正。

实训检测

考核项目	考核内容		分值	自评分（20%）	小组评分（30%）	教师评分（50%）	实得分
微笑	1.“三度”微笑的技巧	“一度”微笑	10				
		“二度”微笑	10				
		“三度”微笑	10				
	2. 展示个人最美的微笑		10				
眼神	不同情景的眼神表现		30				
综合	微笑、眼神与形体的协调表现		30				
合　计							

实战练习

餐饮服务

演员表

迎宾员甲

迎宾员乙

服务员甲

服务员乙兼接线员

客人甲：王小姐

回民客人

经理

客人倪先生

客人胡小姐

场景一

（5 月 30 号下午 12：30 分，住店客人甲——王小姐致电到总台）

（嘟，嘟，嘟）

接线员：（微笑）下午好！这里是总台，请问王小姐有什么需要帮忙的吗？

客人甲：（一脸兴奋）我想在明晚 6 时，在悦来餐厅预订一桌餐位。

接线员：（微笑）请问小姐您有几位？

客人甲：3 位，我宴请的是回民，希望你们到时注意一下。

接线员：好的，王小姐，明晚 6 时在悦来餐厅，3 位，是吗？

客人甲：是的，有劳了！

接线员：（微笑）请问王小姐还有其他需要吗？

客人甲：暂时没了，谢谢！

接线员：（笑）好的，我会跟餐厅联系一下，祝您在酒店中住得愉快！

（等客人挂断电话，接线员才规范地挂断电话）

场景二

（5月31日晚上5：50分。悦来餐厅）

迎宾员甲、乙：欢迎光临！（一鞠躬）

迎宾员甲：您好，小姐，请问您是否有订位？

客人甲：嗯，有的。

迎宾甲：请问小姐贵姓？

客人甲：姓王。

迎宾员甲（查看记事本）：王小姐请这边走。（迎宾把客人带到8号餐桌，拉椅让座，同时，客人点头示意，坐下）

（服务员乙上前为客人斟茶）

服务员乙：小姐，请喝茶。

（服务员乙下去，服务员甲上前询问客人是否可以点菜）

服务员甲：小姐，您好。请问现在需要点菜了吗？（面带微笑）

客人甲：（看点菜员，微笑）请稍等片刻，我还有两位朋友没来。

服务员甲：好的，请小姐稍等。

（这时，另外两位客人进入餐厅）

迎宾员甲、乙：欢迎光临。

迎宾员乙：哦，倪先生，你来了，还是7号餐桌，对吗？

倪先生：嗯，是的。

迎宾员甲：倪先生，请往这边走。（至7号餐桌前，并拉椅让座）

服务员乙：（倒茶）小姐，请用茶。

服务员乙：先生，请用茶。

倪先生：好的，你想吃点什么？怎么样，你点一个吧？

胡小姐：来个蒜香排骨好了，再来个银芽炒三丝，菜就差不多了吧，要不你再点个汤。

倪先生：那就来个西湖莼菜汤。

服务员甲：（用笔记下菜名）好的，请问还需要点别的酒水或是饮料吗？

（客人将菜单翻到后面）

倪先生：我要一杯草莓汁。

胡小姐：我要一杯橙汁。

（服务员甲下去，服务员乙送上客人所点的饮料）

服务员乙：先生，这是您的草莓汁，请慢用。小姐，这是您的橙汁，请慢用！

（此时又有两位客人进入餐厅）

迎宾员甲、乙：欢迎光临（鞠躬并微笑）！请问两位是否有订位了？

客人（回民）：谢谢！我们有订位。

（此时客人甲举手招呼两位新来客人）

迎宾员甲：两位这边请！（领客人入位，拉椅让座）

（服务员上前，再次询问客人）

服务员甲：（微笑有礼）王小姐，请问现在需要点菜了吗？

客人甲：（兴奋）可以。

（服务员甲将三份菜单递给客人）

（客人甲与其他两位新来的客人讨论了一下）

客人甲：给我们来一个脆皮鸭，奶汁烤鱼，银芽炒三丝，宋嫂鱼羹，还有（想）……

服务员甲：（见客人拿不定主意）本店最近推出了一道特色菜，“龙井虾仁”客人反映都不错，各位要不要品尝一下？

客人（回民）：（对看了一眼，笑）听名字不错，要不就点这个菜好了！

客人甲：还有什么清淡一点的汤吗？（转向服务员甲）

服务员甲：（微笑）当然，“白玉翡翠汤”怎么样啊？它是由菠菜、豆腐加上高汤制成的，味道鲜美，清淡，可口。

客人甲：好的，就要这个汤了，顺便再来两瓶啤酒。

服务员甲：两瓶啤酒，好的，请问是否还需要点些什么吗？比如饮料？

客人甲：（转向回民客人）你们喜欢什么样的饮料？（友好的语气）

客人（回民）：我们不要了。（微笑）

客人甲：（看回民客人真的不想要，就转向服务员）那就不用了，先这样吧，麻烦请快上菜，可以吗？

服务员甲：好的，小姐点的是一个脆皮鸭，奶汁烤鱼，银芽炒三丝，宋嫂鱼羹，翠花上酸菜和一碗白玉翡翠汤及两瓶啤酒，是吗？

客人甲：是的。

服务员甲：嗯，三位请稍等，我们尽快上菜。（服务员离开）

（经理巡视餐厅，遇见常客倪先生，上前打招呼）

（7 号桌：先上西湖莼菜汤，蒜香排骨）

（服务员从传菜员手中接过菜，两盘一模一样的菜）

服务员甲：（至 7 号餐桌）先生，您点的菜来了，银芽炒三丝，请慢用！

（服务员甲退下）

经理：倪先生，您好！您好！好久不见！请坐，请坐！

倪先生：哦，经理好！好久不见！谢谢！

经理：今天的菜怎么样啊？合不合胃口啊？感觉怎么样？

倪和胡：不错，不错！

（此时 8 号餐桌发生了问题，经理看了一眼）

经理：对不起，失陪一下，两位请慢用！

倪先生：你忙你的吧，不用招呼我们了！

（8 号餐桌）

客人甲：（指着刚上的菜）这是怎么回事啊？

服务员甲：（微笑着看了一眼客人，又看了一眼菜，再看一下菜单）银芽炒三丝，这是您点的菜啊！

客人甲：（白了服务员甲一眼）叫你们经理过来！

（正在餐厅巡视的经理看到客人有意见，便走了过来）

经理：您好，我是这里的经理，请问有什么需要帮忙的吗？（微笑）

客人甲：你是经理，好，我倒要问你，这是怎么回事？前天晚上我向你们餐厅订了位置，说明我宴请的是两位回民朋友，我想你们应该十分清楚回民的禁忌是什么吧，可是，这盘菜用的竟然还是猪油！

经理：对不起，小姐，由于我们一时的疏忽，我们服务的不周到，引起你们不必要的麻烦，请你们原谅！要不这样好了，我马去厨房让厨师重新给你们炒一盘，你们看这样行吗？

客人（回民）对客人甲说：难得大家聚在一起吃顿饭，不要为这么点小事闹得不愉快了，既然答应给我们换一盘，那就这样算了吧。

客人甲：既然我的朋友都说算了，那这次就算了。

经理：谢谢！很抱歉因为我们的工作失误给您们带来了麻烦，我们一定改进，不让类似的事情再次发生。您们的菜马上送上来，请再稍等片刻，希望您们用餐愉快！

（与此同时，另一桌客人叫服务员结账）

倪先生：服务员，结账！

服务员甲：好的，马上来。

（服务员甲到收银台拿账单，走向7号餐桌，将账单递给客人）

服务员：这是您们的账单，请看一下。

倪先生：（看了一下账单，拿出两百块钱递给服务员甲）不用找了！

（服务员乙端上最后一道菜：白玉翡翠汤）

（这时经理端着重新制作的菜“银芽炒三丝”和一盘水果向8号餐桌走来）

经理：二位好，这是您们的菜，为了表示我们的歉意，请您们接受我们的这点心意。（经理边说边上菜，上水果）

（同时倪先生和胡小姐离开餐桌，走向门口）

迎宾员甲、乙：倪先生，胡小姐，请慢走！欢迎下次光临！

自检分析

案例： 永远微笑服务

早年希尔顿把父亲留给他的1.2万美元连同自己挣来的几千美元投资出去，开始了他雄心勃勃的经营旅馆生涯。当他的资产从1.5万美元奇迹般地增值到几千万美元的时候，他自豪的把这一成就告诉母亲。谁知，母亲却淡然地说："依我看，你跟以前根本没有什么两样……事实上你必须把握比 5100 万美元更值钱的东西：除了对顾客忠诚之外，还要想办法使希尔顿旅馆的人住过了还想再来住，你要想出这样的简单、容易、不花本钱而行之久远的办法来吸引顾客。这样你的旅馆才有前途。"

母亲的忠告使希尔顿陷入迷惘：究竟什么办法才具备母亲指出的这四大条件呢？他冥思苦想不得其解。于是他逛商店窜旅店，以自己作为一个顾客的亲身感受，得出了"微笑服务"的准确答案，它同时具备了母亲提出的四大条件。

从此，希尔顿实行了"微笑服务"这一独创的经营策略。每天他对服务员说的第一句话是："你对顾客微笑了没有？"他要求每个员工不论如何辛苦，都要对顾客投以微笑。

1930 年西方国家普遍爆发经济危机，也是美国经济萧条严重的一年，全美旅馆倒闭了 80%。希尔顿的旅馆也一家接一家地亏损不堪，曾一度负债 50 亿美元。希尔顿并不灰心，而是充满信心地对旅馆员工说："目前正值旅馆亏空，靠借债度日的时期，我决定强渡难关，请各位记住，千万不可把愁云挂在脸上，无论旅馆本身遭遇的困难如何，希尔顿旅馆服务员的微笑永远是属于顾客的阳光。"因此，经济危机中纷纷倒闭后幸存的 20%的旅馆中，只有希尔顿旅馆服务员面带微笑。而当经济萧条一过，希尔顿旅馆便率先进入了繁荣时期，跨入了黄金时代。

分析：

1. 50 年来，希尔顿旅馆生意如此之好，财富增加得如此之快，其成功的秘诀是什么？

2. 列举三个以上其他因微笑服务闻名的企业，并分析各自的特色之处。

实训四

言谈礼仪训练

知识训练目标

1. 了解语言谈吐的含义、功能。

2. 熟悉交谈的形式及构成要素。

3. 掌握交谈的技巧、方法和基本要求。

技能培养目标

1. 能够根据具体情景灵活运用各种礼貌语、谦敬语、委婉语等交谈语言，形成礼貌用语的习惯。

2. 能够根据场合选择适当的话题，运用各种言谈技巧和方法。

素质拓展目标

1. 培养学生建立起语言是一门艺术的观念，应时时练习和模仿，唯有常常运用才真正属于自己。

2. 提高学生语言驾驭能力和控制交谈局面的能力。

3. 鼓励学生注意不断吸收新的词汇概念，使其聪慧之中跳动着时代的脉搏。

基础知识

成功的交际活动往往有赖于成功的交谈。要使交谈获得成功，既要了解交谈的特点，又要掌握交谈的基本礼仪规范要求，做好交谈话题的选择。

一、言谈的含义

言谈，即语言谈吐，是人们为了某种目的的在一定的语境中以口头形式运用语言的一种活动。这种活动主要是利用有声的自然语言符号系统通过口述和听觉而实现的，是人与人之间通过对话来交流思想。与书面形式的言语活动相比，言谈的表达更为直接、生动和形象，也更便于对方接受与理解。随着人类社会的高度发展，交谈已成为政治、外交、科学、教育、商贸、公关等各个领域中重要的、不可缺少的一项语言活动。

在工作和生活中，语言谈吐不仅帮助人们传递信息、交流思想，而且还帮助人们增进了解、加深认识。“言为心声”就是说明了语言谈吐是一个人内心世界的反映，也是一个人品德修养、文化水平及其个人志趣的表露。语言谈吐在塑造人的形象方面起着不可低估的作用。所以，强化语言方面的修养，学习、掌握并运用好交谈的礼仪，是至关重要的。

二、言谈的礼仪功能

1. 言谈具有一定的艺术性

言谈是一门艺术，而且是一门古老的艺术。“一人之辩重于九鼎之宝，三寸之舌强于百万之师”，在人类发展史上，言谈作为一种社会现象，是和人类劳动、生活、交际活动一起发展起来的。

言谈的艺术性体现在：尽管人人都会，然而效果却大不一样。所谓“酒逢知己千杯少，话不投机半句多”正说明了言谈的优劣直接决定着交谈的效果。

与人进行一次成功的谈话，不仅能获得知识、信息的收益，而且感情上也会得到很多补偿，会感到是一种莫大的享受；而参与一场枯燥无味、死气沉沉的交谈，除了是时间上的浪费之外，还会有一种受折磨的感觉。

2. 言谈能够建立良好的人际关系

交谈是连接人与人之间思想感情的桥梁，是增进友谊、加强团结的一种动力。“良言一句三冬暖，恶语伤人六月寒”，说明言谈在交往中的作用是举足轻重的。一个人善于言谈就能广交朋友，给人带来友爱，为社会增添和谐，就能享受到社会特有的友情与温暖。

3. 言谈能够增长知识和经验

在工作生活中，善于同有思想、有修养的人交谈，就能学到很多有用的知识。“与君一席谈，胜读十年书”就是对交谈意义深刻的总结。英国文豪萧伯纳曾经说过：“你我是朋友，各拿一个苹果，彼此交换，交换后仍各有一个苹果；倘若你有一种思想，我也有一种思想，而朋友相互交流思想，那么，我们每个人就有两种思想了。”可见，广泛地交谈可以交流信息、深化思想、增强认识能力和处理问题、解决问题的能力。

三、言谈的形式及构成要素

交谈的形式多种多样，如聊天、介绍、劝慰、问答、访问、道歉等。

构成言谈的要素包括三个方面。

1. 言谈主体

即交谈者。言谈主体是由交谈的双方甚至是多方共同组成的，他们是交谈活动的中心，是交谈内容和形式的生发者和选择者，是对交谈活动的成败起决定作用的因素。因此，要求交谈者说话态度要诚恳、谦恭，表情要自然、亲切，目光柔和，笑容温和，音量适中，声调起伏富有变化，谈吐优雅，讲究技巧和方法（见图 4-1）。

图 4-1 言谈礼仪

2. 言谈客体

即谈话的内容。既包括正式交谈场合双方已经提前约定或者其中一方事先准备好的内容，也包括各类正式、非正式交谈场合的各种话题，如专业的、休闲的、轻松的、时尚的等。

3. 言谈载体

主要是指语言，语言是交谈的重要工具和载体，语言运用分寸得当、文雅礼貌、表达准确，能够促进谈话的深入和交谈的成功。

四、交谈的基本原则

1. 真诚坦率的原则

真诚是做人的美德，也是交谈的基本原则。交谈双方态度要认真、诚恳，认真对待交谈的主题，坦诚相见，直抒胸臆，明明白白地表达各自的观点和看法。真心实意的交流是自信的结果，是信任人的表现，只有用自己的真情激起对方感情的共鸣，交谈才能取得满意的效果。

2. 互相尊重的原则

交谈是双方思想、感情的交流，是双向活动。要取得满意的交谈效果，就必须顾及对方的心理需求。交谈中，来自对方的尊重是任何人都希望得到的。交谈双方无论地位高低，年纪大小，或长辈晚辈，在人格上都是平等的。切不可盛气凌人、自以为是、唯我独尊。所以，谈话时，要把对方作为平等的交流对象，在心理上、用词上、语调上，体现出对对方的尊重。尽量使用礼貌语，谈到自己时要谦虚，谈到对方时要尊重。恰当地运用敬语和自谦语，可以显示出个人的修养、风度和礼貌，有助于交谈的成功。

3. 掌握交谈技巧

（1）言之有物　交谈的双方都想通过交谈，获得知识、拓宽视野、增长见识、提高水平。因此，交谈要有观点、有内容、有内涵、有思想。空洞无物、废话连篇的交谈是不会受人欢迎的。

（2）言之有序　言之有序，就是根据讲话的主题和中心设计讲话的次序，安排讲话的层次，即交谈要有逻辑性、科学性。先讲什么，后讲什么，思路要清晰，内容有条理，布局要合理，不能想到哪儿说哪儿，东一榔头西一棒，不知所云。

（3）言之有礼　交谈时要讲究礼节礼貌，创造一个和谐、友善、愉快的交谈气氛，为交谈获得成功奠定基础。

实训内容

一、语言谈吐的基本要求

在日常生活和工作中，我们通过不同的语言表达，去沟通、解释、疏导、排解矛盾，要取得良好的言谈效果必须遵循语言谈吐的基本要求。

1. 准确——合乎语言规范

所谓的语言规范，是人们在特定的职业活动中形成的或明文规定的语言标准或规则，是职业用语的基本要求，一切从业人员都必须遵守本行业的职业用语。

准确的含义包括三个方面的内容：发音的准确、避免歧义、回避不熟悉的话题。

2. 清晰——消除语言障碍

说清楚是有效交往的前提，口语的特点就是传播速度快，留在人们记忆中的时间比较短暂，容易模糊，这就要求人们在谈话中首先要尽量使用精练、通俗的语言，避免使用似是而非、晦涩难懂的语言。其次，说话要力求简单明了，尽量少使用长句子，多使用短句子，注重中心词的选择。切忌不分场合、地点的滔滔不绝，或节外生枝，不着边际，使听者如坠入云里雾中，不知所云。

3. 礼貌——更高层次的要求

尊重对方，注意倾听。做到“四个不”，即：不打断对方；不补充对方；不纠正对方；不质疑对方。在交谈中，神情专注，态度诚恳，自然应答，创造一种心理交融的气氛。

二、培养驾驭语言的能力

言谈是人们在特定的语境中运用有声的标准语言交流思想、沟通感情、传递信息的一种有效手段。要塑造良好的职业形象，商务人员需要培养自己驾驭语言的能力，即具有深厚的文化修养、良好的心理品质、稠密的思维水准。具体表现在以下几个方面。

1. 内容方向的把握能力

在交流的过程中，每个人总是根据自己的观念、倾向和具体语境来表达自己的思维。因此要选择确定的内容，来引导整个谈话的方向，把握表达的内容和话语的方向，避免受他人的影响偏离所要表达的目标。

2. 表现出足够的理解能力

我们最喜欢和能理解我们的人说话，因为他们清楚地表达出不只是关心你所说的话，也关心你的感觉。当你告诉别人说换了新工作，你希望对方说："哦！棒极了！"而不只是一句："哦，真的吗?"

3. 表达幽默感

幽默感到处都受到欢迎，在谈话中自然也不例外。幽默是人机智的表现，是一种心态，和颜悦色，心宽气朗。一条演说的"禁规"是——别板着脸太久。不要介意开自己的玩笑，事实上，最擅长与人交谈的人往往常说关于自己的小笑话。幽默、风趣，人人都喜欢。

4. 拥有自己的谈话风格

善于说话的人一个重要特质，是有独特的风格，而且沟通起来非常有效。建议每个人都能找出自己感到最自如的说话风格，然后好好地予以发挥。

5. 少说为妙

不管多么健谈、能说，总有些时候闭嘴会比说话好。

三、塑造言谈声音的美感

在与人交往时，给人的第一印象除了举止仪态之外，那便是声音。一个人的声音，在人际交往上有着举足轻重的作用。

要使自己的声音有吸引力、耐听，就要"包装"自己的声音，塑造出声音的美。同样的话，从不同的人口中说出，其效果可能就大不一样。说话与发声是门艺术，除讲究抑、扬、顿、挫之外，还要求速度适中、强弱得当、高低和谐、感情丰富、转折自然等。

(1) 要注意音调的高低变化。有的人讲话习惯于保持同一个音调，时间长了，就会使听的人昏昏欲睡，打不起精神，达不到讲话的表达目的。这样再精彩的内容也不会引人注意，也不利于交往。

(2) 注意口齿清楚，不要有太多的尾音，每个音节之间要有恰当的停顿。太大的声音会让人反感，给人装腔作势的感觉；音量太小会使人听不清楚，让人误以为怯懦。一般来讲，要根据听者的远近，适当控制自己的音量，最好控制在对方听得见的限度内。

(3) 说话速度不要太快或太慢，应追求一种有快有慢的音乐感。在主要的词句上放慢速度做强调，在一般的内容上稍微加快变化。无变化的声音是单调的，如同催眠曲，令人进入精神抑制状态。说话的音量和音调也应随着内容和情绪的变换而变换，时而侃侃而谈，如淙淙流水；时而慷慨激昂，似奔泻的瀑布。在不同声音段里，要有高潮、有舒缓、有喜忧，才能引人入胜，扣人心弦。优美的嗓音富有磁性，具有声乐感，能使人一开口就吸引住对方。

四、问候语的礼仪要求

问候是见面时最先向对方传递的信息，它是作为社交场合的“开场白”来被使用的。对于不同的环境和人，要注意不同方式问候语的使用。

跟初次见面的人问候，标准的问候语是：“您好!”、“很高兴认识您!”、“见到您非常荣幸!”等。如果对方是个有名望的人，也可以说“久仰”，或者说“幸会”、“早听说过您的大名”、“我早就拜读过您的大作”、“您的故事我早有耳闻”等。与熟人的问候语就不必如此“客套”，用语也可以更加亲切一些、具体一些，可以说“好长时间没见了”、“你最近气色不错”等。

问候语作为一种见面后的联系语言，它不一定具有实质性的内容，要能够达到尊重对方、传达友好的目的，而且还应灵活多变，如果你对一屋子的人都说“久仰”，就显得不合适。最重要的是要把握好其中的分寸，因人、因时、因地而异。

五、礼貌语的礼仪要求

1. 迎送礼貌用语

使用迎送用语时要真诚，它的代表性用语是：“欢迎!”、“欢迎光临!”、“欢迎再次光临!”、“请您走好!”、“再见!”等。

2. 征询礼貌用语

征询用语的代表性用语是：“请问……?”、“劳驾……?”、“您有什么事情?”、“需要我帮您做什么?”、“您还有别的事情吗?”、“如果您不介意的话，我可以……吗?”、“请您慢点讲好吗?”。

3. 插话礼貌用语

注意倾听对方的谈话是与商务交往过程相伴而行的一个重要环节，也是交谈顺利进行的必要条件。交谈中不应当随便打断对方的话，要尽量让对方把话说完再发表自己的看法。如确实想要插话，应注意使用插话用语，如“对不起，我插一句行吗?”，但插话不可冗长，点到即可。

4. 应答礼貌用语

应答用语的代表性用语是：“您好！这里是……，请问您有什么事情?”、“是的”、“好的”、“我明白您的意思”、“我会尽量按照您的要求去做”、“没关系”、“不必客气”、“照顾不周的地方请多指正”、“非常感谢”、“谢谢您的好意”等。

5. 道歉礼貌用语

道歉用语的代表性用语是：“实在对不起”、“请原谅”、“打扰您了”、“失礼了”、“完全是我们的过错”、“谢谢您的提醒”、“我们立即采取措施使您满意”、“很遗憾不能帮您的忙”、“请不要介意”等。

6. 告别礼貌用语

如：“再见”、“晚安”、“祝您愉快!”、“祝您一路平安!”等。

7. 常用礼貌用语

① 您好!

② 早上好/中午好/晚上好!

③ 见到您很高兴!

④ 对不起，让您久等了!

⑤ 对不起，打扰一下可以吗?

⑥ 没关系，这是我应该做的。

⑦ 如果不介意的话，我先接个电话。

⑧ 很遗憾，在这件事上，我不能帮上您的忙。

⑨ 您先请。

⑩ 很高兴为您效劳。

六、谦敬语的礼仪要求

谦敬语是在人际交往中经常使用的、用来表示谦虚、尊敬的礼貌用语，也称客套话。

谦敬语的运用十分普遍，它可以说是社交中的润滑剂、黏合剂，能减少人际间的“摩擦”和“噪声”，可以沟通双方感情并产生亲和力，其作用是不可低估的。它可以使互不相识的人乐于相交；可以使初次见面的人很快亲近起来；请求别人时，可使人乐于提供方便和帮助；在发生不愉快时，可以避免冲突，得到谅解；洽谈业务时，使人乐于合作；在服务工作中，可以给人以温暖亲切的感受；在批评别人时，可以使对方诚恳接受。一个有教养的人，应当掌握使用客套话的艺术，自如地运用于各种场合。

交谈常用的谦敬语主要有以下几种。

1. 谦敬称呼用语

称呼尊长可用“老先生”、“老同志”、“老师傅”、“老领导”、“老首长”、“老伯”、“大叔”、“大娘”等。

称呼平辈可用“老兄”、“老弟”、“先生”、“女士”、“小姐”等。

自谦可以用“鄙人”、“在下”、“愚兄”等。

2. 事物谦敬用语

称姓名敬辞可用“贵姓”、“尊姓大名”、“尊讳”、“芳名（对女性）”等。

称年龄敬辞可用“高寿（对老人）”、“贵庚”、“尊庚”、“芳龄（对女性）”等。

住处可用“府上”、“尊寓”、“尊府”等。

见解可用“高见”、“高论”等。

身体可用“贵体”、“玉体（对女性）”等。

自谦辞：

称姓名——草字、敝姓等。

称朋友——敝友等。

称住处——寒舍、舍下、蓬壁等。

称见解——愚见、拙见等。

称年龄——虚度××。

3. 谦敬祈使用语

请人提供方便、帮助——借光、劳驾、有劳、劳神、费心、操心等。

托人办事——拜托。

麻烦或打断别人——打扰。

求人解答——请问。

劝告别人——奉劝。

请别人来作客——请大驾光临、欢迎光临、恭候光临。

请别人不要送——请留步。

请别人提意见——请指教、请赐教。

请别人原谅——请包涵、请海涵。

4. 谦敬欢迎用语

欢迎顾客——欢迎光顾、敬请惠顾。

欢迎客人——欢迎光临。

初次见面——久仰、久仰大名。

许多时未见——久违。

访问——拜访、拜望、拜见、拜谒。

没有亲自迎接——失迎、有失远迎。

自责不周——失敬。

拜别——告辞、拜辞。

送别——请留步、请回、不必远送。

中途辞别——失陪。

5. 其他谦敬用语

归还东西——奉还。

赠送东西——奉送。

陪伴——奉陪。

祝贺——恭贺。

请对方宽容——恕……、包涵。

以上谦敬语，比较固定而且常用，使用时，要感情真挚，发自内心，再辅以表情、眼神和手势，以增强表现力，发挥更大的感染力量。

七、委婉语的礼仪要求

委婉语是指在商务活动或交际工作中用来表达不宜直言的人或事物的言语，恰如其分的运用委婉语是一个人教养和修养的体现，也是社会趋于进步、文明的象征。从语用学的观点看，委婉语的运用是说话人为沟通思想、消除对立、减少冲突的一种行之有效的语用手段。

1. 避讳

可以说，最初的委婉语是因禁忌、回避的需要而产生的，与“语言的灵物崇拜”有关。“语言的灵物崇拜”赋予了语言赐福的神奇魔力。由于害怕降祸，有些事物或现象遭到了禁忌。用来指称这些事物和现象的词语同样不能被提及。但是在交际中有时又必须表达这些内容，于是人们创造了一种代用品——委婉语来解决这个矛盾。

2. 礼貌

语言之所以存在曲折含蓄、转弯抹角的现象，有时是出于礼貌的要求。比如，在人们的言谈中，疾病、伤残等方面的词语不可能完全回避。但为了不刺激遭遇者，人们往往闪烁其词。

如身体有病人们通常称为“欠安”；轻度病症称为“小恙”；癌症称为“不治之症”；病入膏肓称为“晚期”；性病称为“梅毒”等。对于身体有残疾的人：“聋”称为“耳背”；“瞎”称为“盲”；“残废”往往称为“残疾”；“傻”称为“弱智”、“智障”等。这些说法在一定程度上减轻了直言的刺激和伤害，表现出适当的礼貌，体现了语言文化的高度发达和以善待人。

3. 避俗

基于人类共同的荣辱观，羞耻感和避俗求雅的心理，人们通常会对不洁、不雅之事采取回避和委婉的方式。比如，对于“上厕所”，通常说“去洗手间”、

“方便”等。

4. 掩饰

委婉语的另一主要功能是用来回避直接传递和接受的尴尬，掩饰说话人不愿意或不好说直说的事物。比如说在飞机上，“二等舱”被称为“经济舱”，价格低廉的小型轿车被称为“家用型”、“经济型”轿车，“穷”说成“不发达”、“发展中”，“下岗”说成“失业”、“待业”等。

5. 褒扬功能

近年来，委婉语的褒扬功能在关于职业称谓方面用得越来越多。理发师被称为“发型设计师”，扫街道的被称为“环卫工人”、“清洁工”，跟班、听差、跑堂的被称为“服务生”等。这些称谓的变化表明从事服务性行业的人已不再受到歧视，显示了人们对过去地位较低的行业的认可和美化意义。

八、幽默语的礼仪要求

幽默是人类独有的品质，说话风趣诙谐，幽默睿智，这是很高的艺术。在商务活动或谈判中，开开玩笑、说说幽默语，能营造一个轻松愉快的交谈氛围，有助于工作的顺利开展和进行。

幽默就像随时要发生的东西，一旦发生，大家会大笑特笑，而且是使用自己的想法来让别人发笑，而不是刻意装扮的。

幽默可以让陷入僵局的谈判起死回生，幽默可以让剑拔弩张的气氛变得轻松缓和；幽默可以让你成为众人关注的焦点，幽默可以让初次见面的异性对你一见钟情；幽默可以让你博得他人的同情和爱心……这就是幽默的力量所产生的效果。在生活中，每个人都希望在和别人打交道时能展现高超的幽默智慧，成为广受欢迎的人。

根据幽默语的使用范围、效果的不同，可以将幽默语分为以下几种。

1. 交际幽默

交际幽默是为交际的目的而创制的，有助于推销人才和产品、减少摩擦、解决纠纷、和谐关系、交流思想、广交朋友、摆脱窘境……凡人类日常生活领域，交际幽默均可派上用场。

抗日战争胜利后，著名国画大师张大千要从上海返回四川老家。行前，他的学生糜耕云设宴为大师饯行。这次宴会邀请了梅兰芳等社会名流出席。宴会伊始，张大千先生向梅兰芳敬酒时说：“梅先生，你是君子，我是小人，我先敬你一杯。”梅兰芳不解其意，忙含笑问：“此作何解？”大千先生笑着答道：“你是君子——动口，我是小人——动手。”张大千先生的幽默引得宾客为之大笑。

里根在就任美国总统后第一次访问加拿大期间，发表演说不时被举行反美示威的人群所打断，加拿大总理皮埃尔·特鲁多感到难堪，紧皱双眉，而他却满脸笑容地对特鲁多说：“这种事情在美国时有发生。我想这些人一定是特地从美国来到贵国的。他们想使我有一种宾至如归的感觉。”这幽默的话把特鲁多说得眉开眼笑。

遇到挑衅性的问话的时候，用幽默的语言回答，比直接驳斥有时会取得更好的效果。爱迪生致力于制造白炽灯泡的时候，有人取笑他说：“先生，你已经失败了1200次了。”爱迪生回答说：“我的成功就是发现了1200种材料不适合做灯丝！”说完，他自己哈哈大笑起来。他的幽默答话化解了自己的困境，对方再也说不出什么挑衅性的话来了。

法国著名演讲家海因·雷曼麦说过：用幽默的方式说出严肃的真理，比直截了当地提出更能为人接受。马来西亚柔佛市的交通安全标语用亲切幽默的语言向人们宣传安全行车的道理。比如，交通安全周贴出这样的标语：“阁下，驾驶汽车，时速不超过30公里，可以饱览本市的美丽景色；超过60公里，请到法庭做客；超过80公里，欢迎光顾本市设备最好的急救医院；上了100公里，祝君安息吧！”

2. 讽刺幽默

讽刺幽默是为讽刺人、教育人而创制的，目的是揭发丑陋，促人警醒，发人深省。

例如：甲对乙说：“丙这个人什么都不缺，除了美德和才干。”实际上是说丙无德无才。

第二次世界大战期间，希特勒到一个精神病院视察。这里的病人大多数是持不同政见者。希特勒询问他们是否知道他是谁，病人们摇头。于是希特勒大声吼叫起来：“我是阿·希特勒，你们的领袖！我的力量之大，可以与上帝相比！”病人们不理睬他，露出了鄙视的微笑。有位病人拍拍希特勒的肩说道：“是啊，是啊，我们开始得病时，也像你这个样子。”这句话有力地抨击了希特勒神经质般不可一世的气焰。

一位青年到某杂志编辑部送稿，编辑看了之后问他：“这篇小说是你自己写的吗?”青年回答：“是我自己写的，我构思了一个月的时间，整整坐了两天才写出来，写作真苦！”编辑故作惊讶地说：“啊，伟大的契诃夫先生，您什么时候复活了啊！”青年听了编辑的话顿时满面羞愧，内疚地离开了编辑部，因为他的小说是抄袭的赝品。

3. 纯幽默

纯幽默即玩笑幽默，是纯粹用作调节精神，活跃气氛，愉悦性情的幽默，多用于关系较密切的人之间和非正式、非严肃的场合。

如小张的朋友问他发了多少奖金，他回答说：“两千大毛。”本来是发了200元，他故意把元换成以角为计算单位，将绝对数增大，造成强烈对比，引人发笑。

最后，幽默语的使用要注意场合、掌握分寸。要注意以下几点。

(1) 不要挖苦和嘲笑别人，不以别人的长相、年龄或隐私等敏感的问题作为笑料，不要去模仿别人的动作和讲话来加以取笑。

(2) 不开低级俗气的玩笑。

(3) 不要一味的滑稽、俏皮，无止境的幽默。一味俏皮会使你得一个“小丑”的名声，有损你的形象。无止境的幽默，反而会失去幽默的魅力。

(4) 在一些严肃的场合、庄重的会议上或葬礼等场合则不宜说幽默的笑话。

(5) 幽默还应注意对象，要区分不同的性别、身份、地位、阅历，文化素养和性格。忌不分长幼、不分男女。

九、服务语言的礼仪要求

在提升服务水平的环节中，其核心在于提升营销、服务人员的素质，而服务语言则是营销、服务人员素质的最直接体现。

要实现“顾客至上，服务第一”的目标，必须运用好“语言”这个与顾客沟通和交流的重要手段，并着重掌握好服务工作中的语言规范。

服务语言与人际交往中一般的礼貌语言有共性，但更具有行业特性，其主体是由职业词汇构成的规范用语。

在服务过程中，语言适当得体、清晰、纯正悦耳，就会使顾客有柔和、愉快、亲切之感，自然地接受服务并产生良好的回馈；反之，服务语言“不中听、生硬、唐突、刺耳”，会产生强烈的语言刺激，引起顾客的不满与投诉，严重影响公司的信誉。

1. 正确的服务语气

乐观、温和、舒服、通情达理、有克制、清楚、直接、自然。

2. 服务语言的三要素

(1) 语速　说话的速度会在客户的大脑中形成对你的另外一种第一印象。语速过快，客户会觉得你不耐烦，不在意。语速过慢，客户会觉得你漫不经心。正确方法是：针对不同客户调整语速，并与客户保持一致。

(2) 音量　音乐家在演奏音乐时，要确保音量与所选的曲子一致。一般来说，喊叫是愤怒、不满的表现，会令客户产生误会。交谈过程中，音量的适度升高，有时可以显示对对方谈话的热情。正确的方法是：音量适中，与对方保持一致，以对方听得清为准。

(3) 音调　如果音乐家用同样的音调来演奏所有的乐曲，会给人乏味、平淡的感觉。商务人员尤其是营销、服务行业的工作人员要注意在和顾客进行语言上的交流的时候，善于应用音调的起伏来表达自己对顾客关注的程度。例如向对方表示歉意的时候说：“真的对不起，真的很抱歉！”，应该把重音放在“真的”两个字上面，突出强调自己的真诚和恳切。

总的来说，音调还是要以平稳为基础，不能有意识去加强，不能歇斯底里。

3. 服务用语具体表达技巧

(1) 形式上的要求

① 恰到好处，点到为止。营销、服务人员清楚、亲切、准确地表达意思即可，不宜多说话。主要是充分尊重顾客的意愿，让他们能在这里得到尊重和放松，获得满意的购物或消费体验。

② 有声服务。营销、服务人员在提供服务的过程中应配合各种点头、鞠躬、引导、介绍等形体动作，讲一些礼貌用语。没有声音的服务，是缺乏热情与没有魅力的。

③ 轻声服务。提供服务应讲究三轻原则，即说话轻、走路轻、操作轻，为客户创造安静、舒适的环境，切忌在公众场合大声喧哗、惹人注目。

④ 清楚服务。在服务过程中要求讲得清、听得明，说话含糊不清、表达不当会给客户造成困扰和不满，引发矛盾或投诉。

⑤ 普通话服务。无论服务的对象是本地人还是外来人口，都必须讲普通话，这是对客户的尊重。

(2) 程序上的标准要求

① 宾客来有迎声。

② 宾客离有别声。

③ 客人帮忙或表扬时，有致谢声。

④ 客人欠安或者遇见客人的时候有问候声。

⑤ 服务不周有道歉声。

⑥ 服务之前有提醒声。

⑦ 客人召唤有回声。

在程序上对服务语言作相应的要求，有利于检查和指导服务人员的语言规范性。

(3) 问候语的标准要求　例句："先生/小姐，您好!"、"早上好!"、"中午好!"、"晚上好!"、"新年好!"等。

① 注意时空感。不能都是一句"先生你好"或"小姐您好"，客户听起来会感到单调、乏味。例如，新年时如果向客人说一声"先生新年好!"就强化了节日的气氛。

② 把握时机。一般在距离客人 1.5 米的时候进行问候最为合适。过远的打招呼会给人吵闹、过分热情的感觉，而当客人走到很近的距离先提出问题或打招呼就会显得服务人员被动、失礼了。

③ 配合点头或鞠躬。对客人仅有口头问候，没有点头或鞠躬的肢体动作以及微笑、眼神的表情配合，也是不礼貌的。

(4) 征询语的标准要求　征询语就是征求意见询问语。

例句："先生/小姐，您有什么吩咐吗?"、"小姐，如果您不介意，我把您的座位调整一下好吗?"等。

① 注意客人的形体语言。例如当客人东张西望的时候，或从座位上站起来

的时候，或招手的时候，都是在用自己的形体语言表示他有想法或者要求了。这时服务人员应该立即走过去说：“先生/小姐，请问我能帮助您做点什么吗?”、“先生/小姐，您有什么需要帮助的吗?”

② 用协商的口吻。在服务过程中要多征求顾客的意见和想法，经常询问顾客“这样可不可以?”、“您还满意吗?”等，显得更加谦恭，服务工作也更容易得到顾客的支持。

(5) 答谢语的标准要求　例句：“谢谢您的好意!”、“谢谢您的合作!”、“谢谢您的鼓励!”、“谢谢您的夸奖!”、“谢谢您的帮助!”、“谢谢您的提醒!”等。

① 客人表扬、帮忙或者提意见的时候．都要使用答谢语。

② 要清楚爽快。

客人提出的意见不一定都对，这时服务人员不能够去争辩。正确的做法是，不管提得对不对都要向他表示：“好的，谢谢您的好意!”或者“谢谢您的提醒!”

对于客人的夸奖，也不能心安理得，无动于衷，应该马上用答谢语给予回报。

(6) 提醒道歉语的标准要求　例句：“对不起，打搅一下!”、“对不起，让您久等了!”、“请原谅，这是我的错”等。

提醒道歉语是服务语言的重要组成部分，使用得好，会使客人随时随处感觉受到尊重，对公司留下良好印象。

① 把提醒道歉语当作口头禅和必要的一个程序。

② 诚恳主动。

(7) 告别语的标准要求　例句：“先生，再见!”、“先生一路平安!”、“希望再次见到您!”、“小姐您走好!”等。

① 声音响亮留余韵。

② 配合点头、挥手或鞠躬。

总之，不能将与客人道别的语言和仪式，搞成缺乏情感的公式。要使道别语言余音袅袅不绝于耳，给客人留下美好的回忆。

(8) 指示语的标准要求　例句：“先生，请一直往前走!”、“先生，请随我来!”、“先生，请您稍坐一会儿，马上就……”

① 避免命令式的语气。

② 声音要有磁性，眼光要柔和，面带微笑。

③ 配合各种引导手势。

碰到客人询问地址时，不能仅用简单的语言指示，甚至挥挥手、努努嘴，这是很不礼貌的。正确的做法是运用明确和客气的指示语，并辅以各种手势，在可能的情况下，还要主动地给客人带路。

(9) 尽量避免使用否定句　例如：“我不能”、“我不会”、“我不愿意”、“我不可以”、“我不知道”等。

顾客不喜欢听到这些话，他们只对解决问题感兴趣。服务人员应该告诉顾客能做什么，而不是不能做什么，创造积极的、正面的沟通氛围。

① 在专业的服务语言中不宜说“我不能（不知道）”，正确的表达方式是——“看看我们能够帮您做什么。”或者“我们能为您做的是……”。

② 在专业的服务语言中不宜说“我不会”，当你说“不会”的时候，营销、服务人员和顾客之间的沟通马上就陷入到一种消极的气氛中。这时候，不应该让客户把注意力集中在服务人员或者公司不能够做什么上面，或者说是不想做什么上，而是应尽量帮助客户找到会做的人、能够解决问题的人。

③ 在专业的服务语言中不宜说“这不是我应该做的”，顾客会认为他不配提出某种要求，从而不再听你的解释。作为服务人员，随时随地都需要表明态度，就是：“我很愿意为你做。”

即使真的做不了，在告诉他为什么做不了之前，一定要表明：“我非常希望能够帮助你，不过我们公司有专门的人负责这件事情，我可以给你一个电话，或者我可以帮你打一个电话，跟他联络，让他帮你解决，你看好吗？”

（10）选择积极、正面的用词与表达方式　商务人员在服务、工作过程中，除了保持一个积极的态度外，沟通用语也应当尽量选择体现正面含义的词。

例如：当我们感谢顾客的等候时，常用的说法是“很抱歉让您久等了”，这种说法也很礼貌，但是“久等”这样的词语容易让顾客产生不满情绪，引发矛盾，专业的表达是“非常感谢您的耐心等待”。

此外，在公共场合要想达到禁烟的目的，以往的标语是“禁止吸烟，违者罚款！”，现在大多改为了“为了您和他人的健康，请勿在××内吸烟，谢谢合作！”。这两种语言所要表达的意思是一致的，但是前者是从惩罚的角度出发，而后者是从人文关怀、积极正面的角度出发，自然是后者更能令人接受。

4. 服务语言的特点

（1）明了性　要讲得清，听得明，不用听者重复反问。

（2）主动性　主动先开口，主动询问客人，寻觅服务对象。

（3）尊敬性　多用尊称，少用贬称，禁用鄙称，多使用敬语。

（4）局限性　内容局限于服务工作范围，不可随意出界。

（5）愉悦性　多用美词雅句，文质彬彬，对顾客只称赞不指责，不用否定句、训诫句、命令句，不讲“不”字，服务热情周到，可以使顾客在精神上、心理上得到满足。

（6）兑现性　服务语言必须讲得出就做得到，不能为了一时讨好顾客而随意许愿承诺。

十、言谈忌语

1. 拒绝语言

（1）不知道。

（2）不可能。

（3）没办法。

（4）别烦我。

2. 责怪语言

（1）倒霉。

（2）怪你自己。

（3）你没听（看）到吗？

（4）谁叫你不小心。

3. 烦躁语言

（1）少啰唆。

（2）快点快点。

（3）就你事多。

（4）我正忙着，别烦我。

4. 藐视语言

（1）喂！

（2）老土！

（3）你算老几！

（4）你有什么了不起！

5. 斗气语言

（1）谅你没办法！

（2）有本事你去找领导！

（3）告哪儿我都不怕！

十一、言谈礼仪训练中需要注意的问题

（1）交谈时，应力戒口头禅，注意谈吐文明，措辞雅洁。

（2）不打断对方谈话，不轻易在他人谈话时插嘴。

（3）交谈时，勿打哈欠，勿抓耳挠腮、搔首摆膝摇头。

（4）对别人讲话，勿持冷漠的态度，如斜视、看书、看报等。

（5）说话时，要面对谈话的人，不要自我吹嘘或信口开河。

（6）对于生客，不要贸然问收入、年龄、婚姻和地址。

（7）拜访忙者，不宜多谈。

实训方法

1. 创造友好、文明的谈话环境，营造出谈话的氛围。
2. 情景诱导法：设计不同的情景，如在和谐寝室中，如何用礼貌用语交谈等。
3. 收集礼貌用语，组织分角色表演。如扮演售票员、办公室经理等。
4. 不断变化、调整说话的音量、语调、语速和语气，通过对比体会规范的

礼貌用语的优势。

5. 每天使用“十字礼貌用语”一次，养成良好的习惯。

6. 结合正确的仪态、微笑、眼神和手势来表达语言，增强语言的表现力。

实训检测

考核项目	考核内容	分值	自评分（20%）	小组评分（30%）	教师评分（50%）	实得分
礼貌用语的使用	掌握语言的分类及要求	20				
	不同场景中如何准确运用语言	40				
	使用礼貌语言时的态度、语气	20				
	语言与表情、仪态的协调表现	20				
合　计						

实战练习

商品销售礼仪

人物

男营业员——小张

女营业员——小杨

顾客——A1，A2（情侣关系）

朋友——B

顾客——C1，C2，C3（同学关系）

道具　桌子一张，化妆品数种

场　景　一

（冬日的一个早晨，天气格外晴朗，一对情侣 A1、A2 正走入一家高级商场）

迎宾：欢迎光临！

（情侣走进商场，左右闲逛，A1 突然把眼光停留在了一个柜台前，一瓶包装精美的香水吸引了她）

A1：去那边看看！走啊！（连拖带拉）

（A1 看着香水，眼里流露出惊喜的神色）

A2：喜欢就买吧！

（营业员上场）

小杨：小姐，先生，有什么可以帮您们的吗？（面带微笑）

A1：这瓶香水可以拿出来让我看看吗？

小杨：当然可以了。

（小杨把香水递给 A1）

A1：我觉得它很可爱，但不知道香味怎么样，这有样品吗？

小张：真不好意思，这款香水都是密封的，样品也没有，因为生产它的厂家追求的就是一见倾心的感觉，它在我们商场的销售量是很高的啊！

A2：我们连香味都不清楚，那还买什么啊？

A1：那真是太可惜了，算了，我们走吧！（失望）

A2：如果真的喜欢，还是买吧！（急切）

A1：算了，不买了。

（小杨走上前去，拦住正想走的顾客）

小杨：小姐，这款香水的牌子在世界上都是非常知名的，杂志上也经常有它的广告，这说明它还是有一定实力的，您说的也挺有道理，买东西确实应该仔细一点，特别是这种档次比较高的，这个我可以说，这款香水的气味是属于比较中性的，您应该会喜欢的。

A2：你怎么知道？

小杨：我朋友买过啊！我也用过，感觉真的不错。（笑）

A1：那有什么用？你总不能把你朋友叫过来吧？

小杨：如果您真的不放心，而且诚心想买的话，我可以把我朋友叫过来。

A2：我们可没这么多时间等。

小杨：不会，就 10 分钟，请稍等！

（小杨打完电话，10 分钟以后，B 火速赶来）

B：你搞什么啊？真是太敬业了，还好我就在附近，拿去！

小杨：真不好意思，谢谢你了啊！（笑）

（B 坐在一边）

小杨：您试试吧！

A1：真的挺香的，不过我好像不是很喜欢这种味道，真不好意思了。

（A1 把香水递还给小杨）

A2：你不喜欢？不会吧？

A1：是啊！

小张：这样啊！那您再看看其他的，除了这款香水没有样品，还有这几款都是有样品的，您看这瓶，档次和刚才那款差不多，要不我把样品拿来，您试试看！

A1：好吧！

A2：真不好意思了。

小杨：没关系，这是我们的职责嘛！（笑）

（小杨随即把香水递还给 B）

小杨：真不好意思，改天请你吃饭。

B：这可是你说的啊！那我先走了，你上班吧！拜拜！

（B 退场）

小张：样品给您。

A1：你介绍的不错，我觉得这种香水比较适合我，可是就是外观似乎不太合我的心意。

A2：可不可以换个瓶子？

小张：对不起，这是厂家拿出来就配备好的，所以真的不行了，不过您们想想，香水最主要还是它的味道啊！您不是也比较偏向于这一点吗？这位小姐，您都说它适合你了，我相信它用在您身上一定会更加完美的。

A1：你可真会说话，那好吧！

A2：你确定要买了吗？

A1：怎么，不想给我买吗？

A2：哪有？给我开单子吧！

小杨：您男朋友对您可真好，请您去那边付款，谢谢。

（A2 去收银台付完钱）

A2：好了，给您。

小杨：谢谢您们，欢迎下次再来，再见！

小张：再见！

A1：再见！

（A1、A2 退场）

场景二

（另一边走来两个女孩，正准备去退货）

C1：这么大的商场，怎么也会有假货？

C2：就是，你看看我的脸，真的无法见人了。

C1：也不知道会不会给你退，我想最多给你换一种吧！

C2：都这样子了，别说什么退货，我没让他们赔钱就很好了。

（C1 忽然看到一个熟悉的身影在化妆品柜台前晃悠，拍了拍 C2）

C1：哎！你看，那个人好像挺面熟的。

C2：是啊！我们过去看看。

C1：哦！好像是 C3，你记得吗？我们大学的同学。

C2：知道知道，我们班的一号嘛！我们上去看看，看他还认不认识我们。

C1：走。

（C1 拍了拍 C3 的肩，C3 转过头来，露出惊讶的神色）

C3：你是？

C1：老同学，不认识了？

C3：哦！是你！好久不见了！

（两人握手）

C2：不会把我忘了吧？

C3：记得记得，C2 嘛！我们班的女高音。

（两人握手）

C2：好久不见了，最近混得怎么样？

C3：马马虎虎啦！（笑）

C1：怎么一个人在这里看起化妆品来了？

C3：给朋友买。（笑）

C2：女朋友吧？

C3：（傻笑）你们来买东西啊？

C1：不是，是C2买的化妆品起反应了，我陪她过来退货的。

C3：哦！这样啊！退了吗？

C2：还没呢！刚来，就在这个柜台买的！

C3：把营业员叫出来问问，不过退货对他们来说可不是件好事啊！

C1：就是，也不知道他们认不认账。

（营业员上场）

小张：小姐，先生，有什么可以帮你们的吗？

C2：先生，我在这个柜台买了这个化妆品，可是只用过两次，脸上就这样了，你说怎么办？

小张：小姐，请您先出示一下您的票据好吗？

（小张看票据）

小杨：小姐，真对不起，可以让我看看您的脸吗？

C1：你还不相信是不是？我们还会骗你啊！

小杨：不不不，小姐您别误会，我只是看看这位小姐是不是很严重，因为在这个产品的销售过程中从来没发生过这种情况，所以我只是想了解一下这位小姐的肤质如何，以免以后有更多这种类型的顾客再受到伤害，真的没有别的意思。

C3：你想的还真周到啊！

小杨：没什么，我们应该对每个顾客都负责任。

C2：好吧！

（看完脸）

小杨：这位小姐是油性皮肤，也许是因为油脂分泌太快的缘故，以至于不适合用这类化妆品，您以后可以注意一下这方面的说明，这么大老远跑过来也挺累的。

C2：那可以退吗？

小张：当然可以了，不过您退了这款，也可以再换一款的，您看这几款我保证都很适合您，您可以选择一下，考虑一下！

C1：你还买吗？

C2：还是不了，谢谢你啊！

小张：没关系的，真对不起，这是钱，请拿好。

C3：你们的态度可真好啊！

小张：顾客是上帝嘛！

C1：谢谢，我们走吧！

小张：再见！

小杨：再见！慢走！

C3：再见！

自检分析

案例： 语言的艺术

由于所约的客人迟迟不来，魏先生虽然身处环境幽雅、温馨的酒店大堂吧，却有些坐立不安，毕竟此次生意的成败对公司将来的发展前景具有至关重要的影响。

“先生，请您把脚放下来，好吗?”当训练有素的服务员一边添加开水一边委婉地轻声提醒时，魏先生才发现自己竟然在不经意间把脚搁在了对面的椅子上摇晃，并引起了其他客人的频频注视。

等待的不耐烦已经令胡先生极为烦躁。他带着一股怨气冲着服务员脱口而出：“我偏不放下，你怎么办?”

片刻的沉默之后，服务员笑了笑，说“先生，您真幽默，出这样的题目来考我。我觉得您蛮有素质的。”说完，她很快转身就走，并且始终没有回头。

稍后，胡先生弯腰借弹烟灰的刹那，把脚放了下来。

分析：

1. 上述案例反映出哪些礼仪问题?
2. 服务行业语言艺术的重要性体现在哪些方面?

实训五

日常礼仪训练

知识训练目标

1. 了解日常礼仪的重要性。

2. 熟悉日常礼仪的作用。

技能培养目标

1. 掌握并熟练运用商务会面、日常交往场合的礼仪规范，能够称呼、问候对方，与对方进行握手，能够进行自我介绍和第三方介绍，并与对方交换名片。

2. 在遵循日常交往礼节的原则下熟练应用各种礼节，形成文明礼貌的良好习惯。

素质拓展目标

培养学生处处注意文明、使用规范礼仪的意识和习惯，使礼仪融入到学生的学习、生活、休闲、交际等各个环节中，提高自身素质。

基础知识

一、日常礼仪的重要性

有一位商界巨头曾经说过："经商需要千载难逢的机遇，但它并不总是出现在写字楼里。在更多的时候，它是隐蔽在平淡无奇的人际交往之中的。因此，每一个渴望成功的人都应当重视人际交往。只有这样，他才有希望抓住那些转瞬即逝的良机。"

在现代社会里，一个人要想健康地成长，要想适应环境，要想在事业上获取成功，离开了人际交往，是完全难以设想的。或是为了个人生活的需要，或是为了扮演好自己的社会角色，商界人士人人都对人际交往须臾不可离。成功的商界人士一定都明白：在人际交往之中，有教养、有品位、懂礼貌的人最容易赢得朋友，广结善缘。就其本质而言，大都与日常行为礼仪规范息息相关。

二、日常礼仪的作用

日常礼仪中的表现与作为，往往能够更加客观、更加准确地反映出一个人的品德与修养。可以说，人际关系的好坏是决定人生成败的重要因素。因此，商务人员在日常交往、商务会面等场合，都必须严格遵守有关的礼仪规范，随时随地都给别人留下良好印象。

实训内容

一、称呼礼仪训练

称呼，是在人与人交往中使用的称谓和呼语，用以指代某人或引起某人的注意，是表达人的不同思想感情的重要手段。在社交活动中，了解对方的身份，选择正确适当的称呼反映着自身的教养和对对方尊敬的程度，定会产生很好的效果。

1. 称呼礼仪的基本要求

正确、适当的称呼交往对象不仅反映着自身的教养、对对方尊重的程度，甚至还体现着双方关系达到的程度和社会风尚。必须注意两点：一是要合乎常规；二是要入乡随俗。

另外，还应区别对待生活中的称呼、工作中的称呼以及外交中的称呼，合乎规范。

① 生活中的称呼。生活中的称呼应当亲切、自然、准确、合理，又称亲昵称，适用于生活中亲属、好友间的称呼。如：小郝、周老、朱大姐等。

② 工作中的称呼。在工作岗位上，人们彼此之间的称呼是有特殊性的，要求庄重、正式、规范。

a. 职务称　以交往对象的职务、职称相称，以示身份有别、尊敬有加，这是一种最常见的称呼方法。比如：张经理、李局长、刘院长等。此外，对于军界人士，可以以军衔相称，对于教授、法官、律师、医生、博士等职业人士，因为他们在社会中很受尊重，可以直接以职称作为称呼，如：王教授、周医师等。

b. 姓名称　在工作岗位上称呼姓名，一般限于同事、熟人之间，如在“先生”、“小姐”、“同志”之前冠以对方的姓，称呼林先生、王小姐等，或者直呼对方的全名。

③ 外交中的称呼。在国际交往中，因为国情、民族、宗教、文化背景的不同，称呼就显得千差万别。一是要掌握一般性规律，二是要注意国别差异。

在英国、美国、加拿大、澳大利亚、新西兰等讲英语的国家里，姓名一般有两个部分构成，通常名字在前，姓氏在后。对于关系密切的，不论辈分可以直呼其名而不称姓。

俄罗斯人的姓名有本名，父名和姓氏三个部分。妇女的姓名婚前使用父姓，婚后用夫姓，本名和父名通常不变。

日本人的姓名排列和我们一样，不同的是姓名字数较多。日本妇女婚前使用父姓，婚后使用夫姓，本名不变。

④ 泛称。通常情况下，称男士为“先生”、“阁下”，称女士为“夫人”、“太太”、“女士”和“小姐”。需要注意的是：分不清女士婚否的，最好以“小姐”、“女士”相称。

2. 称呼礼仪训练注意事项

在使用称呼时，一定要避免下面几种失敬的做法。

（1）错误的称呼　常见的错误称呼是误读或是误会。误读，也就是念错姓名。为了避免这种情况的发生，对于不认识的字，事先要有所准备；如果是临时遇到，就要谦虚请教。误会，主要是对被称呼的年纪、辈分、婚否以及与其他人的关系作出了错误判断。比如，将未婚妇女称为“夫人”，就属于误会。相对年轻的女性，都可以称为“小姐”，这样对方也乐意听。

（2）使用不通行的称呼　有些称呼，具有一定的地域性，比如山东人喜欢称呼“伙计”，但南方人听来“伙计”是“打工仔”的意思。大陆地区把配偶经常称为“爱人”，但是在我国港台地区和外国人的意识里，“爱人”是“第三者”的意思。

（3）使用不当的称呼　工人可以称呼为“师傅”，道士、和尚、尼姑可以称为“出家人”。但如果用这些来称呼其他人，没准还会让对方产生自己被贬低的感觉。

（4）使用庸俗的称呼　有些称呼在正式场合不适合使用。例如，“兄弟”、“哥们儿”等一类的称呼，虽然听起来亲切，但显得档次不高。

（5）称呼外号　对于关系一般的，不要自作主张给对方起外号，更不能用道听途说来的外号去称呼对方。也不能随便拿别人的姓名乱开玩笑。

温馨小贴士 Tips

• 记住人家的名字，而且很轻易地叫出来，等于给别人一个巧妙而有效的赞美。

——戴尔·卡耐基

二、问候礼仪训练

问候，也就是问好、打招呼，就是在和别人相见时，以语言向对方致意的一种方式，是见面时最先向对方传递的信息，它是作为社交场合的“开场白”来被使用的。在有必要问候的时候，要注意问候的次序、态度、内容等三个方面。

1. 问候的次序

如果同时遇到多人，特别在正式会面的时候，宾主之间的问候要讲究一定的次序。

（1）一个人问候另一个人　一个人和另外一个人之间的问候，通常是“位低者先问候”。即身份较低者或年轻者首先问候身份较高者或年长者。

（2）一个人问候多人　这时候既可以笼统地加以问候，比如说“大家好”；也可以逐个加以问候。当一个人逐一问候许多人时，既可以由“尊”而“卑”、由长而幼地依次而行，也可以由近而远依次而行。

2. 问候的态度

问候是敬意的一种表现，态度上需要注意以下问题。

（1）要主动　问候别人，要积极、主动。当别人首先问候自己之后，要立即予以回应，不要不理不睬摆架子。

（2）要热情　问候别人的时候，通常要表现得热情、友好。毫无表情，或者表情冷漠的问候不如不问候。

（3）要自然　问候别人的时候，要保持主动、热情的态度，同时必须表现得自然而大方。矫揉造作、神态夸张，或者扭扭捏捏，反而会给人留下虚情假意的不好印象。

（4）要专注　问候的时候，要面含笑意，以双目注视对方的两眼，以示口到、眼到、意到，专心致志。不要在问候对方的时候，眼睛看别处，让对方不知所措。

3. 问候的内容

问候内容上有两种形式，各有不同的适用范围。

（1）直接式　所谓直接式问候，就是直截了当地以问好作为问候的主要内容。它适用于正式的公务交往，尤其是宾主双方初次相见。

（2）间接式　所谓间接式问候，就是以某些约定俗语成的问候语，或者在当时条件下可以引起的话题，主要适用于非正式、熟人之间的交往。比如：“忙什么呢?”、“您去哪里?”、“吃过饭了吗?”等，来替代直接式问好。

4. 问候礼仪训练注意事项

（1）张口莫问“还记得我吗”　见面时不可向仅有数面之缘的朋友提问“你还记得我吗?”，对方若真的不记得了，无论是实话实说还是假装记得却叫不出名字，彼此都会觉得非常尴尬。得体的方式应该自我介绍说：“我是×××，我们曾在××地见过面。”

（2）慎说“代问夫人（先生）好”　如果您遇到一位好久没有联系的朋友，

又不太了解对方的近况，在问候时应注意不要轻易说“代问夫人好”、“代问先生好”这样的话。如果对方已经离婚或者配偶已过世，那么您的好心问候就会让对方很尴尬。包括问起对方是否还在某单位高就等问题。因此见面应该笼统地问候，比如说“代问家人好”、“最近忙吗”等，再确定下面的话题。

（3）少让小孩行“吻”礼 孩子行吻礼无论是采用用自己的小手贴在自己嘴上“啪”一下的“分吻”的方式，或者直接亲在大人的脸上，都不符合现代卫生观点。因此建议少让孩子行吻礼。

三、握手礼仪训练

握手，是世界通用的礼节，是人际交往、商务场合的一个重要部分。握手的力量、姿势和时间的长短往往能够表达出对握手对象的不同礼遇和态度，显露自己的个性，给人留下不同印象，也可通过握手了解对方的个性，从而赢得交际的主动。美国著名盲聋女作家海伦·凯勒说：“我接触的手有些能拒人千里之外；也有些人的手充满阳光，你会感到很温暖……”

因此，商务人员必须学会正确地握手，掌握其要领。

1. 握手的基本礼仪规范

（1）握手的时机与场合 在很多日常生活和工作场合，通常都会用到握手礼节，如：

① 遇到较长时间没见面的熟人；

② 在比较正式的场合和认识的人道别；

③ 在以本人作为东道主的社交场合，迎接或送别来访者时；

④ 拜访他人后，在辞行的时候；

⑤ 被介绍给不认识的人时；

⑥ 在社交场合，偶然遇上亲朋故旧或上司的时候；

⑦ 在别人给予支持、鼓励或帮助时；

⑧ 向别人赠送礼品或颁发奖品时；

⑨ 表示理解、支持、肯定、感谢、恭喜、祝贺、慰问时；

⑩ 在双方交谈中出现了令人满意的共同点时；双方原先的矛盾出现了某种良好的转机或彻底和解时。

（2）握手的姿态 右臂自然弯曲向前伸出，上身略微前倾，手掌向左，掌心微向上，拇指与手掌分开，四指自然并拢微向前屈，轻轻地握住对方右手，双目注视对方，面带微笑（见图 5-1）。

掌心向下握住对方的手，显示着一个人强烈的支配欲，无声地告诉别人，他处于高人一等的地位，应尽量避免这种傲慢无礼的握手方式。

（3）握手的顺序 握手一般遵循“尊者决定”的原则。

在长辈与晚辈、上级与下级之间，应是前者先伸手；在男士与女士之间，应

图 5-1 握手的姿态

是女士先伸手；在主宾之间，应主人先伸手，客人再伸手相握。但客人辞行时，应是客人先伸手，主人才能握手告别。在平辈朋友之间，谁先伸手，谁有礼。

（4）握手的方法　双方在介绍之后，互致问候时，待走到约一步的距离，双方自由伸出右手，手掌略向前下方伸直，拇指与手掌分开并前指，其余四指自然并拢，用手掌和五指与对方相握并上下摇动。

握手的同时，应注意上身略向前倾面带微笑，正视对方眼睛以示尊重；左手应当空着，背在身后或贴着大腿外侧自然下垂，以示专一；用力适当，不能过轻或过重；边握手边致意，如说："您好!"、"见到你很高兴!"等。

（5）握手的时间　握手的时间不宜过短或过长，一般以 3～5 秒、轻轻摇动两三下为宜。

2. 握手礼仪训练注意事项

（1）握手时应伸出右手，而不是双手或左手。尤其是和阿拉伯人、印度人打交道时要牢记不能用左手和对方握手，因为在他们看来左手是不干净的。

（2）不要戴着手套、帽子或墨镜握手，只有女士在社交场合戴着薄纱手套握手，才是被允许的。

（3）握手时不能放一只手插在口袋中或拿着东西。

（4）握手时不要面无表情、不置一词或长篇大论、点头哈腰，过分客套。

（5）多人握手时从左开始依次握手，不能交叉握手。

（6）握手时应站立，如果坐着时有人来握手，应马上站起来。

（7）如果有人违反伸手顺序，也应客气地回礼，与之握手，拒绝握手是不礼貌的。

（8）不能一边握手一边目视第三者并与之说话，这表示对握手人的不尊重。

（9）握手时不要太用力，但漫不经心地用手指尖"蜻蜓点水"式地去碰一下也是无礼的。

（10）握手时时间不能过短，好像在走过场；也不能时间过久，特别是拉住异性或初次见面者的手长久不放，显得有些虚情假意，甚至会被怀疑为"想占便宜"。

四、鞠躬礼仪训练

鞠躬即弯腰行礼，源于中国的商代，是一种古老而文明的对他人表示尊敬的郑重礼节。鞠躬礼在东亚国家流行甚广，尤其是朝鲜、韩国和日本。在我国，鞠躬礼主要适用于向他人表示感谢、领奖或讲演之后、演员谢幕、举行婚礼或参加追悼活动等。

1. 鞠躬行礼的基本要求

（1）行鞠躬礼时，应脱帽立正站好，保持身体端正，距受礼者约二至三步，双目避开受礼者。

（2）鞠躬时，男士双手应贴放在身体两侧裤线处，女士的双手自然下垂搭放在腹前（右手搭在左手上），面带微笑，以腰部为轴，以胸部带动整个腰部、肩部向前倾斜，前倾幅度越大，所表示的敬重程度就越大，目光随身体向下，同时问候“您好”、“欢迎您光临”等（见图 5-2）。

（3）鞠躬礼毕起身时，双目应有礼貌地注视对方，面带微笑。

（4）鞠躬的次数：喜庆的场合下，不要鞠躬三次。一般追悼活动时才用三鞠躬的礼仪。

图 5-2 鞠躬礼仪

2. 常见的鞠躬礼及其运用

（1）15°鞠躬礼　当与客人交错而过时，应面带笑容，可行 15°的鞠躬礼，以表示对顾客的礼貌及打招呼（见图 5-3）。

自查方式：眼睛是否看到前方 1.5 米处左右。

（2）30°鞠躬礼　当迎接或相送顾客时，可行 30°的鞠躬礼（见图 5-4）。

自查方式：眼睛是否看到前方 1 米处左右。

（3）45°鞠躬礼　当感谢顾客或初次见到顾客时，可行 45°的鞠躬礼以表示礼貌（见图 5-5）。

3. 鞠躬礼仪训练注意事项

① 嘴里不能吃着东西或抽着烟；

② 鞠躬时不能只点头、不弯腰，也不能驼背弓腰；

③ 眼睛不能看着别人或别处，心不在焉；

④ 鞠躬时头部不能左右晃动、摇头晃脑；

⑤ 鞠躬时双腿要靠拢并直，不能大开双腿、弯腿屈膝。

通常，受礼者应以与施礼者的上体前倾幅度大致相同的鞠躬还礼，但上级或长者还礼时，不必以鞠躬还礼，可以欠身点头或握手还礼。

图 5-3　15°鞠躬礼

图 5-4　30°鞠躬礼

图 5-5　45°鞠躬礼

五、介绍礼仪训练

“第一印象是黄金。”介绍礼仪是礼仪中的基本，也是很重要的内容。介绍是人与人进行相互沟通的出发点，最突出的作用就是缩短人与人之间的距离。在社交或商务场合，如能正确地利用介绍，不仅可以扩大自己的交际圈，广交朋友，而且有助于进行必要的自我展示、自我宣传，并且替自己在人际交往中消除误会，减少麻烦。

现代人要生存、发展，就需要与他人进行必要的沟通，以寻求理解、帮助和支持。在商务交往中，与对方初次见面，介绍是必不可少的一个环节。介绍是人际交往中与他人进行沟通、增进了解、建立联系的一种最基本、最常规的方式，是人与人进行相互沟通的出发点。通过介绍，大家可以互相认识、增进了解、进行沟通、建立友谊。

介绍和被介绍是社交中常见而重要的一环。介绍的规格虽不必严格遵守，但了解这些礼节就等于掌握了一把通往社交之门的钥匙。特别是对企业家来，经常需要与生人打交道，了解了这些礼节就能帮助他更好地进行社交活动，而对职场新人无疑更是入门指南。

在社交场合，如能正确地利用介绍，不仅可以扩大自己的交际圈，广交朋友，而且有助于自我展示、自我宣传，在交往中消除误会，减少麻烦。

介绍方式通常有三种：他人介绍、自我介绍和集体介绍。

1. 他人介绍

他人介绍，又称第三者介绍，是经由第三者为彼此不相识的双方引见、介绍的一种介绍方式。他人介绍通常是双向的，即将被介绍者双方各自均作一番介绍。有时，也可进行单向的他人介绍，即只将被介绍者中的某一方介绍给另一方。

决定为他人作介绍，要审时度势，熟悉双方情况。为他人介绍，首先要了解双方是否有结识的愿望，不要贸然行事，以免造成不必要的尴尬。如有可能，在为他人作介绍之前，最好先征求一下双方的意见，以免为原本相识者或关系恶劣者去作介绍。

（1）他人介绍的具体形式

① 标准式。适用于正式场合，介绍内容以双方的姓名、单位、职务等为主。

② 简介式。适用一般的社交场合，其内容往往只有双方姓名一项，甚至可以只提到双方姓氏为止。接下来，则是由被介绍者见机行事。

③ 引见式。适用于普通的社交场合。作这种介绍时，介绍者所要做的，就是将被介绍者双方引导到一起，而不需要表达任何具有实质性的内容。

④ 推荐式。适用于比较正规的场合，多是介绍者有备而来，有意要将某人举荐给某人，因此在内容方面，通常会对前者的优点加以重点介绍。

⑤ 礼仪式。适用于正式场合，是一种最为正规的他人介绍。其内容略同于标准式，但语气、表达、称呼上都更为礼貌、谦恭。在较为正式、庄重的场合，有两条通行的介绍规则：其一是把年轻的人介绍给年长的人；其二是把男性介绍给女性。

在介绍过程中，先提某人的名字是对此人的一种敬意。比如，要把一位王先生介绍给一个姓张的女性，就可以这样介绍："张小姐，让我把王××介绍给你好吗？"然后给双方作介绍："这位是王××，这位是张××。"再如，把一位年纪较轻的女同志介绍给一位德高望重的长辈，则不论性别，均应先提这位长辈，可以这样说："王老师，我很荣幸能介绍张××来见您。"在介绍时，最好是姓名并提，还可附加简短的说明，比如职称、职务、学位、爱好和特长等。这种介绍方式等于给双方提示了开始交谈的话题。如果介绍人能找出被介绍的双方某些共同点就更好不过了。如甲和乙的妹妹是同学，甲和乙是同校不同届的校友等，这样无疑会使初识的交谈更加顺利。

⑥ 非正式介绍。如果是在一般的、非正式的场合，则不必过于拘泥礼节，假若大家又都是年轻人，就更应以自然、轻松、愉快为宗旨。介绍人说一句："我来介绍一下"，然后即作简单的介绍，也不必过于讲究先介绍谁、后介绍谁的规则。最简单的方式恐怕莫过于直接报出被介绍者各自的姓名。也不妨加上"这位是"、"这就是"之类的话以加强语气，使被介绍人感到亲切和自然。在把一个朋友向众人作介绍时，说句"诸位，这位是李丽"也就可以了。

（2）他人介绍的时机

遇到下列情况，有必要进行他人介绍。

① 与家人外出，路遇家人不相识的同事或朋友。

② 本人的接待对象遇见了其不相识的人士，而对方又跟自己打了招呼。

③ 在家中或办公地点，接待彼此不相识的客人或来访者。

④ 打算推介某人加入某一方面的交际圈。

⑤ 受到为他人作介绍的邀请。

⑥ 陪同上司、长者、来宾时，遇见了其不相识者，而对方又跟自己打了招呼。

⑦ 陪同亲友前去拜访亲友不相识者。

(3) 他人介绍的顺序　在为他人作介绍时，介绍顺序很关键，先介绍谁后介绍谁是一个比较敏感的礼仪问题，介绍的顺序不能弄错，不然也是对别人的不尊重。

根据规范，必须遵守“尊者优先了解情况”的规则。它的含义是：在为他人作介绍前，先要确定双方地位的“尊卑”，然后先介绍位卑者，后介绍位尊者，这样做，可以使位尊者优先了解位卑者的情况，以便见机行事，在交际应酬中掌握主动权。先称呼谁，谁是尊者。

根据这一规则，为他人作介绍时的顺序大致有如下几种情况。

① 介绍年长者与年幼者认识时，应先介绍年幼者，后介绍年长者。

② 介绍长辈与晚辈认识时，应先介绍晚辈，后介绍长辈。

③ 介绍老师与学生认识时，应先介绍学生，后介绍老师。

④ 介绍女士与男士认识时，应先介绍男士，后介绍女士。女士优先是社交礼仪的基本准则，尤其是在西方国家。所以，在社交场合中，应该先把男士介绍给女士。

⑤ 介绍已婚者与未婚者认识时，应先介绍未婚者，后介绍已婚者。

⑥ 介绍同事、朋友与家人认识时，应先介绍家人，后介绍同事、朋友。

⑦ 介绍来宾与主人认识时，应先介绍主人，后介绍来宾。

⑧ 介绍上级与下级认识时，应先介绍下级，后介绍上级。

⑨ 介绍职位、身份高者与职位、身份低者认识时，应先介绍职位、身份低者，后介绍职位、身份高者。

在有些场合，假如没有身份特殊的人在场，也分不出职位高低，又是相同性别、年龄相仿的人之间的聚会，则可按照先来后到的次序为他人作介绍，此次序是先把后到者介绍给先来的人。

(4) 介绍时的手势　采用中位手势，指示被介绍的一方（见图 5-6）。

(5) 他人介绍的注意事项

① 介绍者为被介绍者介绍之前，一定要征求一下被介绍双方的意见，切勿上去开口即讲，显得很唐突，让被介绍者感到措手不及。

② 被介绍者在介绍者询问自己是否有意认识某人时，一般不应拒绝，而应

图 5-6 他人介绍的手势

欣然应允。实在不愿意时，则应说明理由。

③ 介绍时，被介绍双方都应该起身站立，面带微笑，目视对方，不要看其他方向，显得心不在焉，是对对方的不尊重。当介绍者介绍完毕后，被介绍双方应微笑点头示意或握手致意，互递名片。

④ 握手。等介绍完毕后，被介绍者双方应依照合乎礼仪的顺序握手，并且彼此问候对方。一般是站着欠身握手，以表尊敬。

⑤ 互致问候。介绍完毕后，被介绍的双方就应互相问候："您好！很高兴认识您"、"久仰大名"、"认识您非常荣幸"、"幸会幸会"等，必要时还可以进一步做自我介绍。

2. 自我介绍

在社交活动中，如欲结识某个人或某些人，而又无人引见，如有可能即可自己充当自己的介绍人，向对方自报家门，自己将自己介绍给对方。如果有介绍人在场，自我介绍则被视为不礼貌的。

自我介绍时应先向对方点头致意，得到回应后再向对方介绍自己的姓名、身份、单位等。

根据会面礼仪的具体规范，商务人员在进行自我介绍时，应注重自我介绍的时机、自我介绍的形式和自我介绍的分寸等诸多方面的问题。

（1）自我介绍的时机　在下列场合，有必要进行适当的自我介绍。

① 应聘求职、应试求学时。

② 在社交场合，与不相识者相处时。

③ 在社交场合，有不相识者表现出对自己感兴趣或要求自己作自我介绍时。

④ 在公共聚会上，打算介入陌生人组成的交际圈时。

⑤ 有求于人，而对方对自己不甚了解或一无所知时。

⑥ 前往陌生单位，进行业务联系时。

⑦ 在出差、旅行途中，与他人不期而遇，并且有必要与之建立临时接触时。

⑧ 因业务需要，在公共场合进行业务推广时。

⑨ 初次利用大众传媒向社会公众进行自我推荐、自我宣传时。

（2）自我介绍的具体形式

① 应酬式。应酬式的自我介绍，适用于某些公共场合和一般性的社交场合，如旅行途中、宴会厅里、舞场上、通电话时。它的对象，主要是进行一般接触的交往对象，故介绍内容要少而精。这种自我介绍最为简洁，往往只包括姓名一项即可。例如："您好！我叫蒋明"、"您好！我的名字叫张红"等。

② 工作式。工作式的自我介绍主要适用于工作之中。它是以工作为自我介绍的中心，因工作而交际，因工作而交友。它的介绍内容应当包括本人姓名、供职的单位及其部门、担负的职务或从事的具体工作三项。它们叫做工作式自我介绍内容的三要素，通常缺一不可。

其中，第一项姓名，应当一口报出，不可有姓无名或有名无姓。第二项供职的单位及其部门，有可能最好全部报出，具体工作部门有时也可以暂不报出。第三项担负的职务或从事的具体工作，有职务最好报出职务，职务较低或者无职务，则可报出目前所从事的具体工作。

例如："您好！我叫蒋明，是××电脑公司的销售经理。"、"您好！我叫张红，我在××大学管理系教市场营销学。"

③ 交流式。交流式的自我介绍，主要适用于在社交活动中，它是一种刻意寻求与交往对象进一步交流与沟通，希望对方认识自己、了解自己、与自己建立联系的自我介绍。交流式自我介绍的内容，大体应当包括介绍者的姓名、工作、籍贯、学历、兴趣以及与交往对象的某些熟人的关系等。它们不一定非要面面俱到，而应依照具体情况而定。

例如："您好！我叫王×，现在在常州××礼仪有限公司工作。我是中国人民大学毕业的，我想咱们是校友，对吗？"、"您好，我叫蒋明，我在××电脑公司上班。我是张红的老乡，都是北京人。"、"您好，我叫陈×，是张红的同事，也在××大学管理系，我教电子商务。"

④ 礼仪式。礼仪式的自我介绍，适用于讲座、报告、演出、庆典、仪式等一些正规而隆重的场合。它是一种意在表示对交往对象友好、敬意的自我介绍。礼仪式的自我介绍的内容，亦包含姓名、单位、职务等项，但是还应多加入一些适宜的谦辞、敬语，以示自己礼待交往对象。

例如："各位来宾，大家好！我叫蒋明，我是××电脑公司的销售经理。我代表本公司热烈欢迎大家光临我们的展览会，希望大家……"

⑤ 问答式。问答式的自我介绍，一般适用于应试、应聘和公务交往。问答式的自我介绍，应该是有问必答，问什么就答什么。

例如："先生，您好！请问您怎么称呼？（请问您贵姓？）"

"您好！我叫蒋明。"

又例如，主考官问："请介绍一下你的基本情况。"

应聘者："各位好！我叫李波，现年26岁，江苏省苏州人，汉族……"

（3）自我介绍的注意事项

① 注意时间。在进行自我介绍时要注意时间，这具有双重含义。

a. 要求进行自我介绍一定要力求简洁，尽可能地节省时间。虽说各种形式的自我介绍所用的时间长度不可笼统地等量齐观，但总的原则，还是所用时间愈短愈好，以半分钟左右为佳，如无特殊情况，最好不要长于1分钟。为了节省时间，在作自我介绍时，还可利用名片、介绍信加以辅助。若使用了名片、介绍信，则其上所列的内容应尽量不予重复。

b. 要求自我介绍应在适当的时间进行，而不应在不适当的时间进行。进行自我介绍的适当时间，指的一是对方有兴趣时，二是对方有空闲时，三是对方情绪好时，四是对方干扰少时，五是对方有要求时。进行自我介绍的不适当时间，是指对方无兴趣、无要求、工作忙、干扰大、心情坏、休息用餐或正忙于私人交往之时。

② 具有针对性。确定自我介绍的具体内容，要兼顾实际需要、所处场景，要具有鲜明的针对性，不要"千人一面"。有时可以把自己的姓名同名人的姓氏或是常用名词相结合，以增强别人的记忆。比如，姓名是"周元"的，就可以介绍为：周总理的"周"，元帅的"元"。

③ 讲究态度。进行自我介绍，态度一定要自然、友善、亲切、随和。应落落大方，彬彬有礼。要充满信心和勇气，要敢于正视对方的双眼，显得胸有成竹，不慌不忙。这样做，将有助于进行自我放松，并使对方对自己产生好感。在自我介绍的过程之中，语气要自然，语速要正常，语音要清晰，这对自我介绍的成功将大有好处。一定要力戒语气生硬冷漠、语速过快或过慢、语音含糊不清，它们其实都是缺少经验、缺乏自信的表现。

④ 真实诚恳。进行自我介绍要实事求是、真实可信，不可自吹自擂，夸大其词，也没有必要过分谦虚，一味贬低自己去讨好别人。

3. 集体介绍

集体介绍，是他人介绍的一种特殊形式，它是指介绍者在为他人介绍时，被介绍者其中一方或者双方不止一人，甚至是许多人。由此可见，集体介绍大体可分成两种：其一，是为一人和多人作介绍；其二，是为多人和多人作介绍。

进行集体介绍时，应主要关注其顺序与内容两方面的问题。

（1）集体介绍的顺序　进行集体介绍的顺序，若有可能，应比照他人介绍的顺序进行。若实难参照，则可酌情参考下述顺序。应当强调的一点是，越是正式、大型的交际活动，对集体介绍的顺序就越是不可马虎。

①“少数服从多数”。它的含义是指当被介绍者双方地位、身份大致相似，或者难以确定时，应当使人数较少的一方礼让人数较多的一方，一个人礼让多数人，先介绍人数较少的一方或个人，后介绍人数较多的一方或多数人。

② 强调地位、身份。若被介绍者双方地位、身份之间存在明显差异，特别是当这些差异表现为年龄、性别、婚否、师生以及职务有别时，则地位、身份为尊的一方即使人数较少，甚至仅为一人，仍然应被置于尊贵的位置，最后加以介绍，而先介绍另一方人员。

③ 单向介绍。在演讲、报告、会议、会见时，往往只需要将主角介绍给广大参加者，而没有必要一一介绍广大参加者。

④ 人数较多一方的介绍。若需要介绍的一方人数不止一人，可采取笼统的方法进行介绍，例如，可以说：“他们都是我的同事”等，但是最好还是要对其一一进行介绍。进行此种介绍时，可比照他人介绍时位次“尊卑”的顺序，由“尊”而“卑”，如先长后幼，先女后男等。

⑤ 人数较多双方的介绍。若被介绍双方皆不止一人，则可依照礼规，先介绍位“卑”的一方，后介绍位“尊”的一方。在介绍各方人员时，均须由“尊”而“卑”，依次进行。

⑥ 人数较多各方的介绍。有时，被介绍的会不止两方，此时需要对被介绍的各方进行位次排列。排列的具体方法：一是以其负责人身份为准；二是以其单位规模为准；三是以单位名称的英文字母顺序为准；四是以抵达的时间的先后顺序为准；五是以座次顺序为准；六是以距介绍者的远近为准。进行多方介绍，应由“尊”而“卑”。如时间允许，应在介绍各方时，以“尊卑”的顺序，一一介绍其各个成员。若时间不允许，则不必介绍其具体成员。

（2）集体介绍的内容　集体介绍的内容，基本上与他人介绍的内容无异，不过要求更认真、更准确、更清晰。有以下两点，应尤为注意。

① 不要使用易生歧义的简称。比如，不要讲“人大”、“消协”、“南航”等，而应道明是“中国人民大学”、“消费者协会”、“南京航空航天大学”，或者是“市人大常委会”、“消防协会”、“南方航空公司”等。又如，将范局长简称为“范局”，就会使人听上去好似“饭局”。至少，要在首次介绍时使用准确的全称，然后方可采用简称。

② 不要开玩笑、捉弄人。进行介绍时，要庄重、亲切，切勿随意拿被介绍者开玩笑，或是成心出对方的洋相。

六、递物与接物礼仪训练

递物与接物是人们工作、生活、社交活动中常常用到的一种礼仪行为，虽然这一过程十分短暂，但也能体现一个人的礼仪教养。

1. 递接名片

名片是我国古代文明的产物。据清代学者赵翼在其著作《陔余丛考》中记载："古人通名，本用削木书字，汉时谓之谒，汉末谓之刺，汉以后则虽用纸，而仍相沿曰刺。"可见，名片的前身即我国古代所用的"谒"、"刺"。

名片发展至今，已是现代人交往中一种必不可少的联络工具，成为具有一定社会性、广泛性，便于携带、使用、保存和查阅的信息载体之一。

商务人员在各种场合与他人进行交际应酬时，都离不开名片的使用。而名片的使用是否正确，已成为影响人际交往成功与否的一个因素。社交场合，没有名片的人是一个没有现代意识的人，不会使用名片的人也是一个没有现代意识的人。有名片但不会用名片等于形象自残，在商务交往中，特别是在对外交往中，有三不准，第一不能涂改；第二不准提供两个以上的头衔；第三不准不提供私人联络方式，公私有别，内外有别。

（1）名片的制作　名片制作得是否规范，往往会影响交往对象对自己的看法，进而影响双方的进一步交流与合作。一张粗制滥造的名片显然不会让人对名片主人产生什么好感和接近之意。商务人员在订制名片时应当对下述问题予以关注。

① 规格材料。目前我国通行的名片规格为9厘米×5.5厘米，而在国际上较为流行的名片规格则为10厘米×6厘米。在一般情况下，商务人员应以前一种标准订制名片。如果参与的商务活动多为涉外性质，则可采用后一种规格。若无特殊原因，不必制作过大或过小的名片，更没必要将名片作成折叠式或书本式。

名片通常应以耐折、耐磨、美观、大方、便宜的纸张作为首选材料，如白卡纸、再生纸等。选用布料、塑料、真皮、化纤、木材、钢材甚至黄金、白金、白银等材料制作名片是毫无必要的。将纸质名片烫金、镀边、压花、过塑、熏香，也是不合适的。

② 色彩图案。普通营销人员所订制的名片宜选用单一色彩的纸张，并且以米白、米黄、浅蓝、浅灰等庄重朴实的色彩为佳。切勿选用过多过杂的色彩，让人眼花缭乱，妨碍信息的接收。也不宜采用红色、紫色、绿色、黑色、金色、银色的纸张制作名片。

一般而言，名片上除了文字符号外不宜添加任何没有实际效用的图案。如果本单位有象征性的标志图案，则可将其印于归属一项的前面，但不可过大或过于突兀。将照片、漫画、花卉等内容印在名片上，则会给人以华而不实之感。

③ 文字版式。营销人员所使用的名片，在正常情况下应采用标准的汉字简化字，如无特殊原因，不得使用繁体字。从事涉外工作的营销人员则可酌情使用外语。汉字与少数民族文字或外语同时印刷时，应将汉字印于一面，而将少数民族文字或某种外文印于另一面。不要在同一面上混合使用不同文字，一张名片上不宜使用两种以上文字。

以汉字印制名片时，一般采用楷体或仿宋体，尽量不要采用行书、草书、篆书等不易认的字体；以外文（主要采用英文）印制名片时，一般采用黑体字，在涉外交往中使用的名片亦可采用罗马体，但很少用草体。

不论采用何种字体，文字印刷都要清晰易识，不可模糊难辨，不宜自行手写名片，不能在印刷的名片上以笔增减、修改内容。

名片上文字的排列版式大体有两种。一是横式，即文字排列的行序为自上而下，字序为自左而右。二是竖式，即文字排列的行序为自右而左，字序为自上而下。一般而言，采用简化汉字的名片宜用横式。

同一枚名片上，既可以两面均印有文字不同而本意相似的内容，也可以空出一面，而只在一面印有内容。没有必要在名片的一面印上名言警句。两面的内容相同时，不可使其一为横式，一为竖式。

（2）名片的内容　名片一般分为三种：第一种，企业名片；第二种，私人名片、社交名片一般只印姓名这一项，至多再印上住宅电话；第三种，商用名片。

名片的基本内容有“三个三”。

第一个“三”：本人归属（包括企业标志、单位全称，归属）。

第二个“三”：本人称谓（包括姓名、行政职务、学术头衔）。

第三个“三”：联络方式（包括地址、邮政编码、办公电话）。

（3）递接名片的规范要求　名片是一个人身份的象征，当前已成为人们社交活动的重要工具。名片的交换是名片礼仪中的核心内容。商务人员如何交换名片，不仅是其个人修养的一种反映，也是对交往对象尊重与否的直接体现。因此，名片的递送、接受、存放务必要讲究社交礼仪。

① 名片的携带要求。商务人员参加正式的商务活动或交际活动之前，都应随身携带自己的名片，以备交往之用。名片的携带应注意以下三点。

a. 足量适用　商务人员携带的名片一定要数量充足，确保够用。所带名片要分门别类，根据不同交往对象使用不同名片。

b. 完好无损　名片要保持干净整洁，切不可出现折皱、破烂、肮脏、污损、涂改的情况。

c. 放置到位　名片应统一置于名片夹、公文包或上衣口袋之内，在办公室时还可放于名片架或办公桌内。切不可随便放在钱包、裤袋之内。放置名片的位置要固定，以免需要名片时东找西寻，显得毫无准备。

② 递送名片的要求。商务人员在递送名片时，要注意以下几个要点。

a. 把握时机　发送名片要掌握适宜时机，只有在确有必要时发送名片，才会令名片发挥功效。发送名片一般应选择初识之际或分别之时，不宜过早或过迟。不要在用餐、看戏剧、跳舞之时发送名片，也不要在大庭广众之下向多位陌生人发送名片。

b. 讲究顺序　双方交换名片时，应当首先由位低者向位高者发送名片，再由后者回复前者。但在多人之间递交名片时，不宜以职务高低决定发送顺序，切勿跳跃式进行发送，甚至遗漏其中某些人。

最佳方法是由近而远、按顺时针或逆时针方向依次发送。交换名片的顺序一般是："先客后主，先低后高"。当与多人交换名片时，应依照职位高低的顺序，或是由近及远，依次进行，切勿跳跃式地进行，以免对方误认为有厚此薄彼之感。

c. 先打招呼　递上名片前，应当先向接受名片者打个招呼，令对方有所准备。既可先作一下自我介绍，也可以说声"对不起，请稍候"、"可否交换一下名片"之类的提示语。

d. 表现谦恭　对于递交名片这一过程，应当表现得郑重其事。要起身站立，主动走向对方，面含微笑，上体前倾15°左右，用双手拇指和食指执名片两角，向前送出，并将名片正面朝向对方，同时说声："这是我的名片，请多多关照"、"欢迎前来拜访"等礼节性用语（见图5-7）。

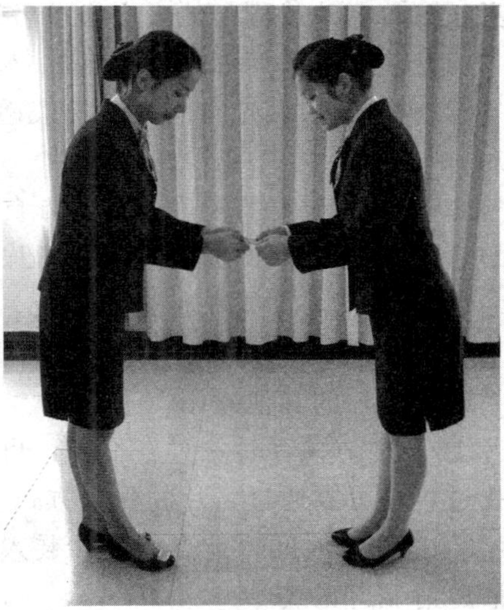
图 5-7　递接名片礼仪

递交名片的整个过程应当谦逊有礼、郑重大方。切勿以左手持握名片。

③ 接受名片。接受他人名片时，主要应当做好以下几点。

a. 态度谦和　商务人员在接受他人名片时，不论有多忙，都要暂停手中一切事情，并起身站立相迎，面带微笑注视对方，恭敬地用双手的拇指和食指接住名片的下方两角，如果在特殊情况下只能用单手去接，至少也要用右手，而不得使用左手，接过名片时应说"谢谢"或"久仰大名"等。

b. 认真阅读　接过名片后，先向对方致谢，然后十分郑重地把名片从头至尾默读一遍，并抬头看看对方的脸，使对方产生一种受重视的满足感，遇有显示对方荣耀的职务、头衔不妨轻声读出，以示尊重和敬佩。若对方名片上的内容有所不明，可当场请教对方。在对方离去之前，或话题尚未结束，不必急于将对方的名片收藏起来。

c. 有来有往　接受了他人的名片后，一般应当即回敬给对方一张自己的名片。没有名片、名片用完了或者忘了带名片时，应向对方作出合理解释并致以歉意，切莫毫无反应。

④ 存放名片。接过别人的名片切不可随意摆弄或乱丢乱放、乱揉乱折，也不要随便地塞在口袋里或丢在包里。而应将其谨慎地置于名片夹、公文包、办公桌或上衣口袋内，且应与本人名片区别放置，以示尊重。

⑤ 索要名片。商务人员若想主动结识对方或者有其他原因有必要索取对方

名片时，可伺机采取下列办法。

a. 互换法　即以名片换名片。在主动递上自己的名片后，对方按常理会回给自己一张他的名片。如果担心对方不回送，可在递上名片时明言此意："能否有幸与您交换一下名片？"

b. 暗示法　即用含蓄的语言暗示对方。例如，向尊长索要名片时可说："请问今后如何向您请教？"，向平辈或晚辈表达此意时可说："请问今后怎样与您联络？"

面对他人的索取，商务人员也不应直接加以拒绝。如确有必要这么做，则需注意分寸。最好向对方表示自己的名片刚用完，或说自己忘了带名片。但若自己手里正拿着名片或刚与他人交换过名片，显然不说为妙。

（4）名片礼仪训练注意要点

① 地位低的人先向地位高的人递名片，男士先向女士递名片，拜访者先递名片。

② 递名片时，要准确告诉对方自己公司名称，所属部门及本人姓名。

③ 不要在客人面前慌忙翻找名片。

④ 不要把名片放在衣兜里。

⑤ 忌把客人名片放在手里把玩。

（5）名片的其他妙用

① 去拜访顾客时，对方不在，可将名片留下，顾客来后看到名片，就知道你找过，并可以通过名片的联络方式进行联络。

② 把注有时间、地点的名片装入信封发出，可以代表正规请柬，比口头或电话邀请显得正式。

③ 向顾客赠送小礼物，如让人转交，则随带名片一张，附几句恭贺之词，无形中关系又深了一层。

④ 熟悉的顾客家中发生了大事，不便当面致意，寄出名片一张，省时省事，又不失礼。

⑤ 名片除了在互相认识时使用外，有时还用在祝贺、道谢、吊唁等特殊场合。

2. 递接其他物品

递交任何物品时都应恭恭敬敬地双手递上。若递笔、剪刀之类尖的物品时，需将尖头朝向自己，而不能指向对方。接受物品时，一般情况下，凡是对方双手恭恭敬敬递过来的物品，都应双手接过，同时点头致意或道谢。

实训方法

1. 收集相关教学录像，让学生观看，以掌握正确的日常交往礼节。

2. 在训练中，采用教师边讲解要求边示范，然后学生实践，教师纠错，学生再巩固的方式练习。

3. 在鞠躬礼的训练中，可采取分组向老师施礼或两人一组相互施礼的形式进行，并互相点评纠正来达到规范的要求。

4. 两人一组，进行握手礼的练习，再分别和同组的同学握手，注意时间、仪态及语言。

5. 在进行介绍时，让每个学生组织一段自我介绍，以克服紧张情绪，锻炼他们的胆量。

6. 在介绍礼仪中，设计多个情景、角色，分角色扮演人物，完成介绍、握手、递名片等训练，并及时指导。

7. 采用分组练习、观摩的方法，既体验尝试又学习经验，发现问题，提高日常交往礼仪的可操作性。

8. 学生自由组合，自己编排，以小品形式将几种日常交往礼节综合起来运用表演，以加深印象。

实训检测

考核项目	考核内容	分值	自评分（20%）	小组评分（30%）	教师评分（50%）	实得分
称呼	称呼准确、合乎规范	10				
	与表情相协调	5				
问候	注重问候次序的准确规范	10				
	与表情、动作相协调	5				
握手	握手动作准确、自然大方	10				
	与表情、语言的协调	5				
鞠躬	鞠躬动作符合规范	10				
	微笑、眼神、语言的协调	5				
介绍	仪态端正，手势正确	10				
	介绍的次序、原则运用准确	10				
递物接物	递、接动作准确	10				
	与表情、语言的协调	10				
合计						

实战练习

咖啡厅里的风波

角色

客人　A1、A2；B1、B2

餐饮部经理

领班

服务员　A、B

道具　咖啡杯、贵宾卡、托盘、花瓶、水果拼盘、骨碟、工号牌、茶杯、酒单、预订单、结账单。

地点：金山大酒店咖啡厅内。

场景一

（两位客人至服务台）

服务员 A： 欢迎光临！请问两位有没有预订？

客人 A1： 没有，请问还有靠窗的能看到风景的位置吗？

服务员 A： 有的。这边请！（手势、拿酒单）

……

服务员 A： 两位小姐，这是你们的桌子，请坐！（拉椅入座、递酒单）请问两位要点什么咖啡？

客人 A1： 你们这里什么咖啡好，你推荐一下。

服务员 A： 我们酒店的蓝山咖啡不错，您可以试试。

客人 A1： 那还有别的吗？

服务员 A： 摩卡咖啡味道也很好。

客人 A1： 那就来一杯蓝山，（递给同伴酒单）你呢？

客人 A2： 那我要摩卡好了。

服务员 A： 你们要热的还是冰的？

客人 A2： 都热的吧。

服务员 A： 好的。一杯热的蓝山咖啡，一杯热的摩卡咖啡。请问是否需要点别的？

客人 A2： 暂时不需要。

服务员 A： 好的，请稍等！

（服务员 A 上咖啡）

服务员 A： 这是蓝山咖啡，这是摩卡咖啡。请慢用！

客人 A1、A2： 谢谢！

场景二

（服务台）

服务员 B： 欢迎光临！请问有预订吗？

客人 B1： 有的。我们昨天打电话预订了一张靠窗的、能看到西湖景色的桌子。

服务员 B： 小姐，请问您贵姓？

客人 B1： 姓郑。

服务员 B： 请稍等。（查预订单）……我们为你们留了 6 号桌。（手势）

（带客人至 6 号桌途中）

服务员 B： 6 号桌地理位置很好，能看到西湖全景。

客人B1：谢谢！

（带客人至6号桌，发现已有人就座）

服务员B问服务员A：怎么回事？这张桌子有预订的。

服务员A：是吗？我去查一下。

客人B1：这是怎么回事啊？我们不是6号桌吗？

服务员B（转身）：对不起！可能出了点差错，请你们先在9号桌坐一下，行吗？

客人B2：不行。我们特地预订靠窗的位置看西湖，为什么要我们坐旁边。

（同时）

客人A1：小姐，这到底怎么回事啊？

服务员B：不好意思！可能有些误会。

（闻吵闹声，领班至）

领班：两位好！我是这里的领班。请问发生什么事了？

客人B1：我们昨天打电话过来预订一张靠窗的位置，要求能看到西湖风景，现在位置没了，还要我们坐看不到风景的9号桌。你说怎么办？

领班：对不起！对不起！这可能有点误会。您看这边客人也坐了有一会了，你们能不能先坐9号桌。9号桌同样能看到风景。

客人B1：9号桌根本就看不清楚，你叫我看什么？看别人吃啊？叫你们经理出来。

（领班让服务员B叫经理）

领班：两位小姐要么先坐一下吧，我们酒店可以为你们这次所有的消费打9折。

客人B2：9折？不用说了，叫你们经理来。

领班：请稍等！经理马上就来。

场景三

（服务员B至经理室门口。敲门）

经理：请进。

服务员B：经理，外面出了点状况。

经理（起身）：怎么回事？

（途中服务员向经理说明事由）

（经理至咖啡厅）

领班：这是我们经理。

经理：两位好！我是酒店的餐饮部经理，我姓陈。

客人B1：陈经理。你来评评理……

经理：两位少安毋躁！我们到休息室谈好吗？

客人B1：好吧，好吧！

（客人 B1、B2 随经理至休息室）

场景四

（同时领班找服务员 A，查明事由）

领班：怎么搞的？都闹到经理那里去了。

服务员 A：对不起！是我没看到预订单。

领班：下次不要犯同样的错误了。你现在去跟客人道个歉，事后交份检讨。

场景五

（休息室内）

经理：请坐！

（两位客人及经理在休息室入座后，服务员 B 敲门）

经理：请进！

（服务员 B 上茶）

服务员 B：小姐请！经理请！

（服务员 B 退出休息室并关门）

客人 B1：陈经理，你看这件事怎么处理？浪费了我们这么多时间，我们哪还有心情喝咖啡啊？预订了也会出错，叫我们以后怎么相信你们酒店！

经理：实在是对不起！这是我们酒店的失误，给您们带来诸多不便，请谅解！

（服务员 A 敲门）

经理：请进！

服务员 A：经理，是我没看到预订单。

经理（起身）：这次的事情主要是我们的 018 号服务员没有认真查预订单而引起的。

经理向服务员 A：跟客人道个歉。

服务员 B 敲门：经理。

经理：失陪一下！

（经理至门口）

服务员 B：靠窗的 12 号桌客人已结账，您看？

经理：知道了！

（同时）

服务员 A（鞠躬）：两位客人对不起，由于我的失误给您们带来麻烦，浪费了您们宝贵的时间，影响了您们的心情，实在是不好意思！

（经理进休息室）

经理：不好意思！让您们久等了。我们为您们安排了一张靠窗的桌子，也能看到西湖风景。请问二位觉得怎么样？

客人 B2：随便了啦！心情都没了，你看着办好了。

经理：对于您们这次的消费，我们将给予七折优惠。同样的状况以后不会再出现了。(拿贵宾卡) 这是我们酒店的贵宾卡，请两位收下。

客人 B2 (接贵宾卡)：谢谢！

经理：两位这边请！(手势)

客人 B1 对 B2 说：走吧！

(至咖啡厅，经理与服务员 A 拉椅请客人入座)

服务员 A：两位要喝点什么？(递酒单)

客人 B1 (接酒单)：两杯热的蓝山。

服务员 A：请问是否需要其他的？

客人 B1：不用了。

服务员 A：好的，两杯热的蓝山咖啡。请稍等！咖啡马上就来。

客人 B1：好的。

经理：请问两位对这件事的处理结果有意见吗？

客人 B2：算了，算了，就这样吧！心情都没了。希望你们以后别再出现这种失误了！

经理：我们会注意的。

(服务员 A 端咖啡和小吃过来)

经理：(上咖啡) 蓝山咖啡。小姐请！(上小吃) 这是我们的一点心意，两位请慢用。

客人 B2：谢谢！

经理：那我先失陪了。

客人 B2：嗯。

场景六

(12 号桌上咖啡的同时)

客人 A1：小姐，买单！

领班：两位小姐，你们这次的消费共是 170 元，这是账单，请过目。由于我们酒店这次的失误，影响到你们的情绪，我们酒店决定给您们这次消费打 9 折。共 153 元。

(客人 A1 与客人 A2 争夺付钱)

(客人 A2 付 200 元钱边说)

客人 A2：你们酒店我来过好多次，但这种情况真是没碰到过，这样的服务跟五星的服务还是有点距离的。

领班：真对不起，下次我们不会再犯同样的错误了。再次请您们谅解。我们共收了您们 200 元钱。请稍等。

(领班走向收银台找钱。回来。)

领班：找您 47 元，请点收。

客人 A2：对了。

（客人 A1、客人 A2 起身走）

（领班、服务员 B 送客人离开）

自检分析

案例： 小姐还是太太?

某天，有一位先生为其外国朋友定做一个生日蛋糕。他来到一家酒店的餐厅，对服务员小姐说："小姐，您好，我要为一位外国朋友订一份生日蛋糕，同时打一份贺卡，您看可以吗?"

服务员接过订单一看，忙说："对不起，请问先生，您的朋友是小姐还是太太?"这位先生也搞不清楚自己的外国朋友结婚没有，从来没有打听过，他为难地抓了抓后脑勺，想了想，说："小姐还是太太？一大把岁数了，应该是太太，就写太太吧。"

生日蛋糕做好后，服务员小姐按地址到酒店客房送生日蛋糕。敲门后，一位女士开了门，服务员有礼貌地说："请问，您是琼斯太太吗?"开门的女士愣了愣，随机不高兴地说："错了!"服务员小姐丈二和尚摸不着头脑，抬头又仔细看了看门牌号，再回头打个电话询问那位先生，的确没错，房间号码没错。于是，她再敲门，那位女士又打开门。"没错，琼斯太太，这就是您的蛋糕。"那位女士大声地说："告诉你错了，这里只有琼斯小姐，没有琼斯太太!"然后"啪"的一声，用力把门关上了。

分析：

1. 称呼礼仪的基本要求有哪些?
2. 中外称呼礼仪有何区别?

$$Fe^{2+} + H_2O_2 \longrightarrow Fe^{3+} + OH^- + \cdot OH$$
$$2Fe^{3+} + H_2O_2 \longrightarrow 2Fe^{2+} + H^+ + O_2$$
$$RH + \cdot OH \longrightarrow R\cdot + H_2O$$
$$R + H_2O_2 \longrightarrow ROH + \cdot OH$$
$$Fe^{2+} + \cdot OH \longrightarrow OH^- + Fe^{3+}$$

实训六

办公礼仪训练

知识训练目标

1. 了解办公礼仪的含义。

2. 熟悉办公礼仪的重要性。

3. 掌握办公礼仪的基本要求。

技能培养目标

1. 掌握并熟练运用商务办公场合常用的接待、引路、搭乘电梯、接打电话、奉茶倒水、座次安排等基本礼仪规范。

2. 掌握并熟练运用签约、剪彩、交接、庆典四种常见商务仪式的流程和礼仪规范，提高学生的综合素质。

素质拓展目标

培养学生良好的交际和接待能力，进一步增强学生的行业素质和素养，并能够从办公礼节的一些细微之处体现对他人的尊重，体现良好的个人职业形象。

基础知识

一、办公礼仪的含义

办公礼仪规范，是指商务人员在工作岗位上处理日常事务时所应遵循的基本礼仪，又称公务礼仪或行政礼仪，一般简称为办公礼仪。

办公礼仪是商务礼仪的核心内容，涵盖的范围比较大，包括商务接待、陪同、引导、会议、处理电话、提供服务、公务、公关、沟通等多个方面。

二、办公礼仪的重要性

办公室是一个人员云集、良莠难分的小社会，重视办公室礼仪的运用，能让商务人员赢得领导、同事、下属以及客户的好感，营造出良好的人际氛围，使得职业生活愉快并且富于效率。

商务人员遵守办公礼仪的必要性主要有两点。

一方面，是为了树立个人的形象，提高公司或企业的形象；另一方面，也可以使商务人员更为妥善而艺术地处理日常公务，提高工作效率，促进职业生涯的良性发展（见图 6-1）。

图 6-1　办公礼仪

三、办公礼仪的基本要求

“勿以恶小而为之，勿以善小而不为”，这句话的道理人人都懂得，但不是每个人都能做到。作为办公室人员，常常代表着企业的形象和信誉，更应该在日常生活的一点一滴的细节中积累自己的智慧，修炼自己的品格，提高自己的素养，应重点做好以下三点。

1. 注意自己的一言一行

办公人员的言行举止反映了企业的形象和声誉，是客户了解企业的有效途径。因此，在办公接待、引导、陪同、电话处理等方面，商务人员应时时处处注意自己的一言一行。与人接触，“谢谢、对不起”常挂在嘴边，不仅体现了自己的良好修养，也能体现一个集体的道德素养。

2. 在小事中培养良好的习惯

人们常做的一些小事情在不知不觉中就会养成某种习惯，好习惯能让人受益终身，坏习惯则贻害无穷。而办公人员的工作习惯，在某种程度上影响着一个企业上下人等的情绪和工作态度。因此，诸如进办公室先敲门，电话联系先说声好，通知会议语气委婉坚定，安排或督办工作不容置疑等，都应努力去做好事情，坚持下去，将培养人谦和、宽容的品格。

3. 把握“度”的细节

掌握好分寸，把握好“度”，是做人做事最难的一环，而办公室工作的错综复杂性，让“度”的把握难上加难。太过谨慎，难见魄力；稍有疏忽，又嫌轻狂，常常是左右不是、上下难为。因此，把握“度”的细节，应该是办公礼仪修炼的要点。

（1）对待上级谨慎而不拘谨　谦虚与谨慎是人获得成功的重要因素。办公室人员每天面对上级领导，三思而后行无可非议，而且是一种良好的品德。但如果谨慎的过分，则表现为畏畏缩缩、手足无措就适得其反了。

（2）对待基层自信而不自大　办公室人员对待基层单位人员应注重细节，多替对方考虑，真心诚意为基层服务，如传达指令时，常用“咱们”、“我们”等用语，协调工作时，常站在别人的立场着想，工作起来才会得到上下级的支持，才会更加得心应手。

（3）对待同事要讲究礼貌　在办公室里对上司和同事们都要讲究礼貌，不能由于大家天天见面就将问候省略掉了。“您好”、“早安”、“再会”之类的问候语要经常使用，不厌其烦。同事之间不能称兄道弟或乱叫外号，而应以姓名相称。对在一起工作的女同事要尊重，不跟异性拉拉扯扯、嘻哈胡闹。在工作中要讲男女平等，一切按照社交中的女士优先原则去作未必会让女同事高兴。

4. 行为要多加检点

尽量不要在办公室内吸烟，不当众化妆，不长时间接打私人电话，不与同事谈论他人隐私、不打小报告，不随意解扣子、卷袖子、松腰带，不乱动别人的东西等。

四、同事交往的技巧

同事是与自己一起工作的人，与同事相处得如何，直接关系到自己的工作、事业的进步与发展。如果同事之间关系融洽、和谐，人们就会感到心情愉快，有利于工作的顺利进行，从而促进事业的发展，反之，同事关系紧张，相互拆台，经常发生摩擦，就会影响正常的工作和生活，阻碍事业的正常发展。

处理好同事关系，在礼仪方面应注意以下几点。

1. 尊重同事

相互尊重是处理好任何一种人际关系的基础，同事关系也不例外，同事关系不同于亲友关系，它不是以亲情为纽带的社会关系，亲友之间一时的失礼，可以用亲情来弥补，而同事之间的关系是以工作为纽带的，一旦失礼，创伤难以愈合。所以，处理好同事之间的关系，最重要的是尊重对方。

2. 物质上的往来应一清二楚

同事之间可能有相互借钱、借物或馈赠礼品等物质上的往来，但切忌马虎，每一项都应记得清楚明白，即使是小的款项，也应记在备忘录上，以提醒自己及时归还，以免遗忘，引起误会。向同事借钱、借物，应主动给对方打张借条，以增进同事对自己的信任。有时，出借者也可主动要求借入者打借条，这也并不过分，借入者应予以理解，如果所借钱物不能及时归还，应每隔一段时间向对方说明一下情况。在物质利益方面无论是有意或者无意地占对方的便宜，都会在对方的心理上引起不快，从而降低自己在对方心目中的人格。

3. 对同事的困难表示关心

同事的困难，通常首先会选择亲朋帮助，但作为同事，应主动问询。对力所能及的事应尽力帮忙，这样，会增进双方之间的感情，使关系更加融洽。

4. 不在背后议论同事的隐私

每个人都有“隐私”，隐私与个人的名誉密切相关，背后议论他人的隐私，会损害他人的名誉，引起双方关系的紧张甚至恶化，因而是一种不光彩的、有害的行为。

5. 对自己的失误或同事间的误会，应主动道歉说明

同事之间经常相处，一时的失误在所难免。如果出现误会，应主动向对方道歉，征得对方的谅解；对双方的误会应主动向对方说明，不可小肚鸡肠，耿耿于怀。

总之，办公室工作人员在日常工作中，要注重细节的把握，从自己做起，从小事做起，注重个人的品德修养，提高自己处理事务的能力，树立良好的企业形象。

实训内容

一、接待礼仪训练

1. 接待的具体要求

客户来临以前，商务人员应做好充分的接待准备工作。接待活动需要认真筹备和精心策划，具体主要从以下几个方面着手。

（1）确定接待规格　贵宾会由哪些人迎接、陪同和接待。

（2）制定接待方案　除了接待规格以外，是否还有活动的安排。

（3）了解来访状况　包括来宾的目的要求、会见和参观的意愿、参观路线和交通工具、抵达和离去的时间、来宾的生活饮食习惯及禁忌等。

（4）做好接待准备　包括迎送贵宾、会议场所布置、准备参观的项目、解说人员的安排、食宿和交通工具等。

2. 接待的规格

在公务接待当中，接待的规格要求也极其重要，如果没有事前了解往往会有很严重的缺失。错误的接待规格会使对方受宠若惊，否则就是十分的不自在。一般接待规格按来访人员的身份可分为以下三种。

（1）高规格接待　主要陪同人员比来宾的职位要高的接待。例如上级长官派工作人员来了解情况和传达意见的时候，就需要高规格接待。

（2）低规格接待　就是指主要陪同人员比客人的职位还要低的接待。比如，高层的长官或者部门的主管要去基层单位视察，就会成为低规格接待。

（3）对等接待　就是主要陪同人员与客人的职位同等地位的接待。

来者是客，以客为尊。无论彼此是否有商业联系，都应该以礼待之。从客人来到公司的前台开始，直到完全离开为止，都要遵守礼仪规范，让来访者宾至如归。

3. 接待注意事项

（1）客人要找的负责人不在时，要明确告诉对方负责人到何处去了，以及何时回本单位。请客人留下电话、地址，明确是由客人再次来单位，还是本方负责人到对方单位去。

（2）客人到来时，本方负责人由于种种原因不能马上接见，要向客人说明等待理由与等待时间，若客人愿意等待，应该向客人提供茶水、报纸、杂志等，应该时常为客人添加茶水，并注意茶具、倒茶、上茶、续茶等环节的礼仪规范。

（3）接待人员带领客人到达目的地，应该有正确的引导方法和引导姿势。

二、引路礼仪训练

1. 走廊引导

商务接待人员应走在客人左前方的 2～3 步处，让客人走在内侧，侧身注意客人，并与之保持一致步伐（见图 6-2）。

图 6-2　走廊引导礼仪

图 6-3　楼梯引导礼仪

2. 楼梯引导

上楼时，应让客人走在前面，接待人员走在后面；下楼时，应由接待人员走在前面，客人走在后面，上下楼梯时，接待人员应该注意客人的安全（见图6-3）。

3. 客厅引导

当客人走入客厅，接待人员用手指示，请客人坐下，看到客人坐下后，才能行点头礼后离开。如客人错坐下座，应请客人改坐上座（一般靠近门的一方为下座）。

4. 引导时的注意事项

（1）引路时密切关注客人的反应，客人有兴趣时或者有必要时应适当地给客人做些介绍。

（2）拐弯或有楼梯台阶等需要注意的地方要使用中位手势，并提醒客人“这边请”或“注意楼梯”等。

三、电梯礼仪训练

随着社会经济的发展，现代城市遍布高楼大厦，商务人员每天都要进出上下无数次，电梯已经成为其日常生活和工作中必不可少的上下楼工具，也可以把电梯当作是我们工作场所的一个延伸。

1. 电梯礼仪的基本要求

（1）注意安全　当电梯关门时，不要扒门，或是强行挤入。在电梯人数超载时，不要心存侥幸，非进去不可。当电梯在升降途中因故暂停时，要耐心等候，不要冒险攀缘而行。

（2）注意出入顺序

① 从电梯内出来的人和等候搭乘电梯的人均应沿着自己的右侧方向依次地排队出入，保持出入畅通。

② 电梯门开后，要等电梯内所有的人出来后，才可以进入。

③ 与不相识者同乘电梯，进入时要讲先来后到，出来时则应由外而里依次而出，不可争先恐后。

④ 与熟人同乘电梯，尤其是与尊长、女士、客人同乘电梯时，则应视电梯类别而定：进入有人操作的电梯，应主动后进后出。进入无人操作的电梯时，则应当先进后出，即应先进入电梯，为对方按键盘并迎接对方入电梯，帮对方选按所要到达的楼层键，关上电梯门（见图6-4）。出电梯的时候则长按开门键请对方先出电梯，自己再出去（见图6-5）。

总的来说，先进去是为了控制电梯，后出来也是为了控制电梯，既要为对方提供服务，还要确保对方的安全。

图 6-4　进电梯引导礼仪

图 6-5　出电梯引导礼仪

⑤ 如若搭乘自动扶梯时应注意：不要和前面的人靠得太近。如果自动扶梯较宽，应靠右侧站，以便让着急的人从左侧超过。在拥挤的楼梯上，跟随着人流，不论上楼还是下楼一般都应靠右侧走。如果楼梯只有一侧有扶手，而有的人必须扶着扶手以保证安全，那么，其他人应服从他的需要。在楼梯上催促他人是危险而不礼貌的。要么放慢脚步，要么超过他人，但不要强迫他人加速。

2. 搭乘电梯时应注意的问题

① 电梯内不能抽烟，不能乱丢垃圾。

② 电梯内不可大声喧哗或嬉戏吵闹，无论公务私事，均不宜在此谈论。也不要在电梯里打手机，记住，电梯不是电话亭。

③ 先上电梯的人应靠后面站，尽量站成“凹”字形，留出空间，以便让后进入者有地方可站。

④ 电梯内有很多人时，后进的人应面向电梯门站立，以免造成面对面的尴尬。

⑤ 在电梯内应与他人保持少许距离。如果在无意中碰撞到别人，应立即向对方道歉。

四、电话礼仪训练

电话是一种常见的通讯、办公工具，商务人员洽谈业务、联络客户、处理问题与投诉时都离不开接打电话，因此，电话礼仪也是商务办公礼仪的重要内容之一。

1. 接听电话的礼仪规范

（1）做好通话准备　无论是私人电话还是公务电话，尤其是后者，应该在电话机旁准备好一些物品：电话号码簿、电话记录本和记录用笔。不要总是在需要时告诉对方：“请等等，我去拿纸和笔。”这样既拖延了通话的时间，也是不礼貌的行为。

（2）重要的第一声　当我们打电话给某单位，若一接通，就能听到对方亲切、优美的招呼声，心里一定会很愉快，使双方对话能顺利展开，对该单位有了较好的印象。在电话中只要稍微注意一下自己的行为就会给对方留下完全不同的印象。同样说：“您好，这里是××公司。”如果声音清晰、悦耳、吐字清脆，给对方留下好的印象，对方对其所在单位也会有好印象。因此要记住，接电话时，应有“我代表单位形象”的意识。

（3）要有喜悦的心情　微笑是一种有意识的放松，是自信心的体现。友好、礼貌的举止会通过电话线传递给对方，畅快的笑容能使你的声音自然变轻快悦耳，使对方感受到你的可靠与友善，从而为谈话创造良好的氛围。因此，接电话时要保持良好的心情、微笑的表情，这样即使对方看不见，但是从欢快的语调中也会被感染，留下极佳的印象。反过来，如果接电话时板着脸，一副心不甘情不愿的样子，声音自然会沉闷凝滞，无法给对方留下好感。

（4）迅速准确的接听　现代商务人员业务繁忙，桌上往往会有两三部电话，听到电话铃声，应准确迅速地拿起听筒，接听电话，并以长途电话为优先。同时，最好在三声之内接听，并告知自己的姓名。不使用“喂!”来回答，基本用语是“您好，这里是……”。电话铃声响一声大约 3 秒钟，若长时间无人接电话，或让对方久等是很不礼貌的。即便电话离自己很远，听到电话铃声后，附近没有其他人，我们也应该用最快的速度拿起听筒，这样的态度是每个人都应该拥有的，这样的习惯是每个办公室工作人员都应该养成的。如果电话铃响了五声才拿起话筒，应该先向对方道歉：“对不起，让您久等了，这里是……”。

图 6-6　接打电话的礼仪要求

（5）端正的姿态　无论在哪里接电话，都要仪态文雅、庄重，应轻拿、轻放，把电话机移向自己身边时，不要伸手猛拉过来。通话时身体应坐直、深呼吸、微笑（见图 6-6），打电话过程中绝对不能吸烟、喝茶、吃零食，即使是懒散的姿势对方也能够“听”得出来。如果你打电话的时候，弯着腰躺在椅子上，对方听你的声音就是懒散的，无精打采的；若坐姿端正，身体挺直，所发出的声音也会亲切悦耳，充满活力。因此打电话时，即使看不见对方，也要当作对方就在眼前，尽可能注意自己的姿势。

（6）清晰明朗的声音　电话用语应文明、礼貌，态度应热情、谦和、诚恳，不要拿腔拿调，语调应平和、音量要适中、语气柔和沉稳。声音要温雅有礼，以恳切之话语表达。口与话筒间，应保持适当距离，一般为 4 厘米左右，适度控制音量，以免听不清楚、滋生误会，或因声音粗大，让人误解为盛气凌人；耳朵和听筒之间则应完全贴紧，以便及时、准确地听清楚对方的讲话内容。

图 6-7　认真清楚地记录

（7）认真清楚地记录　在通话过程中，应认真听取对方的来电用意，为了使对方知道自己一直在倾听，或表示理解与同意，应时不时地轻声说些“嗯”、“是”、“对”、“好”之类的短语。并用事先准备好的纸笔做好记录，特别是时间、地点或电话号码等，并要重复一遍以示确认（见图 6-7）。随时牢记“5W1H”的技巧，即：①“When”——何时；②“Who”——何人；③“Where”——何地；④“What”——何事；⑤“Why”——为什么；⑥“How”——如何进行。在工作中这些资料都是十分重要的。“5W1H”技巧对于拨打电话、接听电话具有相同的重要性，电话记录既要简洁又要完备，有赖于“5W1H”技巧。

（8）有效的电话沟通　上班时间打来的电话几乎都与工作有关，公司的每个电话都十分重要，不可敷衍，即使对方要找的人不在，切忌粗率答复“他不在”即将电话挂断。接电话时也要尽可能问清事由，避免误事。对方查询本部门其他单位电话号码时，应迅即查告，不能说不知道。

① 首先应确认对方身份、了解对方来电的目的，如自己无法处理，也应认真记录下来，委婉地探求对方来电目的，就可不误事而且赢得对方的好感。

② 对对方提出的问题应耐心倾听；表示意见时，应让他能适度地畅所欲言，除非不得已，否则不要插嘴。期间可以通过提问来探究对方的需求与问题。注重倾听与理解、抱有同理心、建立亲和力是有效电话沟通的关键。

③ 接到异议、投诉、责难或批评性的电话时，应委婉解说，并向其表示歉意或谢意，不可与打电话的人争辩。

④ 应注意电话交谈事项的正确性，将事项完整地交代清楚，以增加对方的认同，不可敷衍了事。

⑤ 如遇需要查询数据的电话，应先估计可能耗用时间之长短，若查阅时间较长，最好不要让对方久候，应改用另行回话的方式，并尽早回话。

（9）礼貌地结束　通话完毕时，应使用礼貌结束语，如“清楚了”、“请放心”，“我一定转达”、“不客气”、“谢谢”、“再见”等，也可以用：“还有什么事吗?”或者“还有什么要吩咐吗?”等询问式的客套话，既是表示尊重对方，也是提醒对方。应尽量让对方结束对话，若确需自己来结束，应解释、致歉。电话交谈完毕时，请对方先放下电话，并等对方放下电话后再将电话轻轻放回话机上，以示尊重（见图 6-8）。

图 6-8　礼貌地结束电话

2. 拨打电话的礼仪规范

（1）准备好要讲的内容、说话的顺序和所需要的资料等，并确认对方的姓名、电话号码。

（2）选择适当的时间。一般的公务电话最好避开临近下班的时间，因为这时打电话，对方往往急于下班，很可能得不到满意的答复。公务电话应尽量打到对方单位，若确有必要往对方家里打时，应注意避开吃饭或睡觉时间。

（3）首先问候并通报自己的姓名、身份，“您好，我是……”。必要时，应询问对方是否方便，在对方方便的情况下再开始交谈。

（4）确认电话对象，“请问×××先生在吗?”，如是对方同事接电话，待要找的人接电话后，应重新问候并再次自报家门。

（5）电话用语应文明、礼貌，电话内容要简明、扼要、准确。

（6）通话完毕时应使用礼貌用语，“麻烦您了”、“那就拜托您了”、“再见”等，然后轻轻放下电话。

3. 接打电话的黄金规则

（1）不打无准备之仗　当使用电话开展业务活动时，首先牢记“5W1H”的技巧。在拨电话前拟好电话稿，把说话内容按“5W1H”列清楚。电话旁一定事先备妥备忘录，一面接电话，一面做好记录，是商业电话的原则。

在电话中，不仅要求谈吐自然流利，还要注意说话内容的顺序。一般而言，正确的通话顺序应该是：先讲明重要的事情，再补充说明，最后重复一遍重要事项。这样井然有序、平顺自然地表达，不仅使对方一听就能理解，还会给对方留下好的印象。

（2）树立服务意识　在电话推销术中，最要紧的是树立服务至上观念，在言谈举止间使对方体会到诚恳和诚意。具体内容如下。

① 把握好打电话的时机。电话联系的具体时间要根据各类顾客的工作习惯而定，要有技巧地询问顾客，如："每天什么时间给您打电话最好?"、"请您告诉我每天什么时间最容易找到您?"、"在一天里，您什么时间最方便?"等。

进行电话联系时，时间长短与谈话内容相比往往居于次要地位。无论是哪一种类型的电话，都应遵守同一原则，即把要讲的话想好，目的一达到，立即礼貌地结束谈话。

② 以客户满意为中心。良好的沟通、令人信赖的优质服务，是使顾客满意的关键。这当中，电话礼仪也起到了非常重要的作用。

认真答复电话留言，如果顾客来了电话，并没有找到要找的人，但却留下了口信，那么这个口信就必须传达给那个顾客要找的人。需回电的应尽快回电话，不要拖延，千万不能借口有更重要的工作而对顾客的电话置之不理。

③ 多用主动、肯定的说法。讲话的方式会影响对方对接打电话的人员的看法，用词和句式也一样影响其电话形象。例如：

王小姐："让我想想，我实在没有把握。看来我得到别的部门去问一下。等会我说不定会给你电话答复的。嗯，什么时候比较好呢?"

张小姐："我现在不能立即答复您。不过您放心，我会立刻和销售部联系的。今天下午我会给您回电话，一点半或三点，您看哪个时间更方便些?"

对于这两位小姐的回话，毫无疑问人们更喜欢跟后者打交道。其实两位小姐回答的是同一个问题，但张小姐选择的语言是肯定行动的承诺，而王小姐却含糊其辞，说不出个所以然来。

在电话交流中，多选择肯定、主动的字眼，主要有以下两大原因。

首先，肯定句让对方比较容易理解。

其次，肯定句有助于塑造自己"能干"的形象。如果商务人员想让对方认为自己是一个知道准确答案、知道何去何从、分量很重的人，应该尽量选用肯定句。

（3）尽快让对方进入到交谈中来　在商务服务或营销工作中，商务人员的主要职责是推销出自己的产品或方案，而不是得到一个认真听讲的学生。所以，决不能让顾客只做一名听众而自己则口若悬河、滔滔不绝，对方会因无法忍受而不得不把听筒从耳边拿开。

（4）善于提问　在电话沟通中，如果想要更多、更深入地了解顾客、获取顾客的信息、数据，可采取以下提问方法和技巧。

① 中性封闭式提问。这种提问方式可以引出一个明确的、不容含混的回答，要么答"是"，要么答"不是"。如："请问贵公司是位于南京市鼓楼区吗?"、"您

以前购买过我公司的产品吗？”、“您会说英语吗？”等。

中性封闭式提问往往以下列几种形式开始：

“您会不会……？”

“您是否……？”

“您可否……？”

② 中性开放式提问。中性开放式提问的目的是为了获得大量的客户信息，其回答的形式并不由询问者来控制。只要对方愿意，他就可以提供详细的或简明的回答。如：“请问您对这件事怎么看？”、“请问是什么原因促使您决定购买的？”等。

③ 中性诱导式提问。这种提问方式使对方的回答受到一定的限制，使其回答内容对提问者所关心的问题具有一定的参考价值。如：“请问贵公司谁负责进货？”、“我们什么时候当面谈一次？”等。

④ 诱导式否定提问。在这种提问方式中，询问者以一种否定形式的提问给对方的回答施加了强烈的影响力，诱使对方作出否定的回答。如：“既然这样，您一定认为我们现在不需要继续供应这些货了，对吗？”、“您还没有决定停止从我这里进货，不是吗？”

⑤ 诱导式肯定提问。如同中性诱导式提问一样，这种提问也能对回答起引导作用。询问者一上来就先把对方恭维、吹捧一番，然后在此基础上再提问。如：“张厂长，您有多年从事这种工作的经验，一定会同意这是最妥善的方案的，是吧？”、“徐经理，您是公司中最有威信的，一定可以出来劝劝他们，对吧？”等。

显然，不同的提问方式，所取得的效果是不同的。在进行电话联系之前，应事先把该提的问题准备好。如：

a. 我想获得的是什么信息？

b. 哪些提问方式可以迅速获得这些信息？

c. 最佳中性开放式提问是什么？

（5）时刻记住打电话的目的　高效率是电话沟通的优势，也是我们在打电话时应努力追求的目标。闲聊或许会使电话交谈变得轻松愉快，但并不能保证工作的成功。商务人员必须时时刻刻控制住谈话的内容，按照预定的方案一步步达到自己的目的。

（6）说话要简洁　在电话联系中，简洁是一项重要的原则。商场如战场，分秒必争，时间是最宝贵的。每个人都没有资格过长地占用别人的宝贵时间，正如一位伟人说过：“浪费别人的时间，无异于谋财害命。”

在事业上沟通信息与跟朋友聊天完全是两回事，商务场合的语言讲究言简意赅，说得要中肯，讲得要利落。

（7）不与顾客争执　为了使电话联系取得成效，商务人员必须设法避免与顾客发生冲突，尽力克制情绪，不惜任何代价避免争执，与顾客间的分歧要用委婉的方法来解决。因为，无论与客户争执的结果是胜是败，最后输的都是我们自己。

4. 接打电话时应注意的问题

（1）语言的使用：多用询问式，少用否定式。

（2）时刻提醒自己的表情语，要面带微笑。

（3）保持端正的姿态，不做与接打电话无关的事情。

（4）打电话的时机选择：避开早 7:30 前、晚 10:00 后以及三餐时间；通话时间控制在 3～5 分钟内。

（5）打电话时将主动权交给对方以示尊重。

（6）注意语气语调的选择和控制。

（7）注意情绪的控制，接打电话要保持愉悦的心情。

（8）通话结束后用手轻轻按下电话不要直接放下话筒。

（9）避免将电话转给他人。自己接的电话尽量自己处理，只有在万不得已的情况下才能转给他人。并且应该向对方解释清楚原因，请求对方原谅。

（10）避免电话中止时间过长。如果不得不中止电话则应当动作迅速，并礼貌地询问对方，如："您是稍候片刻，还是过一会儿我再给您打过去？"

五、奉茶倒水礼仪训练

1. 奉茶倒水的基本要求

（1）茶具要清洁　客人进屋后，先让座，后备茶。冲茶之前，一定要把茶具洗干净，尤其是久置未用的茶具，难免沾上灰尘、污垢，更要细心地用清水洗刷一遍。在冲茶、倒茶之前最好用开水烫一下茶壶、茶杯。这样，既讲究卫生，又显得彬彬有礼。如果不管茶具干净不干净，胡乱给客人倒茶，这是不礼貌的表现。现在很多公司都用一次性杯子，在倒茶前要注意给一次性杯子套上杯托，以免水热烫手。

（2）茶水要适量　首先，茶叶的量要适当。茶叶不宜过多，也不宜太少。茶叶过多，茶味过浓；茶叶太少，冲出的茶没有味道。假如客人主动介绍自己有喜欢喝浓茶或淡茶的习惯，那就按照客人的口味把茶冲好。其次，倒水要适量，注意中国人"酒满茶半"的习惯。无论是大杯小杯，都不宜倒得太满，太满了容易溢出，把桌子、凳子、地板弄湿。不小心，还会烫伤自己或客人的手脚，使宾主都很难为情。当然，也不宜倒得太少，倘若茶水只遮过杯底就端给客人，会使人觉得不诚心。

（3）端茶要得法　按照我国人民的传统习惯，只要两手不残废，都是用双手给客人端茶的。但是，现在很多人不懂得这个规矩，用一只手就把茶递给客人了事。双手端茶也要很注意，对有杯耳的茶杯，通常是用一只手抓住杯耳，另一只手托住杯底，把茶端给客人，注意不可以手靠近杯口（见图 6-9）。没有杯耳的

图 6-9　奉茶倒水礼仪规范

茶杯可以使用托盘或套上杯托，千万不能用五指抓住杯口边缘递送。

放置茶杯时，不要随意搁置，放在客人右手附近最适当，且宜杯耳朝外侧。

上茶的时候，如果分宾主的话，要先给宾客倒，然后才是主人；宾客里如果有多人，则根据他们的年龄、职位、性别不同来倒茶，年龄按先老后幼，职位则从高到低，性别则先女后男。

（4）沏茶时，左手扶壶盖，右手持壶把，掌握好茶壶或热水瓶的倾斜度，壶口距杯口 1 厘米左右。同时，要注意将茶壶或热水瓶远离客人，防止热水烫伤客人或弄脏客人的衣服、鞋子，如：从客人右端倒茶，则右手拿热水瓶，左手端起茶杯；从客人左端倒茶，则左手拿热水瓶，右手端起茶杯。

（5）续水时注意以不妨碍对方为佳。如果上司和客户的杯子里需要添茶了，要义不容辞地去做。添茶的时候要先给上司和客户先倒茶，最后再给自己添。

2. 奉茶倒水时的注意事项

（1）一两个客人可以用手直接端给客人，如果两杯以上就应当用托盘，左手托盘，右手摆放，这样比较规范。

（2）摆放前，一定要轻声示意，避免对方无意碰撞，摆放时右进右出，顺时针斟倒或摆放（添水也同样），摆放位置为饮水者右手上方 5～10 厘米处，有柄的则将其转至右侧，便于取放。

（3）杯盖的内口不能接触桌面，手指不能放在杯口上，不能发生杯盖碰撞的声音。如果操作不慎，出了差错，应不动声色地尽快处理，不能惊动其他人，不能慌慌张张，来回奔跑，将与会者的注意力引到自己身上，否则这将是极大的工

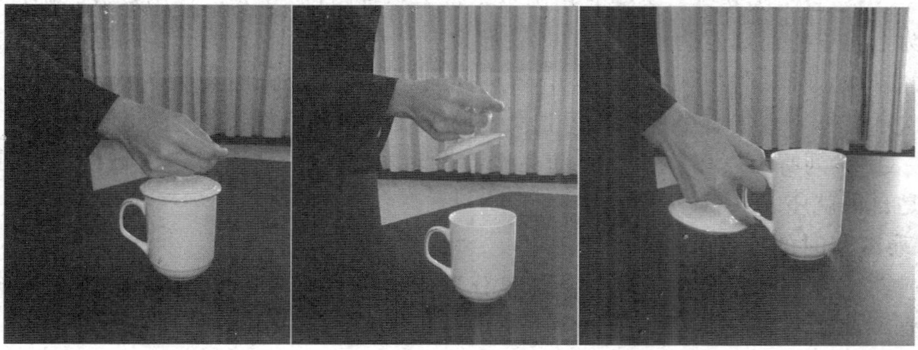

图 6-10　端茶杯的规范要求

作失误。

（4）添水时，如果是有盖的杯子，一般是用一只手的无名指和小指将杯盖夹住，轻轻抬起，用大拇指、食指和中指将杯子端起（见图 6-10）。侧对客人，在客人侧后方，另一只手持热水瓶，将热开水准确倒入杯里，不能让茶水溅到桌面上或与会者身上（见图 6-11）。

图 6-11　倒水的规范要求

六、座次礼仪训练

1. 会场布置与座次安排

（1）会场布置　要布置好会场，不应使其过大，显得空旷无人；也不可使之过小，弄得拥挤不堪。对必用的音响、照明、空调、投影、摄像设备，事先要认真调试。需用的文具、饮料，亦应预备齐全。

（2）座次安排

① 排列主席台上的座次。我国目前的惯例是：前排高于后排，中央高于两侧，左座高于右座。凡属重要会议，在主席台上每位就座者身前的桌子上，应先摆放好写有其本人姓名的桌签。

② 签字仪式的位置安排。我国目前的惯例是：东道国签字人座位位于签字桌左侧，客方签字人的座位位于签字桌的右侧。双方的助签人员分别站立于各方签字人的外侧，其任务是翻揭待签文本，并向签字人指明签字处，双方其他参加签字仪式的人员则应分别按一定的顺序排列于各方签字人员之后。

③ 宴会座次安排。宴会宜用圆桌，每桌不宜超过 10 人，宜用双数。圆厅居中为上，横排时以右为上，纵排时以远为上，有讲台时临台为上。每张桌子上的具体排位，面门为主，右高左低，各桌同向。请柬上要注明桌次，宴会厅门口有桌次示意图，现场有引位员，每张桌上放置桌次牌及用餐者名片。

④ 排列听众席的座次。目前主要有两种方法：一是按指定区域统一就座；二是自由就座。

2. 乘汽车时的座次安排

在比较正规的场合，乘车一定要分清座次的“尊卑”。以五人座轿车为例，需要注意事项如下。

（1）司机驾驶　如有司机驾驶时，以后排右侧为首位，左侧次之，中间座位再次之，前座右侧殿后，前排中间为末席。

（2）主人驾驶　如果由主人亲自驾驶，以驾驶座右侧为首位，后排右侧次之，左侧再次之，而后排中间座位为末席，前排中间座则不宜再安排客人。

（3）主人夫妇驾驶　主人夫妇驾车时，则主人夫妇坐前座，客人夫妇坐后座，男士要服务于自己的夫人，宜开车门让夫人先上车，然后自己再上车。

（4）开车门及登车时的姿势要求

① 上车时，后排位低者先上车，前排尊者后上。下车时前排客人先下，后排客人再下车。

② 女士登车不要一只脚先踏入车内，也不要爬进车里。应先站在座位边上，把身体降低，让臀部坐到位子上，再将双腿一起收进车里，双膝一定要保持合并的姿势。

七、仪式礼仪训练

仪式，多指典礼的秩序形式，如升旗仪式、庆典仪式等，在古代这个词也有取法、仪态或者指测定历日的法式制度的意思。

1. 签约仪式礼仪

在公务交往活动中，双方经过洽谈、讨论，就某项重大问题意见、重要交易或合作项目达成一致，就需要把谈判成果和共识，用准确、规范、符合法律要求的格式和文字记载下来，经双方签字盖章形成具有法律约束力的文件，围绕这一过程，一般都要举行签约仪式。

（1）签约仪式的种类

① 从礼仪角度考虑，一般国家间通过谈判，就政治、军事、经济、科技等某一领域相互达成协议，缔结条约或公约，一般举行签约仪式。

② 当一国领导人访问他国，经双方商定达成共识，发表联合公报有时也举行签约仪式。

③ 各地区、各单位在与国外交往中，通过会谈、谈判，最终达成的有关合

作项目的协议、备忘录、合同书等，通常也举行签约仪式。

业务部门之间签订的协议，一般不举行签字仪式。

（2）签约仪式前的准备工作　签约仪式是由双方正式代表在有关协议或合同上签字并产生法律效力，体现双方诚意和共祝合作成功的庄严而隆重的仪式。因此，主办方要做好充分的准备工作。

① 确定参加仪式的人员。根据签约文件的性质和内容，安排参加签约仪式的人员。参加签约仪式的人员有的涉及到国家部委，有的涉及到地方政府，也有的涉及到对方国家，因此要作相应的安排，原则上是强调对等。人员数量上也应大体相当。一般来说，双方参加洽谈的人员均应在场。客方应提前与主办方协商自己出席签约仪式的人员，以便主办方作相应的安排。具体签字人，在地位和级别上应要求对等。

② 做好协议文本的准备。签约之“约”事关重大，一旦签订即具有法律效力。所以，待签的文本应由双方与相关部门指定专人，分工合作完成好文本的定稿、翻译、校对、印刷、装订等工作。除了核对谈判内容与文本的一致性以外，还要核对各种批件、附件、证明等是否完整准确、真实有效以及译本副本是否与样本正本相符。如有争议或处理不当，应在签约仪式前，通过再次谈判以达到双方谅解和满意方可确定。作为主办方，应为文本的准备过程提供周到的服务和方便的条件。

③ 落实签约仪式的场所。落实举行仪式的场所，应视参加签约仪式人员的身份和级别、参加仪式人员的多少和所签文件的重要程度等诸多因素来确定。著名宾馆、饭店，政府会议室、会客厅都可以选择。既可以大张旗鼓地宣传，邀请媒体参加，也可以选择僻静场所进行。无论怎样选择，都应是双方协商的结果。任何一方自行决定后再通知另一方，都属失礼的行为。

④ 签约仪式现场的布置。现场布置的总原则是庄重、整洁、清静。我国常见的布置为：在签约现场的厅（室）内，设一加长型条桌，桌面上覆盖着深冷色台布（应考虑双方的颜色禁忌），桌后只放两张椅子，供双方签约人签字时用。

礼仪规范为客方席位在右，主方席位在左。桌上放好双方待签的文本，上端分别置有签字用具（签字笔、吸墨器等）。如果是涉外签约，在签字桌的中间摆一国旗架，分别挂上双方国旗，注意不要放错方向。如果是国内地区、单位之间的签约，也可在签字桌的两端摆上写有地区、单位名称的席位牌。签字桌后应有一定空间供参加仪式的双方人员站立，背墙上方可挂上“××（项目）签字仪式”字样的条幅。签字桌的前方应开阔、敞亮，如请媒体记者应留有空间，配好灯光。

（3）签约仪式的程序及礼仪规范　签约仪式有一套严格的程序，大体由以下步骤构成：开始—签署—交换—庆祝。

① 参加签约仪式的双方代表及特约嘉宾按时步入签字仪式现场。

② 签约者在签约台前入座，其他人员分主、客各站一边，按其身份自里向外依次由高到低，列队于各自签约者的座位之后。

③ 双方助签人员分别站立在自己签约者的外侧。

④ 签约仪式开始后，助签人员翻开文本，指明具体的签字处，由签字人签上自己的姓名，并由助签人员将己方签了字的文本递交给对方助签人员，交换对方的文本再签字（见图 6-12）。

图 6-12　签约仪式

⑤ 双方保存的协议文本都签好字以后，由双方的签字人自己郑重地相互交换文本，同时握手致意、祝贺，双方站立人员同时鼓掌。

⑥ 协议文本交换后，服务人员用托盘端上香槟酒，双方签约人员举杯同庆，以增添合作愉快气氛。

⑦ 签约仪式结束后，双方可共同接受媒体采访。退场时，可安排客方人员先走，主方送客后自己再离开。

（4）涉外签约仪式礼仪规范　在涉外交往中，有关国家的政府、组织或企业单位之间经过谈判，就政治 、经济、文化科技等领域内的某些重大问题达成协议时，一般需举行签字仪式。不同的签字仪式各有特点，在我国国内举行签字仪式通常要考虑以下几个方面的礼仪问题。

首先，要布置好签字厅，并做好有关签字仪式的准备工作。在我国国内举行的签字仪式，必须在事先布置好的签字厅里举行，绝不可草率行事。

其次，要确定好签字人和参加签字仪式的人员，签字人由签字双方各自确定，但是他的身份必须与待签文件的性质相符，同时双方签字人的身份和职位应当大体相当。

最后，要安排好双方签字人的位置，并且议定签字仪式的程序。

我方人员在外国参加签字仪式，应尊重该国举行签字仪式的传统习惯。有的国家可能会准备两张签字桌，有的国家可能要求参加签字仪式的人员坐在签字人对面，对此不必在意。关键是要不辱使命，对此我方人员不应忘记。

（5）签约仪式其他注意事项

① 注意服饰整洁、挺括。参加签约仪式，应穿正式服装，庄重大方，切不可随意着装。

② 双方举杯共饮香槟酒时，不能大声喧哗叫喊，碰杯要轻，而后高举示意，浅抿一口即可，举止要文雅有风度。

2. 庆典仪式礼仪

庆典，是各种庆祝仪式的统称。在商务活动中，商务人员参加庆祝仪式的机会是很多的，既有可能奉命为本单位组织一次庆祝仪式，也有可能应邀去出席外单位的某一次庆祝仪式。

就形式而论，各单位、组织举办庆祝仪式应做到务实，着力增强本单位全体员工的凝聚力与荣誉感，塑造本单位的形象，显示本单位的实力，扩大本单位的影响。

（1）庆典仪式的形式

① 开业庆典。开业庆典（又称开张庆典）主要为商业性活动，小到店面开张，大到酒店、超市商场等的商务活动，开业庆典不只是一个简单的程序化庆典活动，而是一个经济实体形象广告的第一步，它标志着一个经济实体的成立。

开业庆典的规模与气氛，代表了一个企业的风范与实力。公司通过开业庆典的宣传，告诉世人，在庞大的社会经济体系里，又增加了一个鲜活的商业细胞。从客观上来看，一个单位的开业庆典，就是这个单位的经济实力与社会地位的充分展示。从来宾出席情况到庆典氛围的营造，以及庆典活动的整体效果，都会给人一个侧面的诠释。

开业庆典是一个经济实体的外貌，形象树立如何走好关键的第一步尤为重要，要迈好这第一步，庆典仪式方案及与之相关的庆典道具运用则十分重要。同时，开业庆典也是中国人的一项传统风俗，从沿海到内陆都有着同样的风俗，认为开业庆典能给之后的活动带来好运。

奠基典礼和开业庆典活动方案及与之相关的主持词、致辞、迎宾词、祝酒词，已经越来越引起公司的高度重视，它实际上已经构成了引导销售热潮的爆发口，一个精彩的活动策划及与之配套的主持词、致辞、迎宾词、祝酒词，是一个公司综合文化素质和实力的全面展示，往往能收到事半功倍的效果。

公司开业庆典贺词范例如下。

各位领导、各位来宾，女士们、先生们：

今天是一个值得纪念的喜庆日子，我们在这里隆重庆祝××公司开业，值此开业庆典之际，请允许我对远道而来专程参加我们庆典活动的各位领导、各位来宾、各界朋友表示热烈的欢迎！

××公司创始人×××历经数年的商海遨游，形成了诚信、稳健的为人之道，坚韧求实的办事作风。我们相信在政府各主管部门的领导下，在社会各界朋友的帮助关怀下，经过自身的努力拼搏，××公司一定会逐渐成长壮大，创建更美好的明天！

谨此，我向所有曾经关心和支持过我们的各界朋友表示衷心的谢意！

最后祝开业大吉，祝开业庆典圆满成功！

② 周年庆典。成立周年庆典通常逢五或逢十进行。即在本单位成立五周年、十周年以及它们的倍数时进行。

公司周年庆典贺词范例如下。

各位领导、各位来宾，女士们、先生们：

大家好！

日月轮回，斗转星移，今天，××公司五周岁了，我们在这里为她的生日举行隆重的庆典会。首先，请允许我代表公司全体员工向关心和支持我们的××领导表示衷心的感谢和崇高的敬意，让我们以热烈的掌声，欢迎他们的到来！同时，也请允许我代表公司向各位员工的辛勤劳动表示亲切的慰问！

五年来，××公司从无到有，不断地发展壮大，走过了一条平凡而又不平凡的路。回首往事，一幅幅平凡而充满激情的历史片段在我们每个人的眼前交相辉映，汇集成一段××公司发展的历史，一段××公司人奋斗的历史。

回首过去峥嵘岁月欣慰神驰，

展望未来锦绣前程壮怀激越。

在此，我提议让我们共同举杯，为××公司的辉煌过去与锦绣未来干杯！

谢谢大家！

③ 为某项荣誉而庆祝。当单位本身荣获了某项荣誉称号，或者单位的“拳头产品”在国内外重大展评中获奖之后，这类庆典基本上均会举行。

④ 重大业绩庆典。本单位取得重大业绩的庆典。例如千日无生产事故、生产某种产品的数量突破××万台、经销某种商品的销售额达到××亿元等，这些来之不易的成绩，往往都是要庆祝的。

⑤ 本单位取得显著发展的庆典。当本单位建立集团、确定新的合作伙伴、兼并其他单位、分公司或连锁店不断发展时，自然值得庆祝一番。

(2) 庆典仪式礼仪规范　庆典的礼仪，即有关庆典的礼仪规范，是由组织庆典的礼仪与参加庆典的礼仪两项基本内容所组成的。

组织筹备一次庆典，如同进行生产和销售一样，先要作出总体的计划。商务人员如果受命完成这一任务，需要记住两大要点：其一，要体现出庆典的特色；其二，要安排好庆典的具体内容。

① 做好舆论宣传工作。举办庆典前应利用传媒多作报道，发布广告，也可在公众场合散发宣传品，造成一定的舆论声势，引起公众的广泛关注。公关活动及宣传广告等活动宜安排在开业仪式前三至五天进行，最多不过一周，过早和过迟都难以收到良好效果。同时还应提前向媒体记者发出邀请，请其届时光临现场进行采访、报道，以便于进一步扩大影响。

② 庆典是庆祝活动的一种形式，应当以庆祝为中心，把每一项具体活动都

尽可能组织得热烈、欢快而隆重。不论是举行庆典的具体场合、庆典进行过程中的某个具体场面，还是全体出席者的情绪、表现，都要体现出红火、热闹、欢愉、喜悦的气氛。

③ 庆典所具有的热烈、欢快、隆重的特色，应当在其具体内容的安排上得到全面的体现。重点是安排好出席人员名单、来宾的接待、环境的布置以及庆典的程序四个方面。

a. 确定出席庆典的人员名单。

确定庆典出席者名单时，始终应当以庆典的宗旨为指导思想，一般来说，庆典的出席者通常应包括如下人士。

(a) 上级领导。地方党政领导、上级主管部门的领导，大都对单位的发展给予过关心、指导。邀请他们参加，主要是为了表示感激之心。

(b) 社会名流。根据公共关系学中的“名人效应”原理，社会各界的名人对于公众最有吸引力，能够请到创始们，将有助于更好地提高本单位的知名度。

(c) 大众传媒。在现代社会中，报纸、杂志、电视、广播等大众媒介，被称为仅次于立法、行政、司法三权的社会“第四权力”。邀请它们，并主动与它们合作，将有助于它们公正地介绍本单位的成就，进而有助于加深社会对本单位的了解和认同。

(d) 合作伙伴。在商务活动中，合作伙伴经常是彼此同呼吸、共命运的。请他们来与自己一起分享成功的喜悦，是完全应该的，而且也是绝对必要的。

(e) 社区关系。它们是指那些与本单位共居于同一区域、对本单位具有种种制约作用的社会实体。例如，本单位周围的居民委员会、街道办事处、医院、学校、幼儿园、养老院、商店以及其他单位等。请他们参加本单位的庆典，会使对方进一步了解本单位、尊重本单位、支持本单位，或是给予本单位更多的方便。

(f) 单位员工。员工是本单位的主人，本单位每一项成就的取得，都离不开他们兢兢业业工作和努力奋斗。所以在组织庆典时，是不容许将他们完全“置之度外”的。

以上人员的具体名单一旦确定，就应尽量发出邀请或通知。鉴于庆典的出席人员甚多，牵涉面极广，故不到万不得已，均不许将庆典取消、改期或延期。

b. 安排来宾的接待工作。与一般商务交往中来宾的接待相比，对出席庆祝仪式的来宾的接待，更应突出礼仪性的特点。不但应当热心细致地照顾好全体来宾，而且还应当通过主办方的接待工作，使来宾感受到主人真挚的尊重与敬意，并且想方设法使每位来宾都能心情舒畅。

最好的办法，是庆典一旦决定举行，即成立对此全权负责的筹备组。筹备组成员通常应当由各方面的有关人士组成，他们应当是能办事、会办事、办实事的人。

在庆典的筹备组之内，应根据具体的需要，下设若干专项小组，在公关、礼宾、财务、会务等各方面“分兵把守”，各管一段。其中负责礼宾工作的接待小组，大都不可缺少。

庆典的接待小组，原则上应由年轻、精干、身材与形象较好、口头表达能力和应变能力较强的男女青年组成。

接待小组成员的具体工作有以下几项。其一，来宾的迎送。即在举行庆祝仪式的现场迎接或送别来宾。其二，来宾的引导。即由专人负责为来宾带路，将其送到既定的地点。其三，来宾的陪同。对于某些年事已高或非常重要的来宾，应安排专人陪同始终，以便关心与照顾。其四，来宾的接待。即指派专人为来宾送饮料、上点心以及提供其他方面的关照。

c. 布置庆典仪式现场。举行庆祝仪式的现场，是庆典活动的中心地点。对它的安排、布置是否恰如其分，往往会直接地关系到庆典留给全体出席者的印象的好坏。依据仪式礼仪的有关规范，商务人员在布置举行庆典的现场时，需要注意的问题如下。

(a) 选择地点。在选择具体地点时，应结合庆典的规模、影响力以及本单位的实际情况来决定。庆典仪式的现场一般选在广场上或有意义建筑物的正前门，本单位的礼堂、会议厅以及外借的大厅等，均可予以选择。现场布置要突出喜庆、隆重的气氛，应备有标语、彩旗、横幅、气球等。此外，还可以准备鼓乐、飞鸽等加以烘托、渲染气氛。要注意：现场应有庆典仪式的主横幅；现场须有摆放来宾赠礼（如花篮、贺匾、纪念物等）的位置；音响或鼓乐声在节奏和音量上要加以控制，不可影响周边地区正常生活秩序；预见庆典仪式的场面规模可能会妨碍交通正常运转时，应约请交通管理部门来人协调指挥。

(b) 美化环境。在反对铺张浪费的同时，应量力而行，着力美化庆典举行现场的环境。为了烘托出热烈、隆重、喜庆的气氛，可在现场张灯结彩、悬挂彩灯、彩带，张贴一些宣传标语，并且张挂标明庆典具体内容的大型横幅。如果有能力，还可以请由本单位员工组成的乐队、锣鼓队届时演奏音乐或敲锣打鼓，热闹热闹。但是这类活动应当要适度，不能热闹过度、喧宾夺主。

(c) 安排场地。在选择举行庆祝仪式的现场时，并非愈大愈好。从理论上说，现场的大小应与出席者人数的多少成正比。也就是说场地的大小，应同出席者人数的多少相适应。人多地方小，拥挤不堪，会使人心烦意乱。人少地方大，则会让来宾对本单位产生“门前冷落车马稀”的感觉。

(d) 准备音响。在举行庆典之前，务必要把音响准备好。尤其是供来宾们讲话时使用的麦克风和传声设备，在关键时刻，绝不允许临阵“罢工”，让主持人手忙脚乱、大出洋相。在庆典举行前后，摆放一些喜庆、欢快的乐曲，只要不抢占“主角”的位置，通常是可以的。但是对于播放的乐曲，应先期进行审查。切勿届时让工作人员自由选择，随意播放背离庆典主题的乐曲，甚至是那些凄惨、哀怨、让人心悲和伤心落泪的乐曲，或是那些不够庄重的诙谐曲和爱情歌曲。

(3) 庆典仪式的礼仪程序　一次庆典举行的成功与否，与其具体的程序不无关系。仪式礼仪规定，拟定庆典的程序时，有两条原则必须坚持。第一，时间宜短不宜长。一般来说，应以一个小时为其极限。这既是为了确保其效果良好，也是为了尊重全体出席者，尤其是为了尊重来宾。第二，程序宜少不宜多。程序过多，不仅会加长时间，而且还会分散出席者的注意力，并给人以庆典内容过于凌乱之感。

依照常规，一次庆典大致上应包括下述几项程序。

① 预备：请来宾就座，出席者安静，介绍嘉宾。

② 宣布庆典正式开始，全体起立，奏国歌，唱本单位之歌。

③ 本单位主要负责人致辞。其内容是，对来宾表示感谢，介绍此次庆典的缘由等，其重点应是报捷以及庆典的可“庆”之处。

④ 邀请嘉宾讲话。出席活动的上级主要领导、协作单位及社区关系单位，均应有代表讲话或致贺词。不过应当提前约定好，不要当场当众推来推去。对外来的贺电、贺信等，可不必一一宣读，但对其署名单位或个人则应当予以公布。在进行公布时，可依照其“先来后到”顺序，或是按照其具体名称的汉字笔画的多少进行排列。

⑤ 安排文艺演出。这项程序可有可无，如果准备安排，应当慎选内容，注意不要有悖于庆典的主旨。

⑥ 邀请来宾进行参观。如有可能，可安排来宾参观本单位的有关展览或车间等。此项程序有时亦可省略。

在以上几项程序中，前三项必不可少，后两项则可以酌情省去。

(4) 庆典仪式其他注意事项　如请柬的准备和发送务必落实到被邀请人手中，并有确切的回复；贺词（或答词）的撰写、讨论和审定要慎重，字体要大，内容要简练，话语要热情；现场接待人员应年轻、精干且形象要好，佩戴的标志（胸卡、绶带等）要突出，贵宾到场时还应由主要负责人亲自相迎；工作人员事前要调试好设备（如音响、摄像机等），千万不可临场出错；还有来宾的胸花、席卡、饮品、礼物等都要一一准备好。

参加庆典时，不论是主办单位的人员还是外单位的人员，均应注意自己临场之际的举止表现。其中，主办单位人员的表现尤为重要。在举行庆典仪式之前，主办单位应对本单位的全体员工在精神风貌、穿着打扮、举止行为等方面进行必要的礼仪教育，展现组织的良好形象，具体来说，应当注意以下七大问题。

① 仪容整洁。所有出席庆典的人员，都要保证仪容的干净、整洁，做到无异味、无异物，参加活动前应洗澡、理发，男士应刮光胡须。

② 服饰规范。有统一式样制服的单位，应要求以制服作为本单位人士的庆典着装。无制服的单位，应规定届时出席庆典的本单位人员必须穿着礼仪性服装。即男士应穿深色的中山装套装或西装套装，配白色衬衫、素色领带、黑色皮鞋；女士应穿深色西装套裙，配高筒肉色丝袜、黑色高跟鞋，或者穿深色的套裤，或是花色素雅的连衣裙等职业性服装。绝不允许在服饰方面过于自然、自由

放任，把庄严隆重的庆典，搞得像时装秀或休闲装“博览会”。在可能的情况下，将本单位出席者的服饰统一起来为最佳。

③ 遵守时间。遵守时间，是基本的商务礼仪之一。对本单位庆典的出席者而言，更应注重这一问题。上到本单位的最高负责人，下到级别最低的员工，都不得姗姗来迟，无故缺席或中途退场。如果庆典的起止时间已有规定，则应当准时开始，准时结束。

④ 表情庄重。在庆典举行期间，不能嬉皮笑脸、嘻嘻哈哈，或是愁眉苦脸、唉声叹气，否则会使来宾产生很不好的想法。在举行庆典的整个过程中，都要表情庄重、全神贯注、聚精会神。假若庆典之中安排了升国旗、奏国歌、唱“厂歌”的程序，一定要依礼行事：起立，脱帽，立正，面向国旗或主席台行注目礼，并且认认真真、表情庄严肃穆地和大家一起唱国歌、唱“厂歌”。

⑤ 态度友好。主要是指对来宾态度要友好。遇到来宾，本单位人员要主动热情地问好，对来宾提出的问题，要立即予以友善的答复。不围观来宾、对来宾指指点点，或是对来宾持有敌意。当来宾在庆典上发表贺词或者进行参观时，要主动鼓掌表示欢迎或感谢。不论来宾在台上台下说了什么话，主办方人员都应当保持克制，不要吹口哨、“鼓倒掌”、敲打桌椅、胡乱起哄。不允许打断来宾的讲话，向其提出挑衅性质疑，与其进行大辩论，或是对其进行人身攻击。

⑥ 行为自律。既然参加了本单位的庆典，主办方人员就有义务以自己的实际行动，来确保它的顺利与成功。在出席庆典时，不要过于随意，想来就来，想走就走，或是在庆典举行期间到处乱走、乱转；不与周围的人说“悄悄话”、开玩笑，或是朝自己的“邻居”甚至主席台上的人挤眉弄眼、作怪相；不要表现出对庆典毫无兴趣的姿态，例如看报纸、读小说、听音乐、玩手机、打游戏、打瞌睡、织毛衣等。不要让人觉得心不在焉，如手机“一鸣惊人”，东张西望，频繁看手表或者向别人打听时间。

⑦ 发言简短。在庆典仪式中发言的商务人员，应注意：一是上下场时要沉着冷静，走向讲坛时，应不慌不忙，沉着稳健；开口讲话时，应平心静气，不要气喘吁吁、面红耳赤；二是要讲究礼貌，在发言开始，应说“大家好”或“各位好”；在提及感谢对象时，应目视对方；在表示感谢时，应郑重地欠身施礼；对于大家的鼓掌，则应以自己的掌声来回礼；在讲话末了，应当再次感谢大家；三是发言一定要在规定的时间内结束，而且宁短勿长，不要随意发挥，信口开河；四是少做手势，尤其是含义不明的手势在发言时坚决不用。

3. 剪彩仪式礼仪

剪彩仪式在许多商务场合被应用，常见的有庆贺新组织成立、开业、建筑物落成、道路通车等。

（1）剪彩仪式前的准备工作　剪彩仪式可以单独举行，也可以在庆典中进行，是整个庆典仪式的高潮。因此，剪彩仪式的准备工作与庆典仪式的准备工作相类似，如舆论宣传、拟定人员、请柬发送、现场布置等，但剪彩仪式也有自己特殊的准备工作，应缜密细致地提前做好。需要准备的剪彩物品主要有红（彩）色缎带、新剪刀、白色薄纱手套、托盘、红色地毯等。

① 红（彩）色的缎带、绸带。红色缎带，亦即剪彩仪式之中的“彩”。作为主角，它自然是万众瞩目之处。按照传统做法，它应当由一整匹未曾使用过的红色绸缎，在中间结成数朵花团而成。目前，有些单位为了厉行节约，而代之以长度为两米左右的细窄的红色缎带，或者以红布条、红线绳、红纸条作为其变通，也是可行的。一般来说，红色缎带上所结的花团，不仅要生动、硕大、醒目，而且其具体数目往往还同现场剪彩者的人数直接相关。循例，红色缎带上所结的花团的具体数目有两类模式可依。其一，是花团的数目较现场剪彩者的人数多一个。其二，是花团的数目较现场剪彩者的人数少一个。前者可使每位剪彩者总是处于两朵花团之间，尤显正式。后者则不同常规，亦有新意。

② 剪刀。剪刀，是专供剪彩者在剪彩仪式上正式剪彩时所使用的。剪彩用的剪刀应选用新的，为显示隆重热烈，也可以选用金色的剪刀。必须是每位现场剪彩者人手一把，而且必须崭新、锋利而顺手。事先，一定要逐把检查将被用以剪彩的剪刀是否已经开刃，试一试刀口的锋利。务必要确保剪彩者在正式剪彩时一刀两断，一举成功，这将寓意着吉祥顺利、一帆风顺，避免剪彩现场出现差错。在剪彩仪式结束后，主办方可将每位剪彩者所使用的剪刀经过包装之后，送给对方以资纪念。

③ 托盘、手套。托盘，在剪彩仪式上是托在礼仪小姐手中，供接（剪下的）彩球之用，每个盘中放置新剪刀一把，白色薄纱手套一副，使用时由礼仪小姐双手托上递送给剪彩者。在剪彩仪式上所使用的托盘，应该华贵而醒目、大小适中、质地考究，最好是崭新的、洁净的，通常首选银色的不锈钢制品。为了显示正规，可在使用时上铺红色绒布或绸布。就其数量而论，在剪彩时，可以一只托盘依次向各位剪彩者提供剪刀与手套，并同时盛放红色缎带；也可以为每一位剪彩者配置一只专为其服务的托盘，同时使红色缎带专由一只托盘盛放。后一种方法显得更加正式一些。

白色薄纱手套，是专为剪彩者所准备的。在正式的剪彩仪式上，剪彩者剪彩时最好每人戴上一副白色薄纱手套，以示郑重其事。在准备白色薄纱手套时，除了要确保其数量充足之外，还须使之大小适度、崭新平整、洁白无瑕。有时，亦可不准备白色薄纱手套。

④ 红色地毯。红色地毯，主要用于铺设在剪彩者正式剪彩时的站立之处。其长度可视剪彩人数的多寡而定，其宽度则不应在一米以下。在剪彩现场铺设红色地毯，主要是为了提升其档次，并营造一种喜庆的气氛。有时，亦可不予铺设。

（2）剪彩人员的选定　剪彩人员主要在应邀的来宾中产生，其身份和影响应与剪彩仪式的内容和规格相统一，一般为上级领导、部门主管、社会名流以及专家顾问、合作伙伴和本单位代表，视情况确定一人或多人参与剪彩。剪彩人员确定后，对本单位以外的剪彩人员，必须由本单位的负责同志亲自出面或委派代表前往邀请，只打个电话或发个请柬显得不够正式和礼貌。现场剪彩人员如果不止一位，应在邀请时向被邀请人员讲清。征得几位剪彩人员同意共同剪彩时，这些人员才能被正式确定下来。

（3）助剪者的选定　助剪者即为剪彩者提供帮助的人员，也就是在剪彩仪式中负责引领宾客、拉牵彩带、递剪接彩等服务工作的礼仪小姐，在仪式中担任着重要角色。礼仪小姐既可从礼仪公司中聘请，或向社会招募，也可以在本单位女职工中挑选，条件一般是容貌姣好、仪态端庄大方，还要有一定的文化素养和气质、比较年轻和健康等。对挑选出的礼仪小姐，应该进行必要的教育和培训，使其熟悉剪彩仪式的程序和应有的礼节，落实各自的分工和位置，以确保仪式有条不紊地进行。

（4）剪彩仪式的程序及礼仪规范　剪彩仪式的一般程序为：嘉宾入场—宣布仪式正式开始—宾主发言—礼仪小姐入场（一列）拉彩—捧花—托盘者落位—剪彩者登台—递剪刀—剪彩—举起剪刀致意—鼓掌—退场—后续活动。

① 嘉宾入场。剪彩仪式开始前五分钟，嘉宾便应在礼仪小姐的引领下集体入场。一般来说，嘉宾中的剪彩者应在前排就座，座位上应事先放好席卡，中央级的来宾只写“首长”，其他人可直接写姓名。

② 仪式开始。由主办方主要负责人宣布仪式开始，奏乐、鸣炮（有的地方禁鸣则可免鸣炮），然后介绍到场的嘉宾，对他们的到来表示感谢。

③ 宾主发言。由主办方代表、上级主管部门代表、合作方代表以及社会知名人士先后发言。讲话内容应具介绍性、鼓动性、祝贺性，做到短小精悍、言简意赅。

④ 进行剪彩。礼仪小姐在欢乐的乐曲声中登场，引领剪彩者按主办方的安排站立在确定的位置，这时拉彩者拉起红绸及彩球。在剪彩者剪断红绸、彩球落盘时，全体人员热烈鼓掌。

⑤ 后续活动。剪彩过程结束，主办方可安排文艺演出、参观、联谊、座谈、签名、题词、就餐等后续活动，具体做法可因剪彩内容而定。最后可以向来宾赠送一些纪念性礼品，热情欢送他们的离去。

（5）剪彩仪式其他注意事项　剪彩仪式中，剪彩者和仪式上的礼仪小姐是最突出的人物，剪彩仪式的礼仪也主要通过他们表现出来，因此，对他们的礼仪要求尤其重要。

① 剪彩者的仪表要庄重、整齐，着装要正规、严肃。

剪彩者是剪彩仪式的主角，由于他们的特殊身份，更易于为人们和媒体关注。他们在仪式上的举止行为，要特别注意做到符合礼仪规范。第一，修饰自己的仪表着装。剪彩者的仪表要庄重、整齐，着装要正规、严肃。着中山装、西装或职业制服均可，以剪彩内容的需要而选定。头发要梳理，颜面要洁净，给人以容光焕发、干净利落的好印象。

② 剪彩者在仪式全程中，应始终保持稳重的姿态、洒脱的风度和优雅的举止。

剪彩者在起身剪彩时，应面带微笑地稳步走向待剪的彩带，从礼仪小姐的托盘中自取剪刀，并向礼仪小姐及两边的拉彩带者微笑示意，然后严肃认真地将彩带一刀剪断。如果剪彩者不止一人，还应当兼顾各位，彼此尽量同时开剪。剪完后，将剪刀放回托盘，并举手向人们致意或鼓掌庆祝。

③ 尊重主办单位，尽力配合仪式进程。

剪彩者一定要按照约定的时间提前来到仪式现场，应当理解此时主办单位盼望嘉宾到位的心情。到现场后，可与主办单位或其他先到一步的嘉宾交流谈心，不宜独坐一隅。仪式开始后，则应专心听取别人发言，关注仪式进展程序，不宜喋喋不休地与人谈笑。剪彩归来回位之前，应先和主办单位的代表握手致贺，礼节性地谈几句，或与他们在一起长时间地鼓掌。在后续活动中，也应善始善终，听从主办单位的安排。切忌因自己单位大或自己地位高而指手画脚、自以为是，令主办单位为难。

④ 剪彩仪式上，通常都有礼仪小姐参加，她们承担着装点仪式、具体参与仪式的服务等重任，在仪式上虽说是配角，但却体现着举办单位的形象和员工的素质，礼仪在她们身上显得尤其重要。

首先是仪容要高雅。剪彩仪式上的礼仪小姐，多数情况下统一身着中华民族传统的礼仪服装——旗袍（也有穿西式套装的），脚穿黑色高跟皮鞋，化上淡妆，盘起头发，面带微笑，步履轻盈。要争取一举一动、一颦一笑，都能给人以美的感受，做到典雅大方、光彩照人。

其次是举止行为要规范。在仪式进行中，礼仪小姐应训练有素，走有走姿，站有站相，整齐有序，动作一致。尤其应注意做到的是，始终保持应有的微笑，这一点最重要，又最不容易做得好，主办单位必须加以强调。如果在仪式进行中有点小意外（比如剪了几次，仍未能剪断彩带）发生，礼仪小姐应平静地处理，不可手忙脚乱、大呼小叫，以确保仪式顺利进行。

最后是工作责任心要强。礼仪小姐在剪彩仪式中，应以规范的举止在服务中展示本单位的形象和风采，她们应当意识到，自己在仪式上的一点点粗心大意都会给来宾留下深刻的印象，给本单位带来损失。所以礼仪小姐的工作需要有坚强的自控力和高度的责任心。如果在仪式进行中，礼仪小姐却不知去向或丢三落四或毫无表情等，势必破坏剪彩仪式的热烈气氛，影响仪式的最终效果。

⑤ 若剪彩者仅为一人，则其剪彩时居中而立即可。若剪彩者不止一人时，则其同时上场剪彩时位次的尊卑就必须予以重视。一般的规矩是：中间高于两侧，右侧高于左侧，距离中间站立者愈远位次便愈低，即主剪者应居于中央的位置。需要说明的是，之所以规定剪彩者的位次“右侧高于左侧”，主要是因为这是一项国际惯例，剪彩仪式理当遵守。其实，若剪彩仪式并无外宾参加时，执行我国“左侧高于右侧”的传统作法，亦无不可。

4. 交接仪式礼仪

在商务交往之中，商务伙伴之间合作的成功，是值得有关各方庆幸与庆贺的一桩大事。实事求是地说，在激烈的竞争环境之中、泾渭分明的利益关系之下以及变幻莫测的商界风云之内，商务伙伴之间的合作的确来之不易，因此，它备受有关各方的高度重视。举行热烈而隆重的交接仪式，就是在商务往来中通常用以庆贺商务伙伴们彼此之间合作成功的一种常见的活动形式。

交接仪式，在商界一般是指施工单位依照合同将已经建设、安装完成的工程项目或大型设备，例如厂房、商厦、宾馆、办公楼、机场、码口、车站，或飞机、轮船、火车、机械、物资等，经验收合格后正式移交给使用单位之时，所专门举行的庆祝典礼。

举行交接仪式的重要意义在于，它既是商务伙伴们对于所进行过的成功合作的庆贺，是对给予过自己关怀、支持、帮助和理解的社会各界的答谢，又是接收单位与施工、安装单位巧妙地利用时机，为双方各自提高知名度和美誉度而进行的一种公共宣传活动。

交接礼仪，一般是指在举行交接仪式时所须遵守的有关规范。通常，它具体包括交接仪式的准备、交接仪式的程序及礼仪规范、交接仪式的参加三个方面的主要内容。

(1) 交接仪式的准备　准备交接仪式，主要要关注下列三件事：来宾的邀约、现场的布置、物品的预备。

① 邀约交接仪式来宾。来宾的邀请，一般应由交接仪式的东道主单位负责。在具体拟定来宾名单时，东道主单位亦应主动征求自己的合作伙伴——接收单位的意见。接收单位对于东道主单位所草拟的名单不宜过于挑剔，不过可以对此酌情提出自己的一些合理建议。

在一般情况下，参加交接仪式的人数自然越多越好。如果参加者太少，难免会使仪式显得冷冷清清。但是，在宏观上确定参加者的总人数时，必须兼顾场地条件与接待能力，切忌贪多勿得。

从原则上来讲，交接仪式的出席人员应当包括：东道主单位的有关人员，接收单位的有关人员，上级主管部门的有关人员，当地政府的有关人员，行业组织、社会团体的有关人员，各界知名人士，新闻界人士，以及协作单位的有关人员等。

在上述人员之中，除东道主单位与接收单位的有关人员之外，对于其他所有的人员，均应提前送达或寄达正式的书面邀请，以示对对方的尊重之意。

邀请上级主管部门、当地政府、行业组织的有关人员时，虽不必勉强对方，但却必须努力争取，并表现得心诚意切。因为利用举行交接仪式这一良机，使东道主单位，接收单位，与上级主管部门、当地政府、行业组织进行多方接触，不仅可以宣传自己的工作成绩，而且也有助于有关各方之间进一步地实现相互理解和相互沟通。

若非涉密，或暂且不宜广而告之，在举行交接仪式时，东道主既要争取多邀请新闻界的人士参加，又要为其尽可能地提供一切便利。对于不邀而至的新闻界人士，亦应尽量来者不拒。至于邀请海外的媒体人员参加交接仪式的问题，则必须认真遵守有关的外事规则与外事纪律，事先履行必要的报批手续。

② 布置交接仪式现场。举行交接仪式的现场，亦称交接仪式的会场。在对其进行选择时，通常应视交接仪式的重要程度、全体出席者的具体人数、交接仪式的具体程序与内容，以及是否要求对其进行保密等几个方面的因素而定。

根据常规，一般可将交接仪式的举行地点安排在已经建设、安装完成并已验收合格的工程项目或大型设备所在地的现场。有时，亦可将其酌情安排在东道主单位本部的会议厅，或者由东道主单位与接收单位双方共同认可的其他场所。

将交接仪式安排在业已建设、安装完成并已验收合格的工程项目或大型设备所在地的现场举行，最大的长处是可使全体出席仪式的人员身临其境，获得对被交付使用的工程项目或大型设备的直观而形象的了解，掌握较为充分的第一手资料。倘若在交接仪式举行之后安排来宾进行参观，则更为方便可行。不过，若是在现场举行交接仪式，往往进行准备的工作量较大。另外，由于将被交付的工程项目或大型设备归接收单位所有，故此东道主事先要征得对方的首肯，事后还需取得对方的配合。

将交接仪式安排在东道主单位本部的会议厅举行，可免除大量的接待工作，会场的布置也十分便利。特别是在将被交付的工程项目、大型设备不宜为外人参观，或者暂时不方便外人参观的情况下，以东道主单位本部的会议厅作为举行交接仪式的现场，不失为一种较好的选择。此种选择的主要缺陷是：东道主单位往往需要付出更多的人力、财力和物力，全体来宾对于将被交付的工程项目或大型设备缺乏身临其境的直观感受。

如果将被交付的工程项目或大型设备的现场条件欠佳，或是出于东道主单位的本部不在当地以及将要出席仪式的人员较多等其他原因，经施工、安装单位提议，并经接收单位同意之后，交接仪式亦可在其他场所举行。诸如宾馆的多功能厅、外单位出租的礼堂或大厅等处，都可用来举行交接仪式。在其他场所举行交接仪式，尽管开支较高，但可省去大量的安排、布置工作，而且还可以提升仪式的档次。

③ 准备交接仪式物品。在交接仪式上，有不少需要使用的物品，应由东道主一方提前进行准备。首先，必不可少的，是作为交接象征之物的有关物品。它们主要有：验收文件、一览表、钥匙等。验收文件，此处是指已经公证的由交接双方正式签署的接收证明性文件。一览表，是指交付给接收单位的全部物资、设备或其他物品的名称、数量明细表。钥匙，则是指用来开启被交接的建筑物或机械设备的钥匙。在一般情况下，因其具有象征性意味，故预备一把即可。

除此之外，主办交接仪式的单位，还需为交接仪式的现场准备一些用以烘托喜庆气氛的物品，并应为来宾略备一份薄礼。

在交接仪式的现场，可临时搭建一处主席台。必要时，应在其上铺设一块红地毯。至少，也要预备足量的桌椅。在主席台上方，应悬挂一条红色巨型横幅，上书交接仪式的具体名称，如“某某工程交接仪式”或“热烈庆祝某某工程正式交付使用”。

在举行交接仪式的现场四周，尤其是在正门入口之处、干道两侧、交接物四周，可酌情悬挂一定数量的彩带、彩旗、彩球，并放置一些色泽艳丽、花朵硕大的盆花，用以美化环境。

若来宾所赠送的祝贺性花篮较多，可依照约定俗成的顺序，如“先来后到”、“不排名次”等，将其呈一列摆放在主席台正前方，或是分成两行摆放在现场入口处门外的两侧。在此，两处同时摆放也是可以的。不过，若是来宾所赠的花篮甚少，则不必将其公开陈列在外。

在交接仪式上用以赠送给来宾的礼品，应突出其纪念性、宣传性。被交接的工程项目、大型设备的微缩模型，或以其为主角的画册、明信片、纪念章、领带针、钥匙扣等，皆为上佳之选。

(2) 交接仪式的程序及礼仪规范　交接仪式的程序，具体指的是交接仪式进行时的各个步骤。不同内容的交接仪式，其具体程序往往各有不同。主办单位在拟定交接仪式的具体程序时，必须注意两个方面的重要问题。其一，必须在大的方面参照惯例执行，尽量不要标新立异，另搞一套。其二，必须实事求是、量力而行，在具体的细节方面不必事事贪大求全。从总体上来讲，几乎所有的交接仪式都少不了下述五项基本程序：主持人宣布交接仪式正式开始—奏国歌—交换(文件、物品)—各方代表发言—宣布结束。

① 主持人宣布交接仪式正式开始。此刻，全体与会者应当进行较长时间的鼓掌，以热烈的掌声来表达对于东道主单位的祝贺之意。在此之前，主持人应邀请有关各方人士在主席台上就座，并以适当的方式暗示全体人员保持安静。

② 奏国歌，并演奏东道主单位的标志性歌曲。此前，全体与会者必须肃立。该项程序，有时亦可略去。不过若能安排这一程序，往往会使交接仪式显得更为庄严而隆重。

③ 由东道主单位与接收单位正式进行有关工程项目或大型设备的交接。具体的作法，主要是由施工、安装单位的代表，将有关工程项目、大型设备的验收文件、一览表或者钥匙等象征性物品，正式递交给接收单位的代表。此时，双方应面带微笑，双手递交、接收有关物品。在此之后，还应热烈握手。至此，标志着有关的工程项目或大型设备已经被正式地移交给了接收单位。假如条件允许，在该项程序进行的过程之中，可在现场演奏或播放节奏欢快的喜庆性歌曲。

在有些情况下，为了进一步营造出一种热烈而隆重的气氛，这一程序亦可由上级主管部门或地方政府的负责人为有关的工程项目、大型设备的启用而剪彩所取代。

④ 各方代表发言。按惯例，在交接仪式上，须有有关各方的代表发言。他们依次应为：施工、安装单位的代表，接收单位的代表，来宾的代表等。这些发言，一般均为礼节性的，并以喜气洋洋为主要特征。它们通常宜短忌长，只需要寥寥数语即可。原则上来讲，每个人的此类发言应以 3 分钟为限。

⑤ 宣告交接仪式正式结束。随后安排全体来宾进行参观或观看文娱表演。此时此刻，全体与会者应再次进行较长时间的热烈鼓掌。

按照仪式礼仪的总体要求，交接仪式同其他仪式一样，在所耗费的时间上也是贵短不贵长的。在正常情况下，每一次交接仪式从头至尾所用的时间，大体上不应当超过一个小时。为了做到这一点，就要求交接仪式在具体程序上讲究少而精。正因为如此，一些原本应当列入正式程序的内容，例如进行参观、观看文娱表演等，均被视为正式仪式结束之后所进行的辅助性活动而另行安排。

如果方便的话，正式仪式一旦结束，东道主与接收单位即应邀请各方来宾一道参观有关的工程项目或大型设备。东道主一方应为此专门安排好富有经验的陪同、解说人员，使各方来宾通过现场参观，可以进一步地深化对有关的工程项目或大型设备的认识。

若是出于某种主观原因，不便邀请来宾进行现场参观，也可以通过组织其参观有关的图片展览或向其发放宣传资料的方式，来适当地满足来宾的好奇之心。不论是布置图片展览，还是印制宣传资料，在不泄密的前提条件下，均应尽可能地使之内容翔实，资料充足，图文并茂。通常，它们应当包括有关工程项目或大型设备的建设背景，主要功能，具体规格，基本数据，开工与竣工的日期，施工、安装、设计、接收单位的概况，与国内外同类项目、设备的比较等。

在仪式结束后，若不安排参观活动，还可为来宾安排一场综艺类的文娱表演，以助雅兴。表演者可以是东道主单位的员工，也可以邀请专业人士。表演的主要内容应为轻松、欢快、娱乐性强的节目。

(3) 交接仪式其他注意事项　在参加交接仪式时，不论是东道主一方还是来宾一方，都要表现得体，着装、举止合乎礼仪规范要求。

① 东道主一方

a. 注意仪表整洁　东道主一方参加交接仪式的人员，不仅应当是“精兵强将”、“有功之臣”，而且应当使之能够代表本单位的形象。为此，必须要求他们妆容规范、服饰得体、举止有方。

b. 注意保持风度　在交接仪式举行期间，不允许东道主一方的人员东游西逛、交头接耳、打打闹闹。在为发言者鼓掌时，不允许厚此薄彼。当来宾为自己道喜时，喜形于色无可厚非，但切勿嚣张放肆、得意忘形。

c. 要注意待人友好　不管自己是否专门负责接待、陪同或解说工作，东道主一方的全体人员都应当自觉地树立起主人翁意识。一旦来宾提出问题或需要帮助时，都要鼎力相助。不允许一问三不知、借故推脱、拒绝帮忙，甚至胡言乱语、说风凉话。即使自己力不能及，也要向对方说明原因，并且及时向有关方面进行反映。

② 来宾一方

a. 致以祝贺　接到正式邀请后，被邀请者即应尽早以单位或个人的名义发出贺电或贺信，向东道主表示热烈祝贺。有时，被邀请者在出席交接仪式时，将贺电或贺信面交东道主也是可行的。不仅如此，被邀请者在参加仪式时，还须郑重其事地与东道主一方的主要负责人一一握手，再次口头道贺。

b. 略备贺礼　为表示祝贺之意，可向东道主一方赠送一些贺礼，如花篮、牌匾等。时下，以赠送花篮最为流行。它一般需要在花店订制，用各色鲜花插装而成，并且应在其两侧悬挂特制的红色缎带，右书“恭贺某某交接仪式隆重举行”，左书本单位的全称。花篮可由花店代为先其送达，亦可由来宾在抵达现场时面交主人。

c. 预备贺词　假若自己与东道主关系密切，则还须提前预备一份书面贺词，供作为来宾代表发言时使用。其内容应当简明扼要，主要是为了向东道主一方祝贺。

d. 准点到场　若无特殊原因，接到邀请后，务必牢记在心，届时正点抵达，为主人捧场。若不能出席，则应尽早通知东道主，以防在仪式举行时来宾甚少，使主人因“门前冷落鞍马稀”而难堪。

实训方法

1. 在训练中，采用分阶段、分层次训练，根据学生掌握的具体情况，提出相应的要求。

2. 在引路训练中，要模拟训练在走廊、上楼梯、拐弯和遇到特殊情况时学生的反应，以掌握正确的引路要领。

3. 在开门训练中，要让每个学生体验一次，以养成良好的习惯。

4. 在接打电话训练中，不仅要让学生练习接打电话的基本要求，还要帮助学生设计几种心情，让学生进入角色模拟表演，并体会接打电话时的语言表情、姿态语言在接打电话中的重要性。

5. 模拟乘各类汽车的场景，请学生来安排座次。

6. 结合引路、开门等办公接待礼节，并根据不同场所的变化，引导客人入座。

7. 分别收集一段签字、剪彩、交接和庆典仪式的场景，运动现代化的教学手段和讲解相结合，让学生生动、直观的学习各项仪式的规范礼仪。

8. 将学生分成四人一组，按照相应的规则和程序选择设计一个模拟的仪式场景，以熟悉整个仪式的流程和重点，再进行课堂讨论，互相交流和点评。

9. 请学生按照拟好的仪式方案，模拟进行表演，并由学生代表和老师组成评审小组进行评比，以便充分地调动起学生的积极性和参与性，使训练达到最佳的效果。

10. 收集信息，组织学生参加一至两次校外的仪式活动，采用学习—练习—再学习—再实践的方式，起到巩固的作用。

11. 举行仪式礼仪大赛。

12. 将学校有关的颁奖、签字、典礼或授牌仪式等规范化，让学生参与设计仪式的有关程序，并将仪式礼仪规范运用于这些活动中。

实训检测

考核项目	考 核 内 容	分值	自评分（20%）	小组评分（30%）	教师评分（50%）	实得分
接待	接待的礼仪规范	10				
	与表情、语言的综合运用	5				
引路	引路的位置	5				
	引路时手势、表情、语言的配合	10				
乘电梯	注重礼仪规范	10				
接打电话	表情大方，仪态规范	5				
	声音明亮清晰，表达准确	5				
	礼貌用语的使用得体	10				
奉茶倒水	仪态端正，动作正确	10				
座次	座次安排妥当，注重座次规范	10				
仪式	签约仪式礼仪规范	5				
	庆典仪式礼仪规范	5				
	剪彩仪式礼仪规范	5				
	交接仪式礼仪规范	5				
合 计						

实战练习

公关礼仪

演员表

圆梦发展有限公司业务部经理——陆××

圆梦发展有限公司业务部秘书

e网网络公司业务部经理——缪××

e网网络公司业务部秘书

金莱饭店餐厅经理——黄××

迎宾员1、2

服务员

服装 旗袍、职业装

道具 文件夹、茶杯、托盘、干毛巾、鲜花、座位牌、剪刀、影碟机、碟片圆梦发展有限公司，想扩大自己的销售量，他们从众多网络公司中挑中e网网络公司作为合作伙伴。两家公司都非常重视这次投标，分别做好了充分的准备。圆梦发展有限公司为了此次合作，特派了业务部经理陆××和秘书，此外e网网络公司也派出了业务部经理缪××和秘书，在金莱饭店进行剪彩仪式。

第一幕　迎宾

旁白：圆梦发展有限公司业务部经理陆××及其秘书先到金莱饭店。

迎宾1：欢迎光临！（面带微笑，并鞠躬30°）

迎宾2：欢迎光临！（面带微笑，并鞠躬30°）

陆经理：点头（微笑）

圆梦发展有限公司业务部秘书：你好！

迎宾1：陆经理，我们已经布置好了宴会厅（并做了一个指路礼仪手势）。

进入会议室

迎宾1：陆经理（请进手势），请坐（拉椅）。您对我们的会议室还满意吗？

陆经理：（点头微笑）还不错！

旁白：圆梦发展有限公司业务部陆经理及其秘书入座，迎宾为客人拉椅，并站到两边。几分钟后，e网网络公司业务部经理缪经理及其秘书随后到达。

迎宾2：欢迎光临！（面带微笑，并鞠躬30°）

迎宾1：欢迎光临！（面带微笑，并鞠躬30°）

缪经理：（点头微笑）。

e网网络公司业务部秘书：你好（微笑）。

迎宾2：您好，缪经理，圆梦发展有限公司的陆经理已经在宴会厅等候了，请往这边走（并做了一个礼仪手势）。

第二幕　剪彩仪式

旁白：各位来宾，欢迎大家来参加此次剪彩仪式，这次剪彩仪式是为了庆祝圆梦发展有限公司与e网网络公司首次合作成功，下面有请圆梦发展有限公司业务部陆经理上台讲话，请大家鼓掌！（此时各位观众掌声响起）

陆经理由礼仪小姐引到讲台上。

陆经理：各位来宾，很高兴能与e网网络公司进行合作，为了庆祝我们首次合作成功，也预祝我们公司产品能够顺利的投入市场，受到顾客的欢迎，这当然也需要e网网络公司的大力配合。那么现在有请我们的合作伙伴，e网网络公司的缪经理上前讲话，大家请鼓掌！

缪经理由礼仪小姐引到台上。（讲台上）

缪经理：谢谢大家，很荣幸能与圆梦发展有限公司合作，感谢圆梦发展有限公司的信任与支持，也预祝我们在以后的合作中更加愉快！

旁白：缪经理伸手与陆经理握手（掌声响起）

旁白：下面有请圆梦发展有限公司的陆经理和e网网络公司的缪经理进行剪

彩仪式。

服务员送上礼花和剪刀，站到两位经理的后面。

礼仪小姐上前拉礼花，在剪彩的那一瞬间，热烈的掌声也随之响起，庆祝这两家公司剪彩圆满成功。

第三幕　餐饮投诉处理

陆经理一边和缪经理谈论有关项目一边进入餐厅（音乐响起）。

迎宾员见到客人马上准备迎接。

迎宾1：欢迎光临！（鞠躬30°面带微笑）

迎宾2：欢迎光临！（鞠躬30°面带微笑）

陆经理以主人的身份，带领客人进入餐厅，依次入座，随后服务员替客人斟茶上酒水。

服务员在服务的过程中，把酒水倒在了客人的裤子上。

服务员：对不起，对不起！（表情非常惊恐）

圆梦发展有限公司业务部秘书：你怎么这么不小心！

缪经理：怎么服务的？

服务员：对不起，对不起，我们酒店有快洗服务，要不我拿去给您快洗。

圆梦发展有限公司业务部秘书：拿去洗！那穿什么？

陆经理：算了，算了，先去拿块毛巾来吧！

圆梦发展有限公司业务部秘书：叫您们经理来，我要投诉！

服务员：好的，那您们请稍等！

旁白：服务员去了餐厅经理办公室，把餐厅中遇到的情况告诉了黄经理。随后黄经理与服务员一同来到餐厅，服务员并拿了一块干毛巾递给客人，再次表示对不起。

餐厅经理：对不起，陆经理（向陆经理握手），我是餐厅经理黄经理，发生的情况我已经听说了，这位服务员本身在我们饭店是比较优秀的，由于她是第一次参加这种场合，可能过于紧张，而导致服务出错。为了不妨碍您们用餐，要不等到您们用完餐后，到我们的客房部休息一下，我把您的客人的裤子拿去洗衣房干洗，15分钟后就可以送回，不知您意下如何？对于我们这名服务员，我们饭店会重新进行严格培训，以便更好的胜任以后的工作。

陆经理：算了，不要紧的。

圆梦发展有限公司业务部秘书：也只能这样了。

餐厅经理：谢谢您，陆经理。不好意思打扰您们用餐，希望您们用餐愉快（微笑与服务员退场）。

缪经理：没事吧？

陆经理：没事，我们继续吧！（微笑）

旁白：宴会继续中，e网网络公司业务经理与圆梦发展有限公司业务部陆经理举起酒杯并庆祝合作愉快，在一个小时以后，宴会结束。

第四幕　送客服务

旁白：陆经理与缪经理用餐完毕，起身站起，服务员主动面带微笑上前。当陆经理与缪经理走的时候，服务员上前引路，把他们带到饭店前厅。

服务员：欢迎下次光临！

旁白：陆经理及秘书与缪经理及秘书边走边愉快地聊着，走到饭店门口。

迎宾1：欢迎下次光临！请慢走（面带微笑鞠躬30°）。

迎宾2：欢迎下次光临！请慢走（面带微笑鞠躬30°）。

最后，在酒店门口，圆梦发展有限公司业务部经理陆经理礼貌地与e网网络公司业务部经理缪经理握手告别。

自检分析

案例： 别开生面的开业典礼

2010年8月8日，是江苏某市新建的四星级酒店——金龙大酒店隆重开业的日子。

这一天，酒店上空彩球高悬，四周彩旗飘扬，身着鲜艳旗袍的礼仪小姐站立在店门两侧，她们的身后是摆放整齐的鲜花、花篮，所有员工服饰一新，面目清洁，精神焕发，整个酒店沉浸在喜庆的气氛中。

开业典礼在酒店前的广场上举行。上午11时许，应邀前来参加庆典的有关领导、各界友人、新闻记者陆续到齐。正在举行剪彩之际，天空突然下起了倾盆大雨，典礼只好移至酒店大厅内，一时间，大厅内聚满了参加庆典的人员和避雨的行人。开业典礼仪式在音乐和雨声中隆重举行，整个厅内灯光齐亮，使得庆典别具一番特色。

典礼完毕，雨仍在下着，厅内避雨的行人，短时间内根本无法离去，许多人焦急地盯着厅外。于是，酒店经理当众宣布："今天能聚集到我们酒店的都是我们的嘉宾，这是天意，希望大家能同敝店共享今天的喜庆，我代表酒店真诚邀请诸位到餐厅共进午餐，当然一切消费全部免单。"霎时间，大厅内响起雷鸣般的掌声和热烈的欢呼声。

虽然酒店开业额外多花了一笔费用，但是酒店的名字在新闻媒体及众多顾客的宣传下却迅速传播开来，接下来酒店的生意格外红火。

分析：

1. 开业庆典的目的是什么？流程是什么？
2. 该酒店在开业庆典上应对突发情况采取的举动给企业带来的影响是什么？

实训七

宴会礼仪训练

知识训练目标

1. 了解现代餐饮礼仪的含义。

2. 熟悉现代餐饮礼仪的功能和基本原则。

技能培养目标

1. 熟悉常见的中餐形式及宴会流程，掌握并熟练运用中式餐具使用、座次安排、进餐、餐桌交谈等中餐宴会基本礼仪规范。

2. 熟悉西餐的内容及进餐顺序，掌握并熟练运用西式餐具使用、座次安排、进餐、餐桌交谈等西餐宴会的基本礼仪规范。

素质拓展目标

培养学生待人处事要文雅得体、谦逊有礼，尊重他人的劳动与职业，养成勤俭节约的良好生活习惯，同时，培养学生良好的沟通与交际能力，促进其社会交往以及事业的成功。

基础知识

“食礼”系饮食礼仪、饮食礼制、饮食礼义、饮食礼俗、饮食礼貌、饮食礼节等概念的通称。其中，饮食礼仪是人们在饮食活动中应当遵循的社会规范与道德规范；饮食礼制是被国家礼法所肯定的饮食典章制度和重要经籍；饮食礼义是筵席时为表示某种敬意而隆重举行的各种仪式；饮食礼俗是与礼仪、礼制、礼仪相关并且在民间流传已久的饮食风习；饮食礼貌是餐饮活动中表示敬重与友情的日常行为规范；饮食礼节是饮食礼仪的节度和饮食礼貌的综合评价。总之，作为“礼”的一个重要组成部分，食礼是饮膳宴筵方面的社会规范与典章制度，餐饮活动中的文明教养与交际准则，赴宴人和东道主的仪表、风度、神态、气质的生动体现。

任何一个民族都有自己富有特点的饮食礼俗，发达的程度也各不相同。中国人的饮食礼仪是比较发达的，也是比较完备的。《礼记·礼运》说：“夫礼之初，始诸饮食”。在中国，根据文献记载可以得知，至迟在周代时，饮食礼仪已形成为一套相当完善的制度。这些食礼在以后的社会实践中不断得到完善，在古代社会发挥过重要作用，对现代社会依然产生着影响，成为文明时代的重要行为规范。

一、餐饮礼仪的含义

餐饮礼仪是人们在餐饮活动中应当遵循的道德规范与行为准则。其内涵极为丰富，不仅包括人们在餐饮活动中的礼貌、礼节、仪表，有时还表现为一定的仪式。礼貌是指人们在相互交往过程中以庄严和顺的仪容表示敬重和友善的行为方式，它是一种使自己和别人都感到愉悦的行为举止和内在修养。在餐饮活动中，待人处世要文雅有礼，言谈举止要恭敬谦逊。礼貌是文明行为的起码要求，是餐饮礼仪的基础。礼节是指待人接物的行为规矩，是礼貌的具体表现方式，包括待人接物、应对进退的方式，招呼和致意的形式，宴请场合的仪表、举止、风度等。礼节是人与人之间不成文的"法"，是人们在社会交往中必须遵循的表示礼仪的一种惯用形式。仪表是指人的外表，包括仪容、举止、表情、谈吐、服饰和个人卫生等，是餐饮礼仪的重要组成部分。仪式则是礼的秩序形式，即为表示敬意或隆重，而在一定场合举行的，具有专门程序的规范化的活动，如婚宴、国宴、招待会等。

在餐饮活动中，礼仪可以有效地展现施礼者和还礼者的教养、风度与魅力，体现着一个人对他人和社会的认知水平、尊敬程度，是一个人的学识、修养和价值的外在表现。

二、餐饮礼仪的功能

餐饮礼仪之所以被提倡，受到社会各界的普遍重视，主要是因为它具有多种重要的功能，既有助于个人，又有助于社会。

1. 塑造良好形象，提高自身修养

在餐桌上，有时我们是以个人身份去赴宴，此时表现的仅仅是个人形象；有时则是以个人形式代表组织或单位去赴宴，此时表现的则是组织或单位的形象；而有时一个人的言谈举止则被外界视为一个民族、一个国家的形象。不管以什么身份，只要具有良好的餐饮礼仪，应对进退，表现不俗，自然会塑造出良好的个人或组织形象。

餐桌上的礼仪往往是衡量一个人文明程度的准绳。它不仅反映着一个人的交际技巧与应变能力，而且还反映着一个人的气质风度、阅历见识、道德情操、精神风貌。因此，在这个意义上，餐饮礼仪即是一个人教养的体现。也就是说，通过一个人对餐饮礼仪运用的程度，可以察知其教养的高低、文明的程度和道德的水准。因此，学习并注重餐饮礼仪，有助于提高个人的修养及文明程度。

2. 协调人际关系，净化社会风气

餐桌是人际关系的润滑剂和调节器。由于餐饮礼仪的基本原则是敬人律己，真诚友善，因而它能联络人们相互间的感情，架设友谊的桥梁，协调各种人际关系，营造一个和谐友善的社交氛围；也有助于建立和发展人与人之间相互尊重和友好合作的新型关系。即使在人与人之间发生了某种不快、误会和碰撞时，通过一句礼貌用语，一个礼仪形式，便会化干戈为玉帛，重新获得彼此的理解和尊重；在餐桌上初次相遇的陌生人，只要礼节周全，也会成为一见如故的知心朋友。

荀子说："人无礼则不生，事无礼则不成，国无礼则不宁。"遵守餐饮礼仪，应用餐饮礼仪，有助于净化社会环境，提升个人乃至全社会的精神品味，有助于促进社会文明。

3. 沟通有益信息，扩大视野和圈子

餐桌上的信息沟通具有其他各种大众传媒所不能替代的作用，其沟通信息往往更生动，给人印象更深刻，更富有启发性。餐饮礼仪是一种行之有效的沟通技巧，要从餐桌上获取更多的有益信息，就得熟悉餐饮礼仪，用餐饮礼仪的相关行为规范指导自己的交际活动，更好地向交往对象表达自己的尊重、友善之意，以增进彼此之间的了解和信任。

4. 展示素质才华，有助事业成功

餐桌可以展示一个人的素质修养，人们常常根据对方的外貌、举止、谈吐、服饰和应对进退等表明特征，给对方作出初步的评价和形成某种印象。这种印象往往使人产生某种心理定势，对人际交往的成败和人际关系的融洽与否起着重要的作用。

在宴请过程中，无论是宴请的动机、宴请的对象、赴宴的时间、着装，还是订餐、点菜、点酒、安排座次，或是祝酒、敬酒、劝酒、劝菜、吃相、席间交谈以及结账、迎送等，都不可忽视。一个宴请，有时候可以改变人的一生；一桌宴席，甚至可以影响一个人的职业生涯的成败。

三、餐饮礼仪的基本原则

1. 守礼自律

所谓守礼，一是守法循礼，二是守约重诺。在餐桌应酬之中，每一位参与者都必须自觉自愿地遵守餐饮礼仪，规范自己的一言一行，一举一动。同时，遵循餐饮礼仪还少不了对自我的克制，做到"非礼勿视，非礼勿听，非礼勿言，非礼勿动。"

2. 诚信友善

诚实守信是人际交往中的品德因素，在餐饮活动中，应做到待人以诚，言行一致，表里如一。此外，以平等、友好、善良的态度对待他人也是在餐桌上赢得他人的尊敬和友善的基本要求。

3. 尊敬他人

所谓敬人的原则，就是要求人们在餐饮活动中，与交往对象既要互谦互让，互尊互敬，友好相待，和睦共处，更要将对交往对象的重视、恭敬、友好放在第一位。不仅要尊重对方的人格、爱好和习俗，而且要真心诚意地接受对方、重视对方，并恰到好处地赞美对方。

4. 宽容豁达

所谓宽容，就是对交往对象的人生观、价值观及个性差异等给予充分的理解和尊重。在餐桌上，人与人之间的思想感情可以沟通，但是彼此间由于个性、文化、修养和经历等因素产生的差异不可能消除。这就需要在餐饮活动中，既要严于律己，更要宽以待人。要多容忍他人，多体谅他人，多理解他人，对不同于己、不同于众的行为耐心容忍。宽容豁达，有助于扩大交往空间，也有助于消除人际间的紧张和矛盾。

5. 谦恭适度

餐桌是情感交流和沟通的好地方。但是如果不善于把握沟通时的感情尺度，做得过了头或者不到位，都不能准确地表达自己的自律、敬人之意。因此，在运用餐饮礼仪时，既要彬彬有礼，又不能低三下四；既要热情大方，又不能轻浮谄谀；既要热情友好，谦虚谨慎，尊重他人，殷勤接待，又要自尊自爱，端庄稳重，大方得体，不卑不亢。把握交往的分寸，注意感情适度、谈吐适度、举止适度。

6. 入乡随俗

由于国情、地域、民族、文化背景的不同，在餐饮活动中，存在着"十里不同风，百里不同俗"的现象。因此，在餐饮活动过程中，不要自高自大，唯我独尊。必要之时，还必须坚持入乡随俗，与绝大多人的习惯做法保持一致。

实训内容

一、中式宴会礼仪

中华饮食源远流长。在这自古为礼仪之邦，讲究民以食为天的国度里，饮食礼仪自然成为饮食文化的一个重要部分。

中国的饮宴礼仪号称始于周公，千百年的演进，终于形成今天大家普遍接受的一套饮食进餐礼仪，是古代饮食礼制的继承和发展。

餐饮是一种常见的社交活动，中国餐饮文化很丰富，中国人热情好客，很讲究餐饮礼仪。中餐宴会是指具有中国传统民族风格的宴会，遵守中国人的饮食习惯和礼仪规范。

中餐礼仪，是中华饮食文化的重要组成部分。学习中餐礼仪，主要需注意掌握用餐方式、时间地点的选择、菜单安排、席位排列、餐具使用、用餐举止六个方面的规则和技巧。

1. 几种常见的中餐形式

中餐主要分为宴会、家宴、便餐、工作餐（包括自助餐）等形式，具体内容及相关礼仪规范如下。

（1）宴会　通常指的是以用餐为形式的社交聚会。可以分为正式宴会和非正式宴会两种类型。

① 正式宴会，是一种隆重而正规的宴请。它往往是为宴请专人而精心安排的，在比较高档的饭店或是其他特定的地点举行的，讲究排场、气氛的大型聚餐活动。对于到场人数、穿着打扮、席位排列、菜肴数目、音乐演奏、宾主致词等，往往都有十分严谨的要求和讲究。

② 非正式宴会，也称为便宴，也适用于正式的人际交往，但多见于日常交往。它的形式从简，偏重于人际交往，而不注重规模、档次。一般来说，它只安排相关人员参加，不邀请配偶，对穿着打扮、席位排列、菜肴数目往往不作过高要求，而且也不安排音乐演奏和宾主致词。

（2）家宴　也就是在家里举行的宴会。相对于正式宴会而言，家宴最重要的是要制造亲切、友好、自然的气氛，使赴宴的宾主双方轻松、自然、随意，彼此增进交流，加深了解，促进信任。

通常，家宴在礼仪上往往不作特殊要求。为了使来宾感受到主人的重视和友好，基本上要由女主人亲自下厨烹饪，男主人充当服务员；或男主人下厨，女主人充当服务员，来共同招待客人，使客人产生宾至如归的感觉。

（3）工作餐　工作餐是在商务交往中具有业务关系的合作伙伴，为进行接触、保持联系、交换信息或洽谈生意而用用餐的形式进行的商务聚会。

它不同于正式的工作餐、正式宴会和亲友们的会餐。它重在一种氛围，意在“以餐会友”，创造出有利于进一步进行接触的轻松、愉快、和睦、融洽的氛围。是借用餐的形式继续进行的商务活动，把餐桌充当会议桌或谈判桌。

工作餐一般规模较小，通常在中午举行，主人不用发正式请柬，客人不用提前对主人进行正式答复，时间、地点可以临时选择。出于卫生方面的考虑，最好采取分餐制或公筷制的方式。

在用工作餐的时候，还会继续商务上的交谈。但这时候需要注意的是，这种情况下不要像在会议室一样，进行录音、录像，或是安排专人进行记录。有必要进行记录的时候，应先获得对方首肯。千万不要随意自行其是，好像对对方不信任似的。发现对方对此表示不满的时候，更不可以坚持这么做。

工作餐是主客双方“商务洽谈餐”，所以不适合有主题之外的人加入。如果正好遇到熟人，可以打个招呼，或是将其与同桌的人互作一下简略的介绍。但不要擅作主张，将朋友留下。万一有不识相的人“赖着”不走，可以委婉地下逐客令：“您很忙，我就不再占用您宝贵时间了。”或是“我们明天再联系。我会主动打电话给您。”等。

（4）自助餐　自助餐的特点是不设固定席位，可以任选座位，站着也行，形式活泼，很便于彼此的交流。菜肴、食品连同餐具都摆设在桌上，任由客人自取，喜欢什么、量的大小，完全自主。但是一次不宜取太多的食物，不够可以再添，如果吃剩下一堆，就更失礼了。另外，要把骨头、鱼刺等拨到盘子一边。注意吃完自助餐，不能将食物带出餐厅。

2. 中餐宴会基本礼仪

宴会筵席作为礼仪的表现形式之一，历来为人们所重视。在日常社交生活中，为了使自己的举止形象符合礼仪，举行宴会时一般应注意以下几个方面。

① 确定人员名单。宴会之前，应按照宴请所要达到的目的，列出被邀请宾客的名单。确定主宾、副主宾以及陪同客人。

② 选择时间及地点。宴请时间应以主宾最合适的时间来确定，以多数宾客能来参加宴会为准则。

中餐特别是中餐宴会具体时间的安排，根据人们的用餐习惯，依照用餐时间的不同，分为早餐、午餐、晚餐三种。确定正式宴请的具体时间，主要要遵从民俗惯例。而且主人不仅要从自己的客观能力出发，更要讲究主随客便，要优先考虑被邀请者，特别是主宾的实际情况，不要对这一点不闻不问。如果可能，应该先和主宾协商一下，力求两厢方便。至少，也要尽可能提供几种时间上的选择，以显示自己的诚意，并要对具体长度进行必要的控制。

③ 确定宴请场所。宴会场所的选定，要考虑生活习惯、民族差异及宗教信仰等方面的因素。另外，在社交聚餐的时候，用餐地点的选择也非常重要。

首先要环境幽雅，宴请不仅仅是为了"吃东西"，也要"吃文化"。要是用餐地点档次过低，环境不好，即使菜肴再有特色，也会使宴请大打折扣。在可能的情况下，一定要争取选择清静、幽雅的地点用餐。

其次是卫生条件良好，在确定社交聚餐的地点，一定要看卫生状况怎么样。如果用餐地点太脏、太乱，不仅卫生问题让人担心，而且还会破坏用餐者的食欲。

还要充分考虑到，聚餐者来去交通是不是方便，有没有公共交通线路通过，有没有停车场，是不是要为聚餐者预备交通工具等一系列的具体问题，以及该地点设施是否完备。

④ 安排菜单。宴会的菜谱要做到丰俭搭配、主次分明。应特别照顾主宾的饮食习惯。同时，酒水、香烟、水果要备齐。

根据中国人的饮食习惯，与其说是"请吃饭"，还不如说成"请吃菜"。所以对菜单的安排马虎不得。它主要涉及到点菜和准备菜单两方面的问题。

点菜时，不仅要吃饱、吃好，而且必须量力而行。如果为了讲排场、装门面，而在点菜时大点、特点，甚至乱点一通，不仅对自己没好处，而且还会招人笑话。这时，一定要心中有数，力求做到不超支，不乱花，不铺张浪费。可以点套餐或包桌。这样费用固定，菜肴的档次和数量相对固定，省事。也可以根据"个人预算"，在用餐时现场临时点菜。这样不但自由度较大，而且可以兼顾个人的财力和口味。

被请者在点菜时，一是告诉做东者，自己没有特殊要求，请随便点，这实际上正是对方欢迎的。或是认真点上一个不太贵又不是大家忌口的菜，再请别人点。对于别人点的菜，无论如何都不要挑三拣四。

一顿标准的中餐大菜，不管什么风味，上菜的次序都相同：首先是冷盘，随后是热炒，接下来是主菜，然后上点心和汤，最后上果盘。如果上咸点心的话，讲究上咸汤；如果上甜点心的话，就要上甜汤。不管是不是吃大菜，了解中餐标准的上菜次序，不仅有助于在点菜时巧作搭配，而且还可以避免因为不懂而出洋相、闹笑话。

在宴请前，主人需要事先对菜单进行再三斟酌。在准备菜单的时候，主人要着重考虑哪些菜可以选用、哪些菜不能用。一般优先考虑的菜肴主要有以下四类。

a. 具有中餐特色的菜肴　宴请外宾的时候，这一条更要重视。像炸春卷、小笼包、狮子头、小火锅等，并不是佳肴美味，但因为具有鲜明的中国特色，所以受到很多外国人的推崇。

b. 具有本地特色的菜肴　如重庆的烧鸡公、扬州的狮子头、西安的羊肉泡馍、北京的烤鸭，当宴请外地客人时，点些这种地方特色菜，要比千篇一律的山珍海味更受欢迎。

c. 餐馆的特色菜　很多餐馆都有自己的特色菜、招牌菜，点上一份该餐馆的特色菜，能说明主人的细心和对被宴请者的尊重。

d. 主人的拿手菜　举办家宴时，主人一定要当众露上一手，多做几个自己的拿手菜。其实，所谓的拿手菜不一定十全十美，只要主人亲自下厨动手，就足以让对方感觉到尊重和友好。

在安排菜单时，还必须考虑来宾的饮食禁忌，特别是要对主宾的饮食禁忌高度重视。这些饮食方面的禁忌主要有以下四条。

a. 宗教饮食禁忌　例如，穆斯林通常不吃猪肉，并且不喝酒。国内的佛教徒不吃荤腥食品，它不仅指的是不吃肉食，而且包括葱、蒜、韭菜、芥末等气味刺鼻的食物。

b. 出于健康因素考虑　对于某些有健康问题的客人，在安排菜品时，也应有所禁忌。比如，心脏病、脑血管、脉硬化、高血压和中风后遗症的人，不适合吃狗肉；肝炎病人忌吃羊肉和甲鱼；胃肠炎、胃溃疡等消化系统疾病的人也不合适吃甲鱼；高血压、高胆固醇患者，要少喝鸡汤等。

c. 地区饮食偏好　对于不同地区，人们的饮食偏好往往不同。考虑到这一点，在安排菜单时也要做到兼顾。比如，四川、贵州、湖南省份的人普遍喜欢吃辛辣食物，少吃甜食；江苏、上海、浙江省市地区的人口味偏淡、偏甜，不太能吃辣和重盐的食物；英美国家的人通常不吃宠物、稀有动物、动物内脏、动物的头部和脚爪等。

d. 职业特殊要求　有些职业，出于某种原因，在餐饮方面往往也有各自不同的特殊禁忌。例如，国家公务员在执行公务时不准吃请，在公务宴请时不准大吃大喝，不准超过国家规定的标准用餐，不准喝烈性酒。再如，驾驶员工作期间不得喝酒。要是忽略了这一点，还有可能使对方犯错误。

在隆重而正式的宴会上，主人选定的菜单也可以在精心书写后给每人一份，用餐者不但餐前心中有数，而且餐后也可以留作纪念。

⑤ 桌次、座次安排礼仪。饮食礼仪因宴席的性质、目的而不同；不同的地区，也是千差万别。古代的饮食礼仪是按阶层划分：宫廷、官府、行帮、民间等。而现代饮食礼仪则简化为：主人（东道主），客人了。

作为客人，赴宴讲究仪容，根据关系亲疏决定是否携带小礼品或好酒。赴宴守时守约。抵达后，先根据认识与否自报家门，或由东道主进行引见介绍，听从东道主的安排，然后入座。而中餐的席位座次排列，关系到来宾的身份和主人给予对方的礼遇，所以是一项非常重要的内容。

中餐席位的排列，在不同情况下，有一定的差异，可以分为桌次排列和位次排列两方面。

a. 桌次排列　在中餐宴请活动中，往往采用圆桌布置菜肴、酒水。排列圆桌的尊卑次序，有两种情况。

第一种情况是由两桌组成的小型宴请。这种情况，又可以分为两桌横排和两桌竖排的形式。

当两桌横排时，桌次是以右为尊，以左为卑（见图 7-1）。这里所说的右和左，是由面对正门的位置来确定的。

当两桌竖排时，桌次讲究以远为上，以近为下（见图 7-2）。这里所讲的远近，是以距离正门的远近而言。

第二种情况是由三桌（见图 7-3）或三桌以上（见图 7-4～图 7-6）的桌数所组成的宴请。在安排多桌宴请的桌次时，除了要注意“面门定位”、“以右为尊”、“以远为上”等规则外，还应兼顾其他各桌距离主桌的远近。通常，距离主桌越近，桌次越高；距离主桌越远、桌次越低。

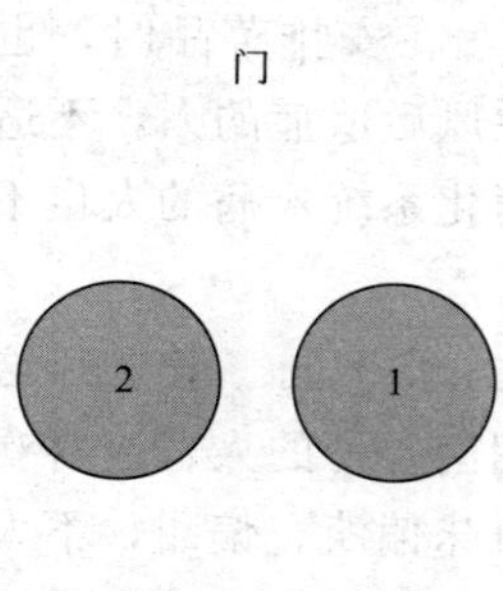

图 7-1　两桌横排桌次

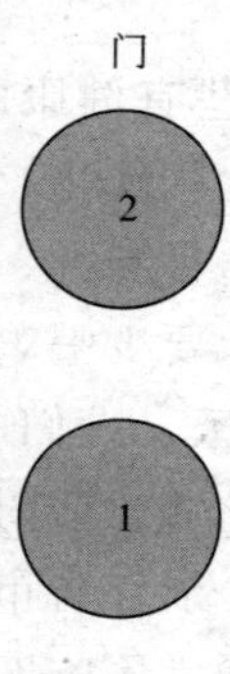

图 7-2　两桌竖排桌次

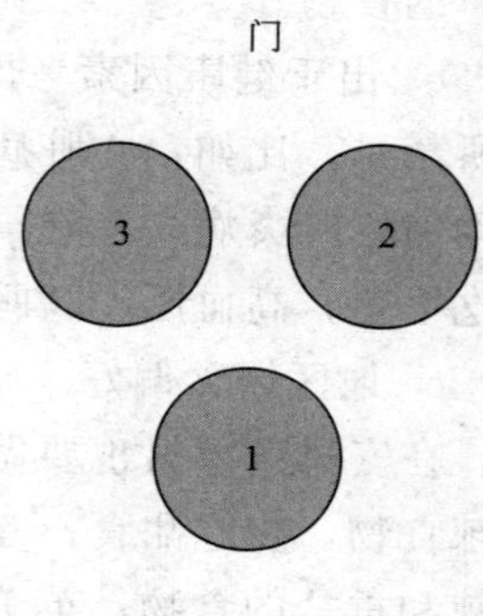

图 7-3　三桌排列桌次

在安排桌次时，所用餐桌的大小、形状要基本一致。除主桌可以略大外，其他餐桌都不要过大或过小。

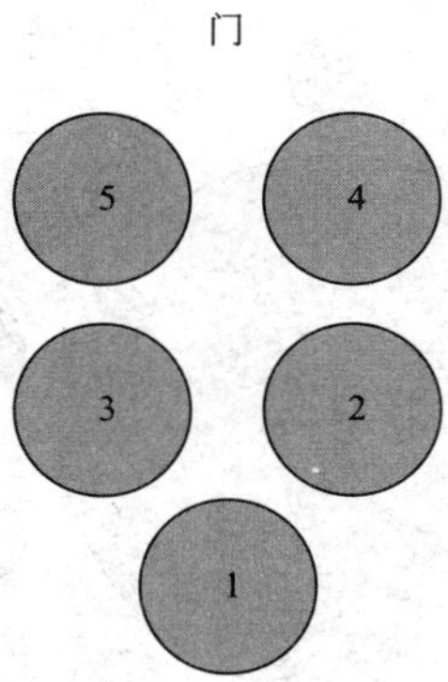

图 7-4　五桌排列桌次

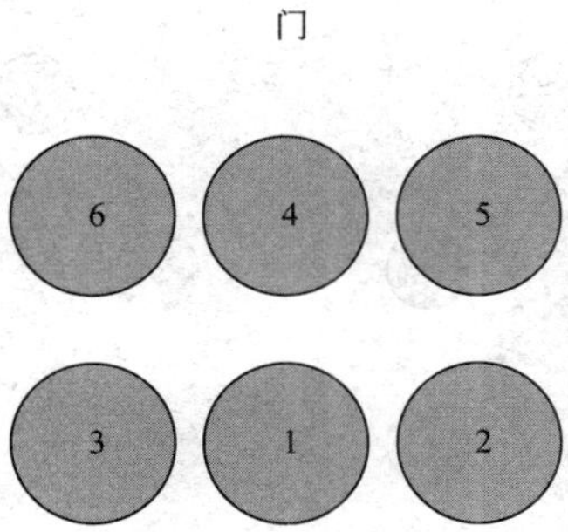

图 7-5　六桌排列桌次

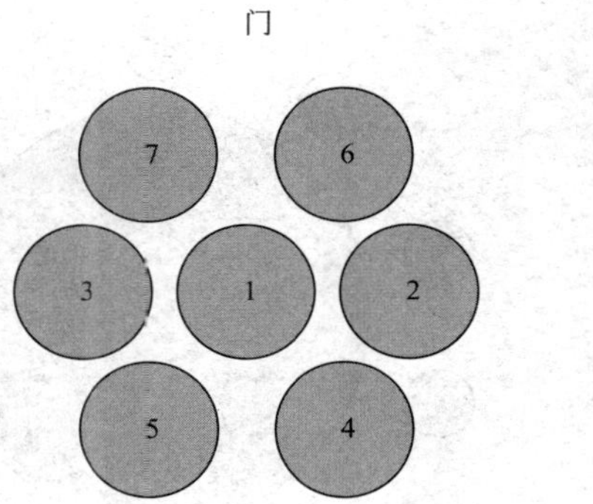

图 7-6　七桌排列桌次

为了确保在宴请时赴宴者及时、准确地找到自己所在的桌次，可以在请柬上注明对方所在的桌次、在宴会厅入口悬挂宴会桌次排列示意图、安排引位员引导来宾按桌就座，或者在每张餐桌上摆放桌次牌（用阿拉伯数字书写）。

b. 位次排列　宴请时，每张餐桌上的具体位次也有主次尊卑的分别。排列位次的基本方法有四条，它们往往会同时发挥作用。

方法一，是主人大都应面对正门而坐，并在主桌就座。

方法二，是举行多桌宴请时，每桌都要有一位主桌主人的代表在座。位置一般和主桌主人同向，有时也可以面向主桌主人。

方法三，是各桌位次的尊卑，应根据距离该桌主人的远近而定，以近为上，以远为下。

方法四，是各桌距离该桌主人相同的位次，讲究以右为尊，即以该桌主人面向为准，右为尊，左为卑。

另外，每张餐桌上所安排的用餐人数应限在 10 人以内，最好是双数，如 6 人、8 人、10 人。人数如果过多，不仅不容易照顾，而且也可能坐不下。

根据上面四个位次的排列方法，圆桌位次的具体排列可以分为两种具体情况，它们都和主位有关。

(a) 每桌一个主位的排列方法（见图 7-7）。特点是每桌只有一名主人，主宾在右首就座，每桌只有一个谈话中心。

(b) 每桌两个主位的排列方法（见图 7-8）。特点是主人夫妇在同一桌就座，以男主人为第一主人，女主人为第二主人，主宾和主宾夫人分别在男女主人右侧就座。每桌从而客观上形成了两个谈话中心。

如果主宾身份高于主人，为表示尊重，也可以安排在主人位子上坐，而请主人坐在主宾的位子上。

为了便于来宾准确无误地在自己位次上就座，除招待人员和主人要及时加以引导指示外，应在每位来宾所属座次正前方的桌面上，事先放置醒目的个人姓名座位卡。举行涉外宴请时，座位卡应以中、英文两种文字书写。我国的惯例是，

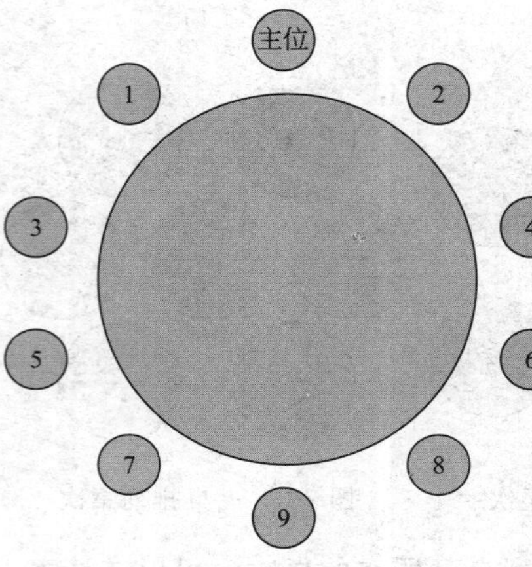

图 7-7　一个主位时位次排列

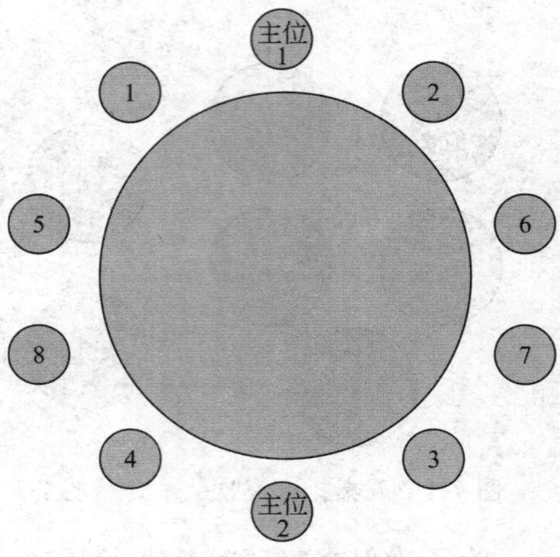

图 7-8　两个主位时位次排列

中文在上，英文在下。必要时，座位卡的两面都书写用餐者的姓名。

排列便餐的席位时，如果需要进行桌次的排列，可以参照宴请时桌次的排列进行。位次的排列，可以遵循以下四个原则。

（a）右高左低。两人一同并排就座，通常以右为上座，以左为下座。这是因为中餐上菜时多以顺时针方向为上菜方向，居右坐的因此要比居左坐的优先受到照顾。

（b）居中为尊。三人一同就座用餐，坐在中间的人在位次上高于两侧的人。

（c）面门为上。用餐的时候，按照礼仪惯例，面对正门者是上座，背对正门者是下座。

（d）特殊原则。高档餐厅里，室内外往往有优美的景致或高雅的演出，供用餐者欣赏。这时候，观赏角度最好的座位是上座。在某些中低档餐馆用餐时，通常以靠墙的位置为上座，靠过道的位置为下座。

⑥ 开席。主宾及客人抵达后，主人要逐一介绍，互相认识了解，以增进宴会的友好气氛。然后按预先安排好的座位，引导客人入座。

客人落座后，主人要按时开席。出席宴会的客人，延误时间不能超过半小时，否则是失礼行为。

⑦ 宴会中相关礼仪。宴会开始时，主人应起立向全体宾客敬酒致欢迎词。

宴会进行中，主人一般要依次向所有客人祝酒，或按桌敬酒，不能顾此失彼。按中餐习惯，每一道菜上桌，主人应举筷请各位客人品尝，主人也可用公筷公勺为主宾布菜。

宴会中，主客双方应交谈彼此感兴趣的话题，增进友谊，话题避免涉及个人隐私及对方避讳的事情。宴会中不宜深入谈判具体的实质性问题，以免陷入僵局，不欢而散。

宴会中，客人应注意自己的仪态举止。当主人或其他客人讲话、敬酒时，应停止进食，专心恭听。

饮酒时，要注意礼仪，不要逼酒、灌酒。

在宴会进行中，不要猜拳行令，要控制一些失态行为，如打喷嚏、打饱嗝、吐痰等。

⑧ 宴会结束礼仪。宴会应适时结束，使双方尽兴，给大家留下最美好的回忆。主人同主宾及客人亲切话别，如有礼物互赠时，应认真对待赠礼与回礼。当众赠送的礼物，应统一规格，以免产生误会，主人应亲自送客出门上车。

3. 中餐餐具使用礼仪

（1）餐巾使用礼仪

① 餐巾打开的时机。餐厅的餐巾虽然不尽相同，但大部分都是以没有折痕、皱褶的折法放置于桌上。在餐厅，通常是在点完餐后才将餐巾打开，主要是为了在用餐时防止衣服弄脏而准备的。因此，在一开始就将餐巾打开是违反餐桌礼仪的。

② 餐巾打开的方法。就餐前，应将餐巾打开后对折，并将开口朝外，平铺在腿上。千万不能将餐巾别在衣领上或背心上。对折的目的在于防止错拉到餐巾，而开口朝外则是方便拿起擦拭嘴。

③ 餐巾使用方法。就餐时，餐巾除了用来擦拭嘴、手掌、手指以外，也可以在吐出鱼骨头或水果的种子时，利用餐巾遮住嘴部，使用范围可说是相当广泛。擦拭嘴时，拿起餐巾的末端顺着嘴唇轻轻压一下，弄脏的部分为了不让人看见，可往内侧卷起，通常服务生会注意到并换上一条新的餐巾。

用餐时切记餐巾是可以弄脏的。如不想将餐巾弄脏而取出自己的手帕或面纸使用是违反用餐礼仪的。

如果是暂时要离开座位，应轻轻将餐巾折好，很自然地放在餐桌上或是椅子上。千万不要把餐巾挂在椅背上或是揉成一团放在桌子上。

一般吃完甜点后，就可以将餐巾拿掉，轻轻地折好放在桌子上就可以离席了。

④ 餐巾使用禁忌。不能拿整块餐巾擦脸、擦汗或是擤鼻涕，也不能用餐巾来擦餐具，或是将口红整个印在餐巾上等，这些都是不礼貌的。涂了口红的女士应在用餐前以面纸轻压，而非将口红印在餐巾上。

（2）筷子使用礼仪　筷子是中餐中最主要的进餐用具。

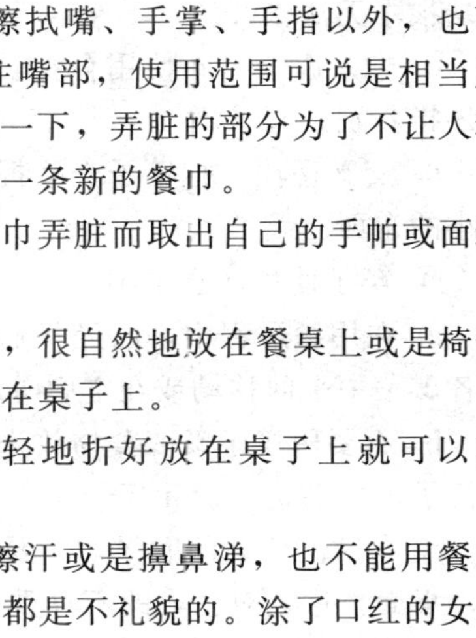

图 7-9　握筷规范姿势

① 握筷的姿势应规范，正确的握筷方法（传统的、功能性的握法）如下（见图 7-9）。

a. 把一根筷子（固定筷）夹在大拇指的根部。

b. 无名指稍稍弯曲，用拇指和无名指的第一个关节支撑（无名指成为固定筷子的重心）。

c. 另一根筷子（作用筷）用大拇指的腹部夹住，用中指的第一个关节支撑（作用筷的重心要放在拇指的腹部）。

d. 为了更好地支撑作用筷，用小指紧靠无名指作为辅助。

② 筷子的正确使用方法为：上面的筷子要与下面的筷子分开握住，主要由食指和中指运动使作用筷上下运动，但是上下筷太近就不能尽可能的张开，而且筷子前端不对齐，就不能夹起小的、圆的或者光滑的食物。正确的筷子使用方法是，不要同时动两根筷子，要“很好的固定住下面的筷子，只动上面的筷子”。

每次用完筷子或有事暂时离席或需要使用其他餐具时，应先将筷子轻轻地放下。尽量不要发出响声。筷子一定要放在筷子架上，不能把筷子插在碗里，不能放在杯子或盘子上，否则容易碰掉。如果不小心把筷子碰掉在地上，可以请服务员另换一双。

③ 日常生活中很多不规范的握筷方法不仅不能正常发挥筷子的基本功能，往往还会给人以不礼貌、缺乏教养的感觉，如：

a. 攥握法　把两个筷子攥在手里的方法。筷子的功能完全不能发挥出来。

b. 握笔法　不使用无名指，像用铅笔一样握筷。由于作用筷不稳定，筷子前端根本无法张开。

c. 指人握法　不使用食指，食指远离筷子的握法（就是说握着筷子，却好像还指着别人）。

d. 交叉握法　把筷子交叉握住的方法，由于筷子前端不能对齐，所以夹不住小的东西。

④ 筷子使用注意事项

a. 在用餐过程中，已经举起筷子，但不知道该吃哪道菜，这时不可将筷子在各碟菜中来回移动或在空中游动。

b. 不要用筷子叉取食物放进嘴里，或用舌头舔食筷子上的附着物，更不要用筷子去推动碗、盘和杯子。

c. 在席间说话的时候，不要把筷子当道具，随意乱舞；或是用筷子敲打碗、碟、桌面，这是对主人的不尊重；用筷子指点他人。

d. 其他用筷忌讳还有：忌泪筷——夹菜时滴滴答答流着菜汁。应该拿着小碟，先把菜夹到小碟里再端过来。忌移筷——刚夹了这盘里的菜，又去夹那盘里的菜。

现在有些宴席实行公筷母匙，那就不能用个人独用的筷子或汤匙给别人夹菜舀汤。

作为主人（特别是陪同人员），宴会进行期间可能为客人斟酒上菜，应该从客人左侧上菜，从客人右侧斟酒。

(3) 勺子使用礼仪　中餐中勺子的主要作用是舀取菜肴、食物。有时，用筷子取食时，也可以用勺子来辅助，尽量不要单用勺子去取菜。勺子的正确握法为：食指在上，大拇指和中指在下，用三个指头夹住汤勺柄（见图 7-10）。

用勺子取食物时，不要过满，免得溢出来弄脏餐桌或自己的衣服。在舀取食物后，可以在原处“暂停”片刻，待汤汁不再往下滴时，再移回来享用。

如果暂时不用勺子，应放在自己面前的碟子上，不能把它直接放在餐桌上或是将它插在食物中。用勺子取食物后，要立即食用或放在自己碟子里，不要再倒回原处。而如果取用的食物太烫，也不可用勺子舀来舀去或者用嘴对着吹来降温，可以先舀到自己的碗里，等凉了再喝。喝汤时，应将勺子下端贴住下嘴唇，将勺柄抬起，约成 45°角，轻轻将汤送入口内，切不可用嘴去啜吸，以免发出声响。

图 7-10 汤勺规范握法

（4）盘子使用礼仪 中餐宴会中稍小点的盘子是碟子，主要用来盛放食物，在使用方面和碗略同。还有一种用途比较特殊的被称为食碟的盘子。食碟的主要作用是用来暂放从公用的菜盘里取来享用的菜肴的。

使用食碟时，一次不可取放过多的菜肴，看起来既繁乱不堪，又像是极度饥饿，而且把多种菜肴堆放在一起，会导致它们之间相互“窜味”，既不好看，也不好吃。不吃的残渣、骨头、刺等不要吐在地上或桌上，而应轻轻取出放在食碟的前端，放的时候不能直接从嘴里吐在食碟上，要用筷子夹放到碟子旁边。如果食碟放满了，可以让服务员更换。

（5）牙签使用礼仪 牙签是中餐的特色之一，基本上所有的中餐场所都会配备牙签。但是尽量不要当众剔牙，如果非剔不行时，可以用另一只手掩住口部，剔出来的东西不可随手乱弹或随口乱吐，应用餐巾纸包起来后放在一边。剔完牙后，也不要长时间叼着牙签，更不要用牙签来扎取食物享用。

4. 中餐礼仪其他注意事项

（1）注重服饰的穿着搭配 客人赴宴前应根据宴会的目的、规格、对象、风俗习惯或主人的要求考虑自己的着装，着装不得体会影响宾主的情绪，影响宴会的气氛。

（2）点菜注意事项 如果主人已安排好了菜单，客人就不应再点菜了。如果参加一个尚未安排好菜单的宴会，则要注意点菜的礼节。点菜时，不要选择太贵的菜，同时也不宜点太便宜的菜，因为太过便宜，反而会引起主人的不高兴，认为是看不起他。而如果最便宜的菜恰是客人真心喜欢的菜，那就要委婉说明。

（3）席间祝酒、敬酒礼仪 在餐会上，致祝酒词通常是男主人或女主人的优先权。如果无人祝酒，客人则可以提议向主人祝酒。如果其中一位主人第一个祝酒，一位客人可以在第二个祝酒。

如果有人根本不碰包括葡萄酒在内的各种酒精饮料，那么敬酒时也可以如此。当酒传递过来时，可以谢绝，在祝酒时举起装着苏打水的高脚杯。按照我国的传统习惯，除非是酒精饮料，否则不祝酒，但是现如今这种习惯已经发生了改变，各种饮料都可以用来祝酒。也就是说，即使不喝酒的人在席间也应该站起来，加入到敬酒这项活动之中，而不应该极端失礼地始终坐在座位上低头吃菜或闷声不响。

从操作流程的角度来说，敬酒要注意以下四个方面。

① 斟酒。敬酒之前需要斟酒。按照规范来说，除主人和服务人员外，其他宾客一般不要自行给别人斟酒。如果主人亲自斟酒，应该用本次宴会上最好的酒斟，宾客要端起酒杯致谢，必要的时候应该起身站立。

如果是作为大型的商务用餐来说，都应该是服务人员来斟酒。斟酒一般要从位高者开始，然后顺时针斟。如果不需要酒了，可以把手挡在酒杯上，说声“不用了，谢谢”就可以了。这时候，斟酒者就没有必要非得一再要求斟酒。

别人斟酒的时候，可以回敬以“叩指礼”。特别是自己的身份比主人高的时候。即以右手拇指、食指、中指捏在一起，指尖向下，轻叩几下桌面表示对斟酒的感谢。

② 敬酒的时机。敬酒应该在特定的时间进行，并以不影响来宾用餐为首要考虑。

敬酒分为正式敬酒和普通敬酒。正式敬酒，一般是在宾主入席后、用餐开始就可以敬，一般都是主人来敬，同时还要说规范的祝酒词。而普通敬酒，只要是在正式敬酒之后就可以开始了。但要注意是在对方方便的时候，比如他当时没有和其他人敬酒，嘴里不在咀嚼，认为对方可能愿意接受你的敬酒。而且，如果向同一个人敬酒，应该等身份比自己高的人敬过之后再敬。

③ 敬酒的顺序。一般情况下应按年龄大小、职位高低、宾主身份为序，敬酒前一定要充分考虑好敬酒的顺序，分明主次，避免出现尴尬的情况。即使你分不清或职位、身份高低不明确，也要按统一的顺序敬酒，比如先从自己身边按顺时针方向开始敬酒，或是从左到右、从右到左进行敬酒等。

④ 敬酒的要求。正式敬酒是指宴会一开始的时候，主人先向大家集体敬酒，并同时说标准的祝酒词。这种祝酒词内容可以稍长一点，但也就是在五分钟之内讲完。

无论是主人还是来宾，如果是在自己的座位上向集体敬酒，就要求首先站起身来，面含微笑，手拿酒杯，面朝大家。

当主人向集体敬酒、说祝酒词的时候，所有人应该一律停止用餐或喝酒。主人提议干杯的时候，所有人都要端起酒杯站起来，互相碰一碰。按国际通行的做法，敬酒不一定要喝干。但即使平时滴酒不沾的人，也要拿起酒杯抿上一口装装样子，以示对主人的尊重。

除了主人向集体敬酒，来宾也可以向集体敬酒。来宾的祝酒词可以说得更简短，甚至一两句话都可以。比如："各位，为了以后我们的合作愉快，干杯！"

平时涉及礼仪规范内容更多的还是普通敬酒。普通敬酒就是在主人正式敬酒之后，各个来宾和主人之间或者来宾之间可以互相敬酒，同时说一两句简单的祝酒词或劝酒词。

在回应别人来敬酒的时候，要手举酒杯到双眼高度，在对方说了祝酒词或"干杯"之后再喝。喝完后，还要手拿酒杯和对方对视一下，这一过程才结束。

对我国来说，敬酒的时候还要特别注意，敬酒无论是敬的一方还是接受的一方，都要注意因地制宜、入乡随俗。另外，对于敬酒的来说，如果对方确实酒量不济，没有必要去强求。喝酒的最高境界应该是"喝好"而不是"喝倒"。

在中餐里，还有一个讲究。即主人亲自向你敬酒干杯后，要回敬主人，和他再干一杯。回敬的时候，要右手拿着杯子，左手托底，和对方同时喝（见图7-11）。干杯的时候，可以象征性和对方轻碰一下酒杯，不要用力过猛，非听到响声不可。出于敬重，可以使自己的酒杯较低于对方酒杯。如果和对方相距较远，可以以酒杯杯底轻碰桌面，表示碰杯。

图7-11　敬酒礼仪

（4）用餐时不当众修饰　用餐过程中不当众梳理头发、化妆、补妆、宽衣解带、脱袜脱鞋等。如必要可以去化妆间或洗手间等地方。

（5）用餐时禁打电话、四处走动　用餐过程中尽量不接打电话或离开座位，四处走动。如果有事非要电话联系或者先行离开，也要先和旁边的人打个招呼，可以说声"抱歉"、"失陪了"、"我有事先行一步"等。

（6）大方礼貌结账　在餐厅用餐完毕，如何大大方方地结账，留给同伴和服务人员一个好印象，也是重要的中式餐饮礼节之一。

通常来说，用餐完毕准备离去时，要利用服务人员经过身边的机会，轻声唤住他，很有礼貌的告诉他："请帮我们结账。"如果一时没有服务人员走近，不妨耐心地多等几分钟。注意不能起身大呼小叫地召唤服务人员过来结账。

用完餐结账还有一点需要注意，那就是结账的工作，绝对是男士的专利。即使是在由女士请客或大家平均分摊消费的情况下，女士也应先将钱交给男士，再由男士负责请服务人员来结账。这一习惯乃是中式餐饮的基本规则，千万不要逾越，否则就餐人员的关系和在座女士所从事的职业，会让人有不健康的联想。

此外，除非餐厅有特别的规定，否则一般来说，买单应该坐在自己的位子上进行。跑到柜台前面掏出钱来结账，既不雅观，也不合乎餐厅礼节的规定。

二、西餐宴会礼仪

随着对外交流的日益增加，中国人吃西餐的机会越来越多。吃西餐时，座位的排列、餐具的使用和用餐方法必须符合西餐礼仪。

1. 西餐正餐内容和顺序

一般而言，西餐菜单可分为以下几大类，分别是开胃品、汤、沙拉、海鲜、肉类、点心。上菜顺序如下。

（1）头盘　西餐的第一道菜是“头盘”，也称为“开胃品”。开胃品的内容一般有冷头盘或热头盘之分，常见的品种有鱼子酱、鹅肝酱、熏鲑鱼、鸡尾杯、奶油鸡酥盒、焗蜗牛等。头盘都具有特色风味，味道以咸和酸为主，而且数量较少，质量较高，一般的沙拉类也可以做头盘使用。

（2）汤　西餐的第二道菜就是汤，这与中餐很不一样。西餐的汤大致可分为清汤、奶油汤、蔬菜汤和冷汤四类。品种有牛尾清汤、各式奶油汤、海鲜汤、美式酥皮蛤蜊奶油汤、意式蔬菜汤、俄式罗宋汤、法式焗葱头汤等。冷汤的品种较少，有德式冷汤、俄式冷汤等。

（3）副菜　鱼类菜肴一般作为西餐的第三道菜，也称“副菜”。品种包括各种淡、海水鱼类、贝类及软体动物类。通常水产类菜肴与蛋类、面包类、酥盒菜肴均称为副菜。因为鱼类等菜肴的肉质鲜嫩，比较容易消化，所以放在肉类菜肴的前面，叫法上也和肉类菜肴主菜有区别。西餐吃鱼类菜肴讲究使用专用的调味汁，品种有鞑靼汁、荷兰汁、酒店汁、白奶油汁、大主教汁、美国汁和水手鱼汁等。

（4）主菜　肉、禽类菜肴是西餐的第四道菜，也称为“主菜”。肉类菜肴的原料取自牛、羊、猪、小牛仔等各个部位的肉，其中最有代表性的是牛肉或牛排。牛排按其部位又可分为沙朗牛排（也称西冷牛排）、菲力牛排、薄牛排等。其烹调方法常用烤、煎、铁扒等。肉类菜肴配用的调味汁主要有西班牙汁、浓烧汁精、蘑菇汁、白尼斯汁等。禽类菜肴的原料取自鸡、鸭、鹅，通常将兔肉和鹿肉等野味也归入禽类菜肴。禽类菜肴品种最多的是鸡，有山鸡、火鸡、竹鸡。可煮、可炸、可烤、可焖，主要的调味汁有黄肉汁、咖喱汁和奶油汁等。

（5）蔬菜类菜肴　蔬菜类菜肴可以安排在肉类菜肴之后，也可以与肉类菜肴同时上桌，所以可以算为一道菜，或称之为一种配菜。蔬菜类菜肴在西餐中称为沙拉。与主菜同时搭配的沙拉，称为生蔬菜沙拉，一般用生菜、西红柿、黄瓜、芦笋等制作。沙拉的主要调味汁有醋油汁、法国汁、千岛汁、奶酪沙拉汁等。除了蔬菜之外，还有一类是用鱼、肉、蛋类制作的沙拉，这类沙拉一般不加调味汁，在进餐顺序上可以作为头盘食用。还有一些蔬菜是熟食的，如花椰菜、煮菠菜、炸土豆条。熟食的蔬菜通常是与主菜的肉食类菜肴一同摆放在餐盘中上桌，称为配菜。

（6）甜品　西餐的甜品是在主菜后食用的，可以算做是第六道菜。从真正意义上讲，它包括所有主菜后面的食物，如布丁、煎饼、冰淇淋、奶酪、水果等。

（7）咖啡、茶　西餐的最后一道是饮料、咖啡或茶。喝咖啡一般要加糖和淡奶油，茶一般要加香桃片和糖。

2. 西餐宴会基本礼仪

（1）预约的窍门　越高档的饭店越需要事先预约。预约时，不仅要说清人数和时间，也要表明是否要吸烟区或视野良好的座位。如果是生日或其他特别的日子，可以告知宴会的目的和预算。在预定时间内到达，是基本的礼貌。有急事时要提前通知取消定位，并且一定要道歉。

（2）西餐座位的排列　西餐座位比较讲究礼仪，非正式宴会座位遵守女士优先的原则，即男士主动为女士移动椅子让女士先坐，坐右座、靠墙、靠里坐。

正式宴会以国际惯例为依据，桌次的高低依距离主桌位置的远近而定，右高左低，桌次较多时一般摆放桌次牌。吃西餐均使用长桌，同一桌上座位的高低以距离主人的座位的远近而定。

西方习俗是男女交叉安排，以女主人的座位为准，主宾坐在女主人的右上方，主宾夫人坐在男主人的右上方。参加西式正式宴会，一定要找准自己的位置，不可贸然入座。

（3）入座礼仪　不管正式宴会还是非正式宴会，入座或离座均应以从座椅的左侧走为宜（见图 7-12）。当椅子被拉开后，身体在几乎要碰到桌子的距离站直，领位者会把椅子推进来，腿弯碰到后面的椅子时，就可以坐下来了。

用餐时，上臂和背部要靠到椅背，腹部和桌子保持约一个拳头的距离。坐姿要端正，最好采取正坐式坐姿，避免两脚交叉的姿态。

图 7-12　入座礼仪

3. 西餐餐具使用礼仪

西餐宴席上使用的餐具主要是刀、叉、匙、盘、杯等（见图 7-13）。

（1）刀、叉使用礼仪　刀、叉等银器类皆称为 Cut-lery。刀、叉又分为肉类用、鱼类用、前菜用、甜点用。

在宴会中，每吃一道菜用一副刀、叉。对摆在面前的刀、叉，从外侧依次向内取用，因为刀、叉摆放的顺序正是每道菜上桌的顺序。刀叉用完了，上菜也结束了。

图 7-13　西餐餐具种类及使用规范

如今所使用的餐具依料理的变化而不断变化。正式西式料理的套餐中，常依不同料理的特点而配合使用各种不同形状的刀叉，并不是一开始就全部摆出来的。

现在大多是以点用 2～3 道单品料理的方式为主流，所以，不会出现在餐桌上摆满银器的正式用餐餐具状况。随着仅吃 2～3 道前菜的人愈来愈多，刀、叉也并不随之变换，大都是以一组刀、叉吃接着送上的前菜。

所有餐厅的肉类料理所使用的刀形状大致一样，不过鱼类料理所使用的刀，往往依各个餐厅的风格而有所不同。尤其是与肉类料理用刀的宽度相同的鱼类料理用刀呈现出逐渐增加的趋势，且比这更宽的也很常见，还有一些采用刀幅更宽并在刀刃部分加上豪华装饰的鱼类料理用刀。此外，还有餐厅以调味料汤匙代替鱼类料理用刀。

刀叉架就像是中国的筷架一样。有时是刀与叉（或汤匙）两只为一组放置在刀叉架上；有时是将刀、叉、汤匙三只为一组，放置在刀叉架上；有时是刀与叉（或汤匙）两只为一组的朝上放置，使刀的刀刃部与叉子的前部不会碰触到桌巾。

① 刀、叉的使用方式。一般是左手拿叉，右手拿刀。拿叉的姿势是，用左手拇指、食指、中指拿住叉。拿刀的姿势是，用右手食指压在刀背上以出力，其余手指拿住刀把（见图 7-14）。

英美人的饮食习惯不一样。吃肉菜时，英国人左手拿叉，叉尖朝下，把肉扎起来，送入口中。如果是烧烂的蔬菜，就用餐刀把菜拨到餐叉上，送入口中。美国人用同样的方法切肉，然后右手放下餐刀，换用餐叉，叉尖朝上，插到肉的下面，不用餐刀，把肉铲起来，送入口中。吃烧烂的蔬菜也是这样铲起来吃。

图 7-14　刀、叉规范握法

吃饭时，利用叉子的背面舀起来吃虽然不违反餐桌礼仪，不过看起来的确不雅观。

吃米饭之类的料理时，可以很自然地将叉子转到正面舀起食用，因为叉子正面的凹下部位正是为此用法而设计的。这时候，也可利用刀子在一旁辅助用餐动作。将餐盘上的料理舀起时，利用刀子挡着以免料理散落到盘子外面，如此一来就可以很利落地将盘内食物舀起。如有淋上调味酱的料理，也可以利用刀子刮取调味酱，再以汤匙或调味酱用汤匙将料理与酱一起送入口中。如以叉子叉住，再用汤匙淋上调味酱后食用，则是错误的动作，因为这样一来，在料理送往口中时，酱料会滴滴答答落得到处都是，搞得一团糟。以叉子舀起料理时，以左手持用叉子，将食物置于叉子正面的叉腹上送入口中。

在与朋友聚餐的轻松场合，如果不需要用到餐刀，可以用右手拿叉子进餐。应以正面叉腹而非叉子背面舀起，这样可以比较容易食用，而且也比较优雅自然。

当盘子内的细碎食物聚集时，可利用刀子挡着，再以叉子靠近舀起。利用汤匙代替刀子也是可以的。以叉子将料理聚集到汤匙上，再以汤匙将食物送入口中。

调味酱用汤匙与一般汤匙的用法是一样的。应利用叉子将料理推到调味酱汤匙上食用，而非以叉子叉住料理再以调味酱用汤匙淋上酱料，因为后者是违反礼节的。

② 刀、叉的摆放。刀、叉除了将料理切开送入口中之外，还有另一项非常重要的功用。就是刀、叉的摆放方式传达出“用餐中”或是“结束用餐”的信

息。而服务人员也是利用这种方式来判断客人的用餐情形，以及是否收拾餐具准备接下来的服务等，所以学会正确摆放刀、叉等餐具尤为重要。

a.“八”字形摆放　如果在用餐中途有事需中断或暂时休息片刻，可将刀、叉分开摆放于盘中，刀头与叉尖相对成“八”字形，刀刃朝向自己，这就表示还要继续进餐（见图 7-15）。

b. 并列摆放　用餐结束后，可将叉子的凹面向上，刀子的刀刃侧向内与叉子并拢，平行放置于餐盘里靠右的位置（见图 7-16），则表示这一道菜已经用好了，服务人员就会把盘子撤去。摆放时应注意尽量将刀、叉柄放入餐盘内，这样可以避免因碰触而掉落，服务生也较容易收拾。

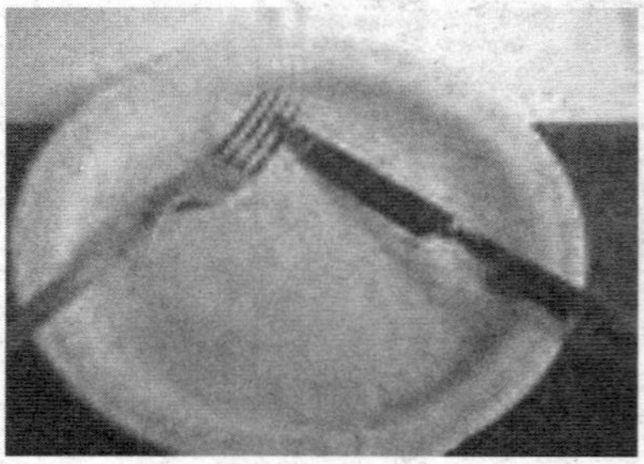

图 7-15　刀、叉“八”字形摆放规范

图 7-16　刀、叉并列摆放规范

特别要注意的是使用刀时，刀刃不可向外，刀刃侧必须面向自己。此外，不管在任何时候，都不可将刀、叉的一端放在盘上，另一端放在桌上。

如果是谈话，可以拿着刀、叉，无须放下。但若需要做手势时，就应放下刀、叉，千万不可手执刀、叉在空中挥舞摇晃。也不要一手拿刀或叉，而另一只手拿餐巾擦嘴。也不可一手拿酒杯，另一只手拿叉取菜。

使用刀、叉和匙进餐时，要从最外面开始，从外侧往内侧取用。西餐一般讲究吃不同的菜用不同的刀、叉，饮不同的酒用不同的酒杯。

不要举着刀、叉和别人说话，不能发出刀、叉相碰的声音。

切东西时用左手拿叉按住食物，右手执刀将其锯切成小块，然后用叉子送入口中。

不用刀时，也可以用右手持叉。

(2) 餐巾使用礼仪

① 餐巾用毕无须折叠整齐。用餐完毕要站起来，首先将腿上的餐巾拿起，随意叠好，再把餐巾放在餐桌的左侧，然后起身离座。如果站起来后才甩动或折叠餐巾，就不合乎礼节了。餐巾用完后无须折叠得太过整齐，但也不能随便搓成一团。如有主宾或长辈在座，一定要等他们拿起餐巾折叠时才能跟着动作。

② 中途暂时离席时，须让餐巾从餐桌上垂下一角。宴席中最好避免中途离

席。非暂时离席时，许多人会把餐巾叠好放在椅子上，这种处理方式并没有错，因为餐巾摆放在桌上容易被误会已经离席。其实，最理想的方式是用盘子或刀子压住餐巾的一角，让它从桌沿垂下，当然脏的那一面朝内侧才雅观。

③ 餐巾要放在腿上。从餐桌上拿起餐巾，先对折，再将褶线朝向自己，摊在腿上。绝不能把餐巾抖开，如围兜般围在身上或塞在领口。而把餐巾的一角塞进纽扣眼或腰带里，也是错误的方法。假如衣服的质地较滑，餐巾容易滑落，那应该以较不醒目的方法，将餐巾的一角塞进腰带里或左右两端塞在大腿下。

④ 餐巾是用来擦拭嘴的。餐巾当然是为了预防调味汁滴落，弄脏衣物。但是，最主要的还是用来擦拭嘴。吃了油腻的食物后满嘴油渍，若以这副尊容与人说话，委实不雅。况且喝酒时还会把油渍留在玻璃杯上，更是难看。至于口红也是同样要用餐巾略擦一擦，避免唇印沾在酒杯上。

（3）汤碗、汤匙使用礼仪　一般西餐喝汤使用的餐具是汤盘或汤碗。汤碗分带把儿和不带把儿两种。饮用汤要使用汤匙，汤匙除了前菜用、汤用、咖啡用、茶用之外，还有调味料用汤匙，即添加调味料时所使用的汤匙，多用于甜点或是鱼类料理。

握汤匙的正确姿势为：用大拇指按住匙的把，其他手指轻轻托住另一边。握的位置要适当，握柄的中上部最为理想，看上去优雅自然。盘中汤不多时，千万不可端起汤盘吮吸，而应用左手将汤盘微微外倾，用匙舀尽。

喝汤时不要啜，吃东西时要闭嘴咀嚼。不要舔嘴唇或咂嘴发出声音。如汤菜过热，可待稍凉后再吃，不要用嘴吹。

进汤时，身体要保持端正，头部不要太接近汤盘，长头发的女士千万注意不要把头发落到汤盘里，那样既不卫生，又不美观。舀汤时，应从盘子里面向外舀，然后用勺子将汤送到嘴里，而不是用低头去找汤盘。注意不要让汤从嘴里流出来或把汤滴在汤盘外边。

在进汤类食物时，千万避免发出向嘴里吸溜的声音，如果汤是滚烫的，可稍等片刻再享用，不可将嘴巴凑近汤盘猛吹。即使汤盘里只有少许汤底，也不可举盘把汤底倒入口中。可将汤盘向外倾斜，以便将最后的几滴用勺子舀起。如果是汤碗的话，最后的几滴可倒入口中。吃完汤菜时，将汤匙留在汤盘（碗）中，匙把指向自己。

（4）酒杯使用礼仪　酒杯的使用有一项通则，即不论喝红酒或白酒，酒杯都必须使用透明的高脚杯。由于酒的颜色和喝酒、闻酒一样是品酒的一部分，一向作为评断酒的品质的重要标准。有色玻璃杯的使用，将影响到对酒本身颜色的判定。使用高脚杯的目的则在于让手有所把持，避免手直接接触杯肚而影响了酒的温度。规范的握法是用拇指、食指和中指并持杯颈，千万不要手握杯身，这样既可以充分欣赏酒的颜色，手掌散发的热量又不会影响酒的最佳饮用温度。

西餐使用的酒杯种类比较多，主要有：水杯、葡萄酒杯、香槟酒杯、鸡尾酒杯、白兰地酒杯等。

① 水杯。使用阔口短脚杯，可握杯脚以保留冷水温。

② 葡萄酒杯。基本上，大部分类型的葡萄酒（红、白、桃红）都可以用郁金香型的杯子，杯颈长、杯碗圆、杯身向上收窄。但讲究的饮酒者不仅根据葡萄酒的种类选用不同酒杯，甚至同类的酒，由于产区、年份不同，酒杯也要有所区别。大致来说，红酒杯的类型主要有三种：波尔多酒杯、勃艮地酒杯和全用途的酒杯。

波尔多酒杯比较高，杯口较勃艮地酒杯窄，以保留杯内波尔多红酒的香味。容量从12～18盎司不等，有时还会更大。

勃艮地酒杯的特色则是大而圆，高度和宽度都大约相等，其杯口较波尔多酒杯宽，用宽阔大酒杯以催生其复杂酒香，适用于气味香醇的酒。容量在12～24盎司，有时也会更大。该杯略比白葡萄酒杯高些。

同样是红酒杯，波尔多的，是较长身的郁金香型；而适合勃艮地的，则是杯身较矮的款式，有的品牌甚至将之做成圆球状，毕竟两地的酒，性格不大一样。

喝白葡萄酒的杯子，杯身较高，杯口略小，以截获酒香。因为白葡萄酒的香气不会像红酒那么强烈，它不需像红酒那样经“呼吸”而醇化。较小的空气接触，可令香气、口感更持久。同样应注意握杯脚以保留其冷温。

对不愿因酒的种类不同而更换酒杯的人，全功能的酒杯是不错的选择。大小介于勃艮地酒杯和波尔多酒杯之间，大约为12盎司的容量，在国内大部分餐厅都可以见得到，是最普遍的一种。

③ 香槟酒杯。为了要完全享受香槟的泡沫和滋味，那就需要特别的香槟杯了。香槟杯或气泡酒的杯子通常是长型的，狭窄有凹槽的杯，以减少酒的表面区域，防止气泡消散。使用起来是既秀气又优雅，容量一般为8盎司左右。纤长的郁金香型也可以，这会令美丽的气泡有更长的旅程，集结成束，翩然飘向杯顶。

④ 白兰地酒杯。喝白兰地，用的则是一种杯身矮胖、杯脚短小的酒杯，杯口的收弧较大，杯子较宽。不是持颈而饮，而是掌心轻托杯碗，用手心温杯，让体温加速酒的挥发，这样杯中酒就能散发出更加香醇的白兰地酒香。也有女士喜欢在白兰地中加少许的糖或咖啡，但不能加牛奶。

倒酒时，一般只有香槟是可以倒到全满的，若是白酒，一次倒半杯就可以了，若是红酒，四分之一就是适当的量了，倒得太满将无法欣赏到酒的香味与颜色。

4. 西餐进餐礼仪

（1）肉类吃法　吃肉类时有两种方式：一种是边割边吃；另一种是先把肉块（如牛排）切好，然后把刀子放在食盘的右侧，单用叉子取食。前者是欧洲的古老习惯，后者则是美式的吃法，一般前者比较正式。

吃西餐首先必须学会的是排餐的用餐方法。排餐可说是自古至今的肉类料理代表，排餐的吃法自然也就成为其他肉类料理的基本形式。

① 排餐的吃法。用餐时，以叉子从左侧将肉叉住，再用刀沿着叉子的右侧

将肉切开，如切下的肉无法一口吃下，可直接用刀子再切小一些，切开刚好一口大小的肉，然后直接以叉子送入口中。

为了轻松地将肉切开，首先就要松肩膀，并确实用叉子把肉叉住。再以刀轻轻地慢慢地前后移动。用力点是在将刀伸出去的时候，而不是将刀拉回时。

不可一开始就将肉全部切成一块一块的，否则好吃的肉汁就会全部流出来了。如果用叉子叉住肉的左侧却从肉的右侧开始切；会很难将肉切开。因左手拿叉子，所以从左侧开始切才是基本。

千万不要从右侧开始切。如果太用力切，在切开时会因与盘子碰撞而发出很大的声音。身体向前倾的姿势很难使用刀子。

点缀的蔬菜也要全部吃完。放在牛排旁边的蔬菜不只是为了装饰，同时也是基于营养均衡的考虑而添加的。利用汤匙取适量酱料并放在餐盘内侧，互相交替着放在旁边的蔬菜与肉一起吃完，千万不要先吃完牛排再吃蔬菜。

牛排的生熟度选择：点用牛排时，首先服务生会询问烧烤程度，可依个人所喜欢的料理方式供应。牛排的生熟程度，在西餐中称“几成熟”。

a. Very rare steak 牛排内部为血红色而且温度不高。

b. 一成熟牛排（rare） 牛排内部为血红色且内部各处保持一定温度（高于very rare steak）。

c. 三成熟牛排（medium rare） 切开牛排可见断面仅上下两层呈灰褐色，其间70%的肉为红色并带有大量血水，最能品尝牛肉的鲜美。

d. 五成熟牛排（medium） 切开牛排可见断面中央50%肉为红色，带少量血水，是品尝牛扒的最佳成数。

e. 七成熟牛排（medium well） 切开牛排可见断面中央只有一条较窄的红线，肉中血水已近干，是大众选择的成数。

f. 全熟牛排（well done） 牛排内部为褐色。切开以后渗出少量清澈的肉汁，肉质变得稍硬，一般不推荐选择，但有宗教信仰的人合适。

g. 全白 是在全熟的基础上更进一层，切开后肉质呈白色，个别需求，也不推荐。

西方人爱吃较生口味的牛排，由于这种牛排含油适中又略带血水，口感甚是鲜美。东方人更偏爱七成熟，因为怕看到肉中带血，因此认为血水越少越好。

② 鱼肉的吃法。鱼肉极嫩易碎，因此餐厅常不备餐刀而备专用的汤匙。这种汤匙比一般喝汤用的稍大而且较平，不但可切分菜肴，还能将菜和调味汁一起舀起来吃。若要吃其他混合的青菜类食物，还是使用叉子为好。

吃鱼时不要将鱼翻身，要吃完上层后用刀、叉将鱼骨剔掉后再吃下层。对于鱼骨头，首先用刀在鱼鳃附近刺一条直线，刀尖不要刺透，刺入一半即可。将鱼的上半身挑开后，从头开始，将刀放在骨下方，往鱼尾方向划开。把骨剔掉并挪到盘子的一角。最后再把鱼尾切掉。

③ 鸡肉的吃法。吃鸡时，欧美人多以鸡胸脯肉为贵。吃鸡腿时应先用力将

骨去掉，不要用手拿着吃。

（2）三明治、面包的吃法　小的三明治和烤面包是用手拿着吃的，大点的吃前先切开。配卤汁吃的热三明治需要用刀和叉。通过拿面包的方式，可以测试出一个人是否是个有修养的人。面包一般掰成小块送入口中，不要拿着整块面包去咬。记住在吃面包或蛋卷时，往上抹黄油和果酱之前，先把其掰成两半或小块。小饼干用不着弄碎。使用盘中的黄油刀，抹油应在盘子里或盘子上部进行。把黄油刀稍靠右边放。刀柄放在盘边外面以保持清洁。热土司和小面包要马上抹油。不必把面包条掰碎，可在其一面抹黄油。把丹麦糕点（甜蛋卷）切成两半或四半，随抹随吃。

炸薯片、炸肉片等食物，跟面包一样，用手取食。取食时，仅限于用拇指和食指拈取，食后用摆在面前的小手巾拭手。

（3）面条的吃法　吃面条时，要用叉子先将面条慢慢地卷起，每次卷四五根最合适，然后送入口中。也可以用调羹和叉子一起吃，调羹可以帮助叉子控制滑溜溜的面条。不能直接用嘴吸食面条，否则会发出不文雅的响声或将汁汤溅得到处都是。

（4）水果的吃法

① 苹果、梨。吃梨或苹果不要整个去咬，而应用水果刀将水果切成四至六块，剜去果核，然后用叉或水果刀食用。如果场合比较随意的话，可以用手拿着一块一块吃。

② 香蕉。如果是在餐桌上吃香蕉，要先剥皮后整根放在盘子里，用刀、叉切成段，然后用叉子叉着吃。在非正式场合如野餐、海滩等，要把香蕉剥出一半，然后直接咬着吃。

③ 柚子（橙子、橘子）。吃柚子时，要先把它切成两半，然后用茶匙或尖柚子匙挖出食用。在非正式场合，可以把柚子汁小心地挤到茶匙中。剥橙子皮有两种方法，两者都要使用尖刀。方法一：螺旋式剥皮。方法二：先用刀切去两端的皮，再竖直将皮一片片切掉。剥皮后，可以把橙肉掰下来。如果掰下的部分不大，可一口吃掉。如果太大，要使用甜食刀、叉先切开，再食用。如果橙子是切好的，也可以像吃柚子那样使用柚子匙或茶匙挖着吃。吃橘子要先用手剥去皮，再一片一片地掰开吃。

④ 葡萄。对于无籽葡萄没什么讲究，一粒粒地吃就行。若葡萄有籽，则把葡萄放入口中嚼、吸食肉质，然后把籽吐到手中。要想容易地剥去葡萄皮，则要用手捏着葡萄，把连梗的一头放在嘴边，用中指和食指将肉轻轻挤入口中。最后把剩在手中的葡萄皮放在盘子里。

⑤ 西瓜。切成块的西瓜一般用刀和叉来吃，吃进嘴里的西瓜籽要及时清理，并吐在紧凹的手中，然后放入自己的盘子。

⑥ 芒果、木瓜。整个芒果，要先用锋利的水果刀纵向切成两半，然后再切成四分之一瓣。用叉子将每一块放入盘中，皮面朝上，并剥掉芒果皮。也可以用

勺挖着吃，如把芒果切成两半，挖食核肉，保留皮壳。吃木瓜像吃小西瓜一样，先切成两半，抠出籽，然后用勺挖着吃。

⑦ 草莓。大草莓可以用手持柄部，蘸着白砂糖（自己盘中的）整个吃。然后将草莓柄放入自己的盘里。如果草莓是拌在奶油里的，则要使用勺子。

⑧ 桃、李。将桃、李先切成二分之一，再切成四分之一，用刀去核。皮可以剥下来，但如果带着皮切成小块，用甜食刀、叉食用也是不错的。

⑨ 浆果、樱桃。吃法很多，可视情况而定，一般来说，吃浆果时，不管有无奶油，都要用勺子；吃樱桃要用手拿，将樱桃核文雅地吐在紧凹的手中，然后放入自己的盘子。

（5）蔬菜的吃法

① 芦笋。如果要吃的芦笋菜中有汤汁，先切成小块，再用刀、叉食用。如果芦笋很大而且需要蘸汁，先把头切下，然后分开来食用，以防滴汁和掉渣。也可以用手拿着茎柄，蘸汁吃。对于小的芦笋完全可以用手拿着蘸汁食用。

② 西红柿。除做沙拉吃以外，西红柿都可以用手拿着吃。挑个小点的，正好放入嘴中，不要张嘴咀嚼，因为这样汁液会溅出来，要把嘴唇闭紧。如果盘中只有一个大的西红柿，用牙轻轻将皮剥掉，先咬下一半，慢慢吃完，再吃另一半。

③ 玉米棒。鲜玉米棒大多是在非正式场合吃的，可以先把它掰成两半，以便好拿，值得注意的是，在上面一次不要抹撒太多的黄油或调料。横着吃或是转圈吃两种方法都行。先集中数排或一部分抹黄油、撒盐，吃完后再换地方，这样手和面部就不会过多沾染调料。

④ 土豆。土豆片和土豆条用手拿着吃。如果土豆条里有汁的话则要使用叉子。小土豆条也可拿着吃，但用叉子会更好。如果土豆条太大，不好取用，就用叉子叉开，不能挂在叉子上咬着吃。可以把番茄酱放在盘子边上，用手拿或用叉子叉着小块蘸汁吃。烤土豆在食用时往往已被切开，如果没有的话则自己用刀从上部切入，用手或叉子将土豆掰开一点，加入奶油或酸奶，小青葱，盐和胡椒粉，每次加一点，可以带皮食用。

（6）甜点的吃法

① 冰淇淋。吃冰淇淋一般使用小勺。当和蛋糕或馅饼一起吃或作为主餐的一部分时，要使用一把甜点叉和一个甜点勺。

② 馅饼。吃水果馅饼通常要使用叉子。但如果主人提供了一把叉子和一个甜点勺的话，那么就用叉子固定馅饼，用勺挖着吃。吃馅饼是要用叉子的，除非馅饼是带冰淇淋的，这种情况下，叉、勺都要使用。如果吃的是奶油馅饼，最好用叉而不要用手，以防馅料从另一头漏出。

③ 煮梨。使用勺和叉。用叉竖直把梨固定，用勺把梨挖成方便食用的小块。叉子还可用来旋转煮梨，以便挖食梨肉。如果只有一个勺子，就用手旋转盘子，把梨核留在盘里，用勺把糖汁舀出。

④ 果汁冰糕。如果作为肉食的配餐食用，可以用叉；如果是作为甜点来食

用，则使用勺子。

⑤ 炖制水果。吃炖制水果要使用勺子，但是也可以用叉子来稳住大块水果。把樱桃、梅干、李脯的核体面地吐到勺里，放在盘边。

（7）沙拉的吃法　西餐中，沙拉往往出现在这样的场合里：作为主菜的配菜，比如说蔬菜沙拉，这是常见的；作为间隔菜，比如在主菜和甜点之间；作为第一道菜，比如说鸡肉沙拉。

按照传统，沙拉要用叉子来吃，但是如果沙拉的块太大，就应切开以免从叉子上掉下来。

如果沙拉是一大盘，就使用沙拉叉。如果和主菜放在一起则要使用主菜叉来吃。

如果沙拉是间隔菜，通常要和奶酪、炸玉米片等一起食用。先取一两片面包放在沙拉盘上，再取两三片玉米片。奶酪和沙拉要用叉子吃，而玉米片可以用手拿着吃。

如果主菜沙拉配有沙拉酱，可以先把沙拉酱浇在一部分沙拉上，吃完这部分后再加酱。直到加到碗底的生菜叶部分，这样浇汁就容易了。

沙拉习惯的吃法应该是：将大片的生菜叶用叉子切成小块，如果不好切可以刀叉并用。一次只切一块，吃完再切。

（8）调味品的吃法

① 酱料。食用马萝卜酱、薄荷胶、葡萄干胶、芥末、苹果酱、番茄酱时，要先用汤匙将其舀入盘子里，然后用叉子叉肉抹油食用。液体酱汁如薄荷、樱桃或杏鸭酱，要直接浇到肉上面。浇得最好要少些，这样不会影响肉的整体味道。吃蛋卷和饼干用的果胶，果酱和蜜饯，要用汤匙舀到黄油盘子的一边，然后用刀平抹在面包或蛋卷小块上。如果没有汤匙，用刀取果胶前，先在盘子边上擦一擦。吃咖喱菜时，可把花生、椰子、酸辣酱等调料放到盘子里混合后配咖喱食用。酸辣酱也可作为配菜吃，不用混合。

② 盐和胡椒粉。先品尝食物，后加盐和胡椒粉。先放盐或胡椒粉是对厨师不礼貌的表现。如果桌上有盐罐，使用里面的盐匙，如果没有，就用干净的刀尖取用。蘸过盐的食物要放在自己的黄油盘里或餐盘里的一边。如果提供的是一个专人盐罐，可以用手捏取。

③ 黄油。往面包、蛋卷、饼干或土司上抹黄油要用刀，而且小块面包只能抹少量的黄油。不要往蔬菜上抹黄油，因为这被认为是对厨师的污辱。

（9）咖啡礼仪　西式宴会中在鸡、龙虾或西式全部菜点上完后，便是咖啡和茶。喝咖啡时如愿意添加牛奶或糖，添加后要用小勺搅拌均匀，搅匀后仍将小勺放在咖啡的垫碟上再喝（茶匙不能放在茶杯里）。喝咖啡或茶时，应右手拿杯把，左手端垫碟，直接用嘴喝，不要用小勺一勺一勺地舀着喝（见图 7-17）。记住喝咖啡、茶或汤一定要端起杯子找嘴，不能俯身去用嘴迁就杯子。喝完咖啡和茶，宴会就该结束了，客人可以开始告辞。

图 7-17　咖啡饮用礼仪

做客饮咖啡，有时也会遇上一些特殊情况。例如，坐在远离桌子的沙发中，不便使用双手端着咖啡饮用，此时可以作一些变通。可用左手将咖啡碟置于齐胸的位置，用右手端着咖啡杯，饮用。饮毕，应立即将咖啡杯置于咖啡碟中，不要让二者分家。

添加咖啡时，不要把咖啡杯从咖啡碟中拿起来。

有时饮咖啡可以吃一些点心。但不要一手端着咖啡杯，一手拿着点心，应吃一口、喝一口交替进行。饮咖啡时应当放下点心，吃点心时则应当放下咖啡杯。

在家中请人来喝咖啡，通常安排在下午 4 时以前，一般不用速溶咖啡。届时应准备一些点心，女主人负责给客人们倒咖啡，饮咖啡是一种文化，只有讲究礼节，才能体味它的温馨。

（10）葡萄酒礼仪　酒类服务通常是由服务员负责将少量酒倒入酒杯中，让客人鉴别品质是否有误，只需把它当成一种形式，喝一小口并回答“Good”。

接着，侍者会来倒酒，这时，不要动手去拿酒杯，而应把它放在桌上由侍者去倒。

① 在正式西餐中，选用的酒都是葡萄酒（见图 7-18），分为红葡萄酒和白葡萄酒。味道越浓的酒越放在后面用，通常是白葡萄酒先于红葡萄酒，年限短的酒先于年限长的酒，未加糖的酒先于加糖的酒，但不能在葡萄酒中加冰和柠檬。

② 正确的握酒杯的姿势是：用大拇指、中指和食指握住杯脚，同时小指放在杯子底部固定。轻轻摇动酒杯让酒与空气接触以增加酒味的醇香，但不要猛烈摇晃杯子。喝酒时不能吸着喝，应倾斜酒杯，像是将酒放在舌头上似的喝。

图 7-18　葡萄酒

③ 品酒三部曲。品酒要用眼、鼻和口来鉴别酒液的色、香与味。简单来说，品酒可分为以下三个主要步骤。

a. 用眼睛观赏酒液的颜色。选定餐酒后，侍者会先将酒奉上，请客人核对瓶上的标签，以确认餐酒品牌，确认无误后，侍者会先倒少许酒液于杯内给客人试饮，若客人对酒质口味感到满意，侍者便会继续添酒。

试酒前，先要微微举起酒杯，轻轻打圈摇晃，先欣赏酒液的“挂杯”情况，再于灯光下观赏其色泽，并要留意酒中是否清澈无杂质。

b. 用眼睛观赏过后，就要用鼻子去感受酒香。

先握紧杯脚，将酒杯轻轻打圈，让红酒在杯内晃动，跟大量空气接触，释放香气，然后将酒杯凑近鼻子，慢慢享受酒香。如此多试几次，慢慢就能分辨出酒液中的果味、木味、花味、泥土味以及橡木味，亦可凭味道分辨出酒的级数。

c. 呷一口酒，让酒香在口腔中慢慢释放散开。

饮用餐酒，“咕噜咕噜”的吞下去，是一种浪费和失仪；应先呷一口，让味蕾感受酒的味道，然后才慢慢吞下。而一瓶优质佳酿，喝后酒香会留于口腔之内，久久不散，为晚餐带来丰富的味觉享受。

④ 酒与食物口味的搭配

a. 酸味　一般的酒不能和沙拉搭配，原因是沙拉中的酸极大地破坏了酒的醇香。但是，如果沙拉和酸性酒类同用，酒里所含的酸就会被沙拉的乳酸分解掉，这是一种绝好的搭配。所以，可以选择酸性酒和酸性食物一起食用。酸性酒类与含咸食品共用，味道也很好。

b. 甜味　用餐时，同样可以依个人口味选择甜点。一般来说，甜食会使甜酒口味减淡。如果选用加利福尼亚风时亚酒和一小片烤箭鱼一起食用，酒会显得很甜。但是，如果在鱼上放入沙拉，酒里的果味就会减色不少。所以，吃甜点时，糖分过高的甜点会将酒味覆盖，失去了原味。应该选择略甜于甜点一点的酒类，这样酒才能保持原来的口味。

c. 苦味　仍然使用“个人喜好”原则。苦味酒和带苦味的食物一起食用苦味会减少。所以如果想减淡或除去苦味，可以将苦酒和带苦味的食物搭配食用。

d. 咸味　一般没有盐味酒，但有许多酒类能降低含咸食品的盐味。世界许多国家和地区食用海产品如鱼类时，都会配用柠檬汁或酒类，主要原因是酸能减低鱼类的咸度，食用时，味道更加鲜美可口。

⑤ 红酒配“红肉”，如：牛肉、羊肉、猪肉等。红酒不可以加冰喝。白酒配“白肉”，如：海鲜、鱼肉、鸡肉等。白酒要冰过喝。上菜之前，不妨来杯香槟、

雪利酒或吉尔酒等较淡的酒。

⑥ 西方人没有劝酒的习惯，尊重别人的能力和选择。因此，在西餐宴席上往往是敬酒不劝酒，即使是劝酒也只是点到为止。同时，也不能拒绝对方的敬酒，即使自己不会喝酒，也要端起酒杯回敬对方，否则是一种不礼貌的行为。

⑦ 此外，吃西餐饮酒忌讳举杯一饮而尽、边喝边透过酒杯看人、拿着酒杯边说话边喝酒、吃东西时喝酒、口红印在酒杯沿上等，都是失礼的行为。不要用手指擦杯沿上的口红印，用面巾纸擦较好。

5. 西式自助餐礼仪

自助餐，有时亦称冷餐会，它是目前国际上所通行的一种非正式的西式宴会，在大型的商务活动中尤为多见。它的具体作法是，不预备正餐，而由就餐者在用餐时自行选择食物、饮料，然后或立或坐，自由地与他人在一起或是独自一人用餐。

自助餐之所以称为自助餐，主要是因其可以在用餐时调动用餐者的主观能动性，而由其自己动手，自己帮助自己，自己在既定的范围内安排选用菜肴。至于它又被叫做冷餐会，则主要是因其提供的食物以冷食为主。当然，适量地提供一些热菜，或者提供一些半成品由用餐者自己进行加工，也是允许的。

（1） 自助餐的优点

① 免排座次。正规的自助餐，往往不固定用餐者的座次，甚至不为其提供座椅。这样一来，既可免除座次排列之劳，而且还可以便于用餐者自由地进行交际。

② 节省费用。因为自助餐多以冷食为主，不提供正餐，不上高档的菜肴、酒水，故可大大地节约主办者的开支，并避免了浪费。

③ 各取所需。参加自助餐时，用餐者碰上自己偏爱的菜肴，只管自行取用，完全不必担心他人会为此而嘲笑自己。

④ 招待多人。每逢需要为众多的人士提供饮食时，自助餐不失为首选。它不仅可用以款待数量较多的来宾，而且还可以较好地处理众口难调的问题。

（2） 自助餐的礼仪　自助餐礼仪泛指人们安排或享用自助餐时所需要遵守的基本礼仪规范。具体来讲，自助餐礼仪又分为安排自助餐的礼仪与享用自助餐两个主要的部分。

① 安排自助餐的礼仪：指的是自助餐的主办者在筹办自助餐时规范性作法，一般而言，包括备餐的时间、就餐的地点、食物的准备、客人的招待四个方面的问题。

a. 备餐的时间　在商务交往之中，依照惯例，自助餐大都被安排在各种正式的商务活动之后，作为其附属的环节之一，而极少独立出来，单独成为一项活动。也就是说，商界的自助餐多见于各种正式活动之后，是用来招待来宾的项目之一，而不宜以此作为一种正规的商务活动的形式。

因为自助餐多在正式的商务活动之后举行，故而其举行的具体时间受到正式的商务活动的限制。不过，它很少被安排在晚间举行，而且每次用餐的时间不宜长于一个小时。

根据惯例，自助餐的用餐时间不必进行正式的限定。只要主人宣布用餐开始，大家即可动手就餐。在整个用餐期间，用餐者可以随到随吃，大可不必非要在主人宣布用餐开始之前到场恭候。在用自助餐时，也不像正式的宴会那样，必须统一退场，不允许“半途而废”。用餐者只要自己觉得吃好了，在与主人打过招呼之后，随时都可以离去。通常，自助餐是无人出面正式宣告其结束的。

一般来讲，主办单位假如预备以自助餐对来宾进行招待，最好事先以适当的方式对其进行通报。同时，必须注意一视同仁，即不要安排一部分来宾用自助餐，而安排另外一部分来宾去参加正式的宴请。

b. 就餐的地点　选择自助餐的就餐地点，大可不必如同宴会那般较真。重要的是，它既能容纳下全部就餐之人，又能为其提供足够的交际空间。

按照正常的情况，自助餐安排在室内外进行皆可。通常，大多选择在主办单位所拥有的大型餐厅、露天花园之内进行。有时，亦可外租、外借与此相类似的场地。

在选择、布置自助餐的就餐地点时，应注意以下三点事项。

(a) 为用餐者提供一定的活动空间。除了摆放菜肴的区域之外，在自助餐的就餐地点还应划出一块明显的用餐区域。

(b) 提供数量足够使用的餐桌与座椅。尽管真正的自助餐所提倡的是就餐者自由走动，立而不坐。但是实际上，有不少的就餐者，尤其是其中的年老体弱者，还是期望在其就餐期间能有一个暂时的歇脚之处。因此，在就餐地点应当预先摆放好一定数量的桌椅，供就餐者自由使用。在室外就餐时，提供适量的遮阳伞，往往也是必要的。

(c) 就餐地点环境宜人。在选定就餐地点时，不要只注意面积、费用问题，还须兼顾安全、卫生、温度、湿度等多方面问题。

c. 食物的准备　在自助餐上，为就餐者所提供的食物，既要有其共性，又要有其个性。其共性在于，为了便于就餐，以提供冷食为主；为了满足就餐者的不同口味，应当尽可能地使食物在品种上丰富而多采；为了方便就餐者进行选择，同一类型的食物应被集中在一处摆放。

其个性则在于，在不同的时间或是款待不同的客人时，食物可在具体品种上有所侧重。有时，以冷菜为主；有时，以甜品为主；有时，以茶点主；有时，还可以酒水为主。除此之外，还可酌情安排一些时令菜肴或特色菜肴。

一般而言，自助餐上所备的食物在品种上应当多多益善。具体来讲，一般的自助餐上所供应的菜肴大致应当包括冷菜、汤、热菜、点心、甜品、水果以及酒水等几大类型。

通常，常上的冷菜有沙拉、香肠、火腿、牛肉、猪舌、虾松、鱼籽、鸭蛋等；常上的汤类有红菜汤、牛尾汤、玉黍汤、酸辣汤、三鲜汤等；常上的热菜有炸鸡、炸鱼、烤肉、烧肉、烧鱼、土豆片等；常上的点心有面包、菜包、热狗、炒饭、蛋糕、曲奇饼、巧克力架、三明治、汉堡包、比萨饼等；常上的甜品有布丁、冰淇淋等；常上的水果有香蕉、菠萝、西瓜、木瓜、柑橘、樱桃、葡萄、苹果等；常上的酒水则有牛奶、咖啡、红茶、可乐、果汁、矿泉水、鸡尾酒等。

d. 客人的招待　招待好客人，是自助餐主办者的责任和义务。要做到这一点，必须特别注意下列环节。

(a) 照顾好主宾。不论在任何情况下，主宾都是主人照顾的重点，在自助餐上，也不例外。主人在自助餐上对主宾所提供的照顾，主要表现在陪同其就餐，与其进行适当的交谈，为其引见其他客人等。但是要注意给主宾留下一点供其自由活动的时间，不能始终伴随其左右。

(b) 充当引见者。作为一种社交活动的具体形式，自助餐自然要求其参加者主动进行适度的交际。在自助餐进行期间，主人一定要尽可能地为彼此互不相识的客人多创造一些相识的机会，并且积极为其牵线搭桥，充当引见者，即介绍人。应当注意的是，介绍他人相识，必须了解彼此双方是否有此意愿，而切勿一厢情愿。

(c) 安排服务者。小型的自助餐，主人往往可以身兼数职，同时充当服务者。但是，在大规模的自助餐上，显然是不能缺少专人服务的。在自助餐上，直接与就餐者进行正面接触的主要是侍者。根据常规，自助餐上的侍者需由健康而敏捷的男性担任。他的主要职责是：为了不使来宾因频频取食而妨碍了同他人所进行的交谈，而主动向其提供一些辅助性的服务。比如，推着装有各类食物的餐车，或是托着装有多种酒水的托盘，在来宾之间巡回走动，而听凭宾客各取所需。再者，他还可以负责补充供不应求的食物、饮料、餐具等。

② 享用自助餐的礼仪。所谓享用自助餐的礼仪，在此主要是指在以就餐者的身份参加自助餐时，所需要具体遵循的礼仪规范。一般来讲，在自助餐礼仪之中，享用自助餐的礼仪对绝大多数人而言，往往显得更为重要。通常，主要包括以下八个要点。

a. 排队取菜　在享用自助餐时，尽管需要就餐者自己照顾自己，但这并不意味着他可以因此而不择手段。实际上，在就餐取食物时，由于用餐者往往成群结队而来的缘故，大家都必须自觉地维护公共秩序，讲究先来后到，排队选用食物。不允许乱挤、乱抢、乱加队，更不允许不排队。

在取菜之前，先要准备好一个食盘。轮到自己取菜时，应以公用的餐具将食物装入自己的食盘之内，然后即应迅速离去。切勿在众多的食物面前犹豫再三，让身后之人久等，更不应该在取菜时挑挑拣拣，甚至直接下手或以自己的餐具取菜。

b. 循序取菜　在自助餐上，如果想要吃饱吃好，那么在具体取用菜肴时，就一定要首先了解合理的取菜顺序，然后循序渐进。按照常识，参加一般的自助餐时，取菜时的标准顺序依次是：冷菜、汤、热菜、点心、甜品和水果。因此在取菜时，最好先在全场转上一圈，了解一下情况，然后再去取菜。

如果不了解合理取菜的顺序，而在取菜时自行其是、乱吃一通，难免会本末倒置，咸甜相克，令自己吃得既不畅快又不舒服。举例而言，在自助餐上，甜品、水果应作为“压轴戏”最后吃。可要是不循常规，先大吃一通甜品、水果，就会产生饱腹感，等到后来见到自己想吃的好东西时，很可能就会心有余而力不足，只好“望洋兴叹”了。

c. 量力而行　参加自助餐时，遇上了自己喜欢吃的东西，只要不会撑坏肚子，完全可以放开肚量尽管去吃。不限数量，保证供应，其实这正是使自助餐大受欢迎的地方。因此，商务人员在参加自助餐时，大可不必担心别人笑话自己，爱吃什么，尽管享用。

但是，应当注意的是，在根据本人的口味选取食物时，必须要量力而行。切勿为了吃得过瘾，而将食物狂取一通，结果“嘴巴大喉咙小”，力不从心，从而导致食物浪费。严格地说，在享用自助餐时，多吃是允许的，而浪费食物则绝对不允许的。

d. 多次取菜　在自助餐上遵守“少取”原则的同时，还必须遵守“多次”的原则。“多次”的原则，是“多次取菜”的原则的简称。它的具体含义是：用餐者在自助餐上选取某一种类的菜肴，允许其再三再四地反复去取。每次应当只取一小点，待品尝之后，觉得它适合自己的话，那么还可以再次去取，直至自己感到吃好了为止。换而言之，这一原则其实是说，在选取某菜肴时，去取多少次都无所谓，都是允许的。相反，要是为了省事而一次取用过量，装得太多，则是失礼之举，必定会令其他人瞠目结舌。“多次”的原则，与“少取”的原则其实是同一个问题的两个不同侧面。“多次”是为了量力而行，“少取”也是为了避免造成浪费。所以，二者往往也被合称为“多次少取”的原则。

e. 避免外带　所有的自助餐，不分是以之待客的由主人亲自操办的自助餐，还是对外营业的正式餐馆里所经营的自助餐，都有一条不成文的规定，即自助餐只许就餐者在用餐现场自行享用，而绝对不许对方在用餐完毕之后携带出去。商务人员在参加自助餐时，一定要牢牢记住这一点。

f. 送回餐具　自助餐强调的是用餐者以自助为主，不但要求就餐者取用菜肴时以自助为主，而且还要求其善始善终，在用餐结束之后，自觉地将餐具送至指定之处。

g. 照顾他人　商务人员在参加自助餐时，除了对自己用餐时的举止表现要严加约束之外，还需与他人和睦相处，多加照顾。对于自己的同伴，特别需要加以关心。在对方乐意的前提下，还可向其具体提出一些有关选取菜肴的建议。对于在自助餐上碰见的熟人，亦应如此。不过，切记不可以自作主张地为对方直接代取食物，容易造成浪费。

在用餐的过程中，对于其他不相识的用餐者，应当以礼相待。在排队、取菜、寻位以及行动期间，对于其他用餐者要主动加以谦让，不要目中无人，蛮横无理。

h. 积极交际　一般来说，参加自助餐时，商务人员必须明确，吃东西往往属于次要之事，而与其他人进行适当的交际活动才是自己最重要的任务。在参加由商界单位所主办的自助餐时，情况就更是如此。因此，在参加自助餐时，一定要主动寻找机会，积极地进行交际活动。首先，应当找机会与主人攀谈一番，其次，应当与熟悉之人好好聊聊，最后，还应当争取多结识几位新的朋友。

6. 西餐礼仪其他注意事项

(1) 参加正式西式宴会一定注意服饰、仪容仪表符合礼仪要求，吃饭时穿着得体是欧美人的常识。去高档的餐厅，男士要穿着整洁的上衣和皮鞋；女士要穿套装和有跟的鞋子。如果指定穿正式服装的话，男士必须打领带。

(2) 吃西餐应特别注意水盂的使用，弄不好会闹出笑话。凡是上一道用手取用的食品，如鸡、龙虾、水果等，通常会同时送上一个水盂（铜盆、水晶玻璃缸、瓷碗），水上漂有玫瑰花瓣或柠檬片，但它不是饮料，而是西餐讲究的洗指碗，置于左上方，把手浸入水中，轻轻洗一下，然后用餐巾擦干净。

(3) 不可在餐桌边化妆，用餐巾擦鼻涕。用餐时打嗝是最大的禁忌，万一发生此种情况，应立即向周围的人道歉。取食时不要站立起来，坐着拿不到的食物应请别人传递。

(4) 不可在进餐时中途退席。如有事确需离开应向左右的客人小声打招呼。

(5) 在进餐尚未全部结束时，不可抽烟，直到上咖啡表示用餐结束时方可。如在左右有女客人，应有礼貌地询问一声“您不介意吧！”

(6) 进餐时应与左右客人交谈，但应避免高声谈笑。不要只同几个熟人交谈，左右客人如不认识，可选自我介绍。别人讲话不可搭嘴插话。

(7) 进餐过程中，不要解开纽扣或当众脱衣。如主人请客人宽衣，男客人可将外衣脱下搭在椅背上，不要将外衣或随身携带的物品放在餐台上。

(8) 正式的全套餐点上菜顺序是：①开胃品；②汤；③副菜；④主菜；⑤蔬菜类菜肴；⑥甜品；⑦咖啡、茶。没有必要全部都点，点太多却吃不完反而失礼。稍有水准的餐厅都不欢迎只点前菜的人。前菜、主菜（鱼或肉择其一）加甜点是最恰当的组合。点菜并不是由前菜开始点，而是先选一样最想吃的主菜，再配上适合主菜的汤。

(9) 如不小心将餐具碰落在地上，这时候须请服务生过来捡起。因为，东西掉了不算出丑，但是自己弯下腰去捡就比较丢脸。所以服务生随时都在注意客人的情况，会很快地再拿新的餐具过来。万一服务生没有注意到，可以面向服务生稍微地将手抬高一下，尽量不要引起其他人侧目注视。

(10) 用餐过程中自己够不着的调味等物，可以请别人帮忙递过来，我们也可应别人要求传递给他们，传递时要用右手。

(11) 进餐时女士手提包的放置：在欧美，女士入座后，通常会直接把手提包放在脚边的地板上。把手提包放置在桌上，对他们来说是很失礼的行为。因此，除了晚装的小手包，其他手提包都不能放在餐桌上。

实训方法

1. 参观中式餐厅，学习中餐餐具的摆放、口布的折叠方法。

2. 参观西式餐厅，学习西餐餐具的摆放，熟悉西餐主要内容。

3. 观看相关视频、讲座，学习中餐和西餐的宴请流程、用餐礼仪以及注意要点。

4. 通过模拟闯关小游戏，完成中餐桌次、座次安排的学习和训练，并由此推广到各种商务情境。

5. 在教师的指导与示范下，不断地进行实物操练。

6. 配合舒缓、愉快、幽雅的背景音乐，让学生在训练过程中感受到乐趣。

7. 在中餐、西餐的教学中，穿插或交替进行，让学生感受到中、西方文化的差别。

8. 以小组为单位进行各种情境的模拟练习。

9. 以小组为单位进行操作竞赛。比赛内容是餐具的摆放和口布的折叠，以秒表计时，决出胜者。

实训检测

考核项目	考核内容	分值	自评分（20%）	小组评分（30%）	教师评分（50%）	实得分
中餐	餐具的摆放	10				
	餐具的使用	10				
	桌次、座次的安排	5				
	宴请流程	5				
	进餐礼仪	10				
	敬酒礼仪	10				
西餐	餐具的摆放	10				
	餐具的使用	10				
	座次的安排	10				
	进餐礼仪	10				
	红酒礼仪	10				
合计						

实战练习

西餐礼仪

人物

服务员小姐——小美

丽影服装集团公司总裁——王总
丽影服装集团公司秘书——小夏
常达公司业务经理——李经理
某外资企业行政副总——秦总

背景　丽影服装集团公司总裁王总和常达公司业务经理李经理是生意上的伙伴，同时也是朋友关系，她们在办公室谈完一笔业务后，决定一起到西餐厅去叙叙旧。

场 景 一

旁白：秘书小夏正在打电话预订餐厅，餐厅服务员小美接电话。

小美：早上好，这里是西餐厅，我是服务员小美。有什么可以帮您的？

小夏：您好！我是丽影服装集团的秘书小夏，我想预订一个三人的桌子。

小美：好的。请问您还有别的要求吗？

小夏：我想在包房里预订一张靠窗户的。

小美：您几点钟需要？

小夏：今天晚上7点左右。

小美：谢谢。您想在吸烟区还是无烟区？

小夏：无烟区。

小美：好的。我再跟您核对一下，丽影服装集团王女士19点钟需要一张三人桌，在无烟区，是吗？

小夏：对，谢谢。

小美：感谢您的预订，夏小姐，我们期待您的光临！

场 景 二

晚上7点，丽影服装公司的王女士和常达公司的李女士来到西餐厅。由服务员小美负责接待。

小美：欢迎光临本餐厅，请问您们有预订座位吗？(30°鞠躬，面带微笑)

王：有，早上我的秘书夏小姐预订过了。

(小美看了看预订单)

小美：两位女士，这边请。(用手势指引)

(服务员小美带领王总和李经理到预订座位就座，帮助她们打开座椅，并拿来点菜单。王总和李经理从左侧入座，并将随身的小包放在身后的座椅上)

小美：现在可以点菜吗，小姐？

王：好的。

小美：请问您想点什么？

王：我想点一份意大利面和蔬菜沙拉。

小美：那您呢？(转向李经理，面带带笑)

李：我要一份菲力牛排。

小美：牛排几成熟？

李：七分熟。

小美：好的。请问您想喝点什么？

王：来一瓶法国红酒。

李：太好了，我也喜欢这种红酒。

小美：没问题。还想点些其他的吗？

王：不，够了，你呢？

李：不要别的了。(对小美说)

小美：谢谢。让我重复一下您们点的菜，您们要了一份意大利面和蔬菜沙拉，一份菲力牛排，七分熟，一瓶法国红酒，对吗？

王：对。

小美：您们还需要甜点吗？

王：你们有草莓吗？

小美：对不起，没有。不过我们有苹果味、菠萝味两种口味的甜点。

王：那来一份苹果派吧。

小美：好的。您们的菜很快就好。祝您用餐愉快！

旁白：服务员小美把菜送上，王女士和李女士开始用餐。

(两人先品尝了开胃菜，感觉很不错，又喝了点热汤。接着，两人开始吃主菜，右手拿刀，左手拿叉。两人开始聊天)

王：小李，最近过得怎么样啊？

李：还好吧。等会介绍个人给你认识，也许对你生意有帮助。

王：好啊！很期待哦。这家餐厅味道还不错吧，我以前经常来。

李：嗯，口味不错，服务态度也很好。

(两人正说着话，李经理电话响了)

李：您好！我是李××。

秦：小李你好啊，我是小秦，我已经到餐厅门口了。

李：好，你等会儿，我去接你。

(李经理放下刀、叉，摆成“八”字形放在餐盘里面，刀刃朝向自身，并把餐巾折起放在椅背上，起身向门口走去。在门口见到小秦，忙点头致意)

李：秦总，好久不见！(主动伸出手去握手)

秦：老朋友，还是这么漂亮啊！

李：过奖过奖，我们都老了啊。来，进来说，给你介绍一位好朋友。

(李经理领着秦总来到餐桌前，向王总介绍秦总)

李：王总，这位就是我要向您介绍的秦总，她是××外资企业的行政副总。

王：幸会幸会，久仰大名，今日一见，真是三生有幸。(起身，主动伸出手去握手)

秦：过奖过奖，我也早就听说丽影服装集团的王总是一位气质与实力相媲美的才女，果然名不虚传。这是我的名片，请多关照。

（秦总和王总相互交换了名片，并就座。王总招呼服务员小美过来，拿来点菜单）

小美：您好！请问您还需要点些什么？

秦：一份七分熟的台塑牛排和一杯白兰地。

小美：好的，请稍等。

（三人开始聊天，一会儿白兰地上来，三人边吃边聊，气氛很融洽）

李：王总，你的一位朋友不是想换部商务手机吗？这方面可以问问小秦行情，她可是行家。

王：哦，对了，差点忘了，那我就要请教请教了。

秦：不敢当，请说。

王：哪种商务手机功能比较齐全，小巧轻便，外观又要新潮、时尚？我那位朋友是个时尚达人，而且经常在外面出差。

秦：哦，是这样啊！那我就建议她买今年新推出的一款商务手机，功能非常强大，重量仅是传统商务手机的一半，而且表面采用的是纯手工打磨加工工艺，还可以根据不同客户的需求进行个性化装饰，非常适合时尚、尊贵的商务人士使用。

王：啊，那么好！那么我换手机的时候也选这款了。

（三人哈哈大笑）

王：好，就向朋友推荐这款，而且还要去你们公司选购。

秦：哈哈，那好，我随时恭候。

（在交谈中，秦总不小心把叉子碰掉在地上，服务员小美赶紧过去帮忙捡了起来）

小美：我去帮您换个新的，请您稍候。

秦：谢谢。看把我给激动的，呵呵……

（服务员小美重新拿了一个叉子过来）

小美：给您，请慢用。

秦：谢谢。

李：今年你们公司新推出的几款商务手机市场反响都很不错啊，你那的收益应该很好吧？

秦：今年市场行情确实不错，销量比去年增长了10个百分点。

王：今天又给你介绍了一笔啊，呵呵。

秦：是啊，谢谢各位的支持。来，干杯。

（三人边吃边聊，愉快的晚餐结束了）

王：服务员，买单。

小美：请问今天用餐还愉快吗？

王：很好，下次我们还会再来。

小美：谢谢。您这边请。

（王总结账完毕，并付小费给小美，小美表示感谢，将三人送至餐厅门口）

小美：请慢走，欢迎下次光临！（30°鞠躬，面带微笑）

李：下次有时间再聚。

秦：好，下次我请客。

王：好啊，那就不客气了，呵呵。

（三人握手道别）

自检分析

案例 1： 一次圆满的宴请安排

陈云在一家著名跨国公司的上海总部做总经理秘书工作，中午随总经理和市场总监有一个工作午餐会，主要是研究未来一年市场推广工作的计划。这不是一个很正式的会议，主要是利用午餐时间彼此沟通一下。陈云知道晚上公司要正式宴请国内最大的客户王总等一行人，答谢他们一年来给予的支持，她已经提前安排好了酒店和菜单。午餐是自助餐的形式，与总经理一起吃饭，陈云可不想失分，在取食物时，她选择了一些都是一口能吃下去的食物，放弃了她平时喜爱的大虾等需要用手帮忙才能吃掉的美食。她知道自己可能随时要记录老板的指示，没有时间去补妆，而总经理是法国人，又十分讲究。

下午回到办公室，陈云再次落实了酒店的宴会厅和菜单，为晚上的正式宴请做准备。算了算宾主双方共有8位，陈云安排了桌卡，因为是熟人，又只有几个客人，所以没有送请柬，可是她还是不放心，就又拿起了电话，找到了对方公关部李经理，详细说明了晚宴的地点和时间，又认真地询问了他们老总的饮食习惯。李经理告诉她说他们的老总是山西人，不太喜欢海鲜，非常爱吃面食。陈云听后，又给酒店打电话，重新调整了晚宴的菜单。

陈云还是决定提前半个小时到酒店，看看晚宴安排的情况并在现场做点准备工作。到了酒店李云找到领班经理，再次讲了重点事项，又和他共同检查了宴会的准备。宴会厅分内外两间，外边是会客室，是主人接待客人小坐的地方，已经准备好了鲜花和茶点，里边是宴会的房间，中餐式宴会的圆桌上已经摆放好各种餐具。

陈云知道对着门口桌子上方的座位是主人位，但为了慎重从事，还是征求了领班经理的意见。从带来的桌卡中先挑出写着自己老板名字的桌卡放在主人位上。再将对方老总的桌卡放在主人位的右边。想到客户公司的第二把手也很重要，就将他放在主人位的左边。陈云又将自己的顶头上司市场总监的桌卡放在桌子的下首正位上，再将客户公司的两位业务主管，分放在他的左右两边。为了便于沟通，陈云就将自己的位子与公关部李经理放在了同一方向的位置。

应该说晚宴的一切准备工作就绪。陈云看了看时间还差一刻钟，就到酒店的大堂内等候。提前10分钟看到了总经理一行到了酒店门口，陈云就在送他们到宴会厅时简单地汇报了安排。陈云随即又返身回到了酒店大堂，等待着王总一行人的到来。几乎分秒不差，她迎接的客人准时到达。

晚宴按陈云精心安排的情况顺利进行着，宾主双方笑逐颜开，客户不断夸奖菜的味道不错。正合他们的胃口。这时领班经理带领服务员像表演节目一样端上了山西刀削面。客人看到后立即哈哈大笑起来，高兴地说道，你们的工作做得真细致。陈云的总经理也很高兴地说，这都是陈云的功劳。

看到宾主满意，陈云心里暗自总结着经验，下午根据客人的口味调整菜单，去掉了鲍鱼等名贵菜，不仅省钱，还获得了客人的好感。

分析：

1. 自助餐酒会的特点是什么？应注意哪些方面的礼仪规范要求？
2. 列举出陈云所做的有关宴请礼仪方面的准备工作有哪些？

案例2: 输掉的官司

两年前的一天，准备到罗杰斯中关村分店用餐的周先生因穿着一双塑料拖鞋而被拒之门外。该店实习经理称“周先生衣冠不整”，而周先生称他的穿着（T恤、短裤、拖鞋）并非衣冠不整，并且也没有侵犯其他顾客的权益，餐厅以此为由拒绝他用餐是不合理的。周先生就此把罗杰斯告上了法庭，周先生请求法院判令罗杰斯餐厅向他书面赔礼道歉；要求餐厅拆除“为了维护多数顾客的权益，本餐厅保留选择顾客的权利”为内容的店堂告示；赔偿他本人精神损失费5000元人民币。北京海淀区人民法院受理了这一案件，最后判决驳回原告周先生的所有诉讼请求；案件受理费由原告周先生负担。

分析：

1. 你如何看待这个案件？
2. 就餐礼仪包含哪些方面？

实训八

商务礼仪综合训练

知识训练目标

运用所学礼仪知识，分小组自编、自导、自演商务接待、会面、办公、宴请等情景剧，巩固所学的知识和理论，提高学生的兴趣与积极性，并检验教学成果。

技能培养目标

1. 提高学生各种商务礼仪知识与技巧的掌握程度。

2. 进一步培养和提高学生对于商务礼仪的综合运用能力。

素质拓展目标

提高学生的礼仪素养和礼仪水平，使学生的综合素质得到全面的发展，成为适应现代社会发展需要的高素质人才，适应社会、适应工作，促进个人发展。

实训内容和方法

1. 学生自愿组合为主，5～6 人一组，在实训室模拟从事某一商务活动，在这一商务活动中要能体现商务礼仪的一些基本规范。如需要可另请同学客串，但客串同学不记分。

2. 对白及场景自行设计，内容包括：介绍、握手、递名片、走姿、坐姿、站姿、服饰打扮、语言、办公、宴会礼仪等内容，在教师指导下反复训练。

3. 道具自备。

4. 出场后先有同学介绍剧情，人物。

5. 学生以小组为单位进行模拟情景剧的汇报表演，由同学及教师进行点评，并打分。

实训检测

考核项目	考 核 内 容	分值	自评分（20%）	小组评分（30%）	教师评分（50%）	实得分
服饰礼仪	着装、配饰	10				

续表

考核项目	考核内容	分值	自评分（20%）	小组评分（30%）	教师评分（50%）	实得分
仪容礼仪	发型	10				
	妆容					
姿态礼仪	站、坐、走、蹲、手势	10				
表情礼仪	眼神	10				
	“三度”微笑					
语言礼仪	礼貌语、敬语、谦语等	10				
日常礼仪	称呼	10				
	握手					
	鞠躬					
	介绍					
	递接名片					
办公礼仪	接待	10				
	引导					
	电梯					
	接打电话					
	奉茶倒水					
	座次安排					
	商务仪式					
宴会礼仪	中餐	10				
	西餐					
礼仪的综合运用		5				
情景剧编排与角色分配		5				
成员合作程度		5				
现场表现力与控制力		5				
合计						

实战练习

礼仪——无处不在

人物

A 迎宾小姐

B 某广告公司总裁

C M香水华东区域总经理

D　点单员

E　M香水浙江区域项目经理

F　化妆品专柜小姐

G　客串、司机

H　收银员、大堂经理

地点　购物中心西餐厅

道具　3个盘子、3个纸杯、刀叉3付、玫瑰花1朵、影碟机、碟片、橘子、菜单2份、名片2张、横幅、收银台、购物袋、贵宾卡、化妆品宣传手册、化妆品。

背景音乐　欧美歌曲、抒情歌曲。

G：(正在专柜选购送给女朋友的化妆品)

E：(来到化妆品柜台，看看防水型睫毛膏，又看看四色眼影)

F：欢迎光临本专柜。为了迎接新春佳节的到来，本柜参加满100送10元礼券的活动。

E：噢，好的。我先看看。(随后) 小姐，请问最新款的幻彩眼影到了吗？

F：很抱歉，还没到货，不过，小姐，我看这款刚推出的单色眼影既清爽又大方，你皮肤白皙，很适合你的，你可来试用柜台试试。

E：我觉得这蓝色是挺不错，不知试了效果会好吗？

F：小姐，那你试试看吧，请到这边来。(手势)

E：(在镜子前照了照) 确实不错，比我以前用的那几款要适合我，好像换了一个人似的，那就买这款吧。

F：(给E开好了小票) 小姐请那边付款。

E：好的。谢谢！

E：(来到收银台前付款，拿着小票、皮夹、贵宾卡)

H：(小票上盖章、收款)

E：(拿着小票回到化妆品专柜，把其中一张存根递给F)

F：(拿着已装好的蓝色眼影递给E) 欢迎下次光临，请慢走。

E：谢谢！

(B、C坐着轿车去餐厅共进午餐并洽谈业务，轿车驶入饭店停车场，B、C下车，进入西餐厅)

A：欢迎光临。请问先生是否有订位？

B：有的，6号桌。

A：两位这边请。(手势)

A：(入座前，给两位分别拉凳子)

A：两位稍候，马上有点单员为您点单。

(B、C看菜单)

D：(拿小本子、笔记录下来)

(B 问 C 需要些什么)

C：商务套餐 A 一份。

B 对 D 说：商务套餐 A、B 各来一份。

D：我们这里还有水果布丁、火烧冰淇淋、苹果馅饼，请问需要吗?

B：不用了，谢谢!

B：对了，您最近在忙些什么? 好久都没见到您了。

C：现在公司刚进入正轨，比较忙一些，人挺累的，压力也很大，放松的时间也少多了。

B：这里环境挺不错的，我工作之余常来这里缓解工作压力，这里有英国伦敦的感觉。

C：这家餐厅是本城环境最幽雅，设计最别致的。

B：(拿出烟和打火机，想吸烟)

H：对不起，先生，这里是无烟餐厅。

B：不好意思。(收起烟和打火机)

B：你们公司近来有什么大项目可以关照本公司的吗?

C：我们公司现在正在和国际著名影星 W 洽谈关于做本公司香水系列产品品牌代言人的事。

B：那你们公司把蛋糕越做越大了，这笔生意成了的话，那你们公司的业绩将在同行业中屈指可数。

C：做这笔生意，我们事先考虑已久。上个星期我就专门为这事去了趟英国伦敦，在街上广告牌上都打着 W 的海报，他代言的品牌都十分畅销，有些产品的销量是直线上升。

B：的确如此。

C：(手机响起) 不好意思，我先接一下电话。

(C 和 E 对话)

C：您好!

E：总经理，我已把那份与××公司合作的策划书整理好了。

C：那正好，我正在和他们公司的老总吃饭，我们在购物中心西餐厅，你把合约一起带过来吧。

E：那好。我马上到。

(E 到公司楼下叫出租车)

G：小姐，请问您要去哪?

E：和平路 11 号。

(E 到达购物中心西餐厅门口)

A：小姐，请问是否有订位?

E：有的，6 号桌。

A：小姐，请跟我来。

（E进场）

C：你来了，我帮你们介绍一下，这是我们公司的项目经理，这位是广告公司的总裁。

B：您好。认识您很高兴。（起身，从口袋中拿出名片递给对方）请多多指教。

E：您好。（接过名片后，看一下，放进公文包里，同时把自己的名片递给B）您这么年轻就当上了总裁，久仰，久仰。

D：请问小姐需要什么？

E：一份商务套餐B。

C：关于W为我们公司香水代言一事，主要是由E负责，你们可以谈一下关于合作方面的详细内容。

E：（从公文包里拿出策划书）请您过目，一些细节方面我们还需要具体协商。

B：（接过策划书，细看，点头示意）这份策划书有些方面我们要进一步探讨。

E：那好，具体资料我发E-mail给您。

B：好的。

E：再见。

B：再见。

C：再见。

（E、C分别和B握手道别）

参 考 文 献

[1] 刘小清．现代营销礼仪．大连：东北财经大学出版社，2002.

[2] 顾诚．商务礼仪大全．哈尔滨：哈尔滨出版社，2005.

[3] 吕维霞，刘彦波．现代商务礼仪．北京：对外经济贸易大学出版社，2006.

[4] 朱瑛．礼仪基础与形体训练教程．济南：齐鲁书社，2004.

[5] 冯玉珠．餐饮礼仪全攻略．北京：对外经济贸易大学出版社，2005.

[6] 李小丽，段晓华．商务礼仪与职业形象．北京：北京交通大学出版社，2010.